Der Dreißigjährige Krieg

Friedemann Bedürftig

Der Dreißigjährige Krieg

Ein Lexikon

Die Originalausgabe erschien 1998 unter dem Titel „Taschenlexikon Dreißigjähriger Krieg" im Piper Verlag, München. Für die vorliegende Neuausgabe wurde der Band von Friedemann Bedürftig komplett durchgesehen, aktualisiert und erweitert.

Die Deutsche Bibliothek verzeichnet diese Publikation in der Deutschen Nationalbibliographie; detaillierte bibliographische Daten sind im Internet über http://dnb.ddb.de abrufbar.

Dieses Werk wurde vermittelt durch Aenne Glienke | Agentur für Autoren und Verlage, www.AenneGlienkeAgentur.de.

Gedruckt auf säurefreiem und alterungsbeständigem Papier

Einbandgestaltung: Jutta Schneider, Frankfurt
Einbandmotiv: „Vor dem Angriff", Gemälde, flämisch, um 1625
Foto: akg-images
Redaktion: Winfried Schindler, Wiesbaden
Gestaltung und Satz: Johannes Steil, Karlsruhe
Karten: © Neuer Honos Verlag, Köln

Printed in Germany

www.primusverlag.de

ISBN-10: 3-89678-287-8
ISBN-13: 978-3-89678-287-8

Vorbemerkung

Der Dreißigjährige Krieg 1618–1648 – eine bewegte Epoche, in manchen Zügen für uns Heutige kaum zu begreifen, fremd und archaisch anmutend, in anderen Zügen wieder von gespenstischer Modernität und Aktualität. Eine Fülle von Ereignissen und Personen, ständig wechselnde Schauplätze, komplizierte Bündnisverflechtungen, verschlungene Motive der Kriegführenden und dazu das unermessliche Leid der Menschen in den Dörfern und Städten, über die der Krieg hinwegraste.

Dieses Lexikon will Hilfsmittel sein für alle, die mehr über diese wirre Zeit wissen wollen. Es kann die großen Gesamtdarstellungen nicht ersetzen und auch nicht die Spezialliteratur, es vermittelt schlaglichtartige Einblicke, dies aber in einer neuartigen Weise, als Leselexikon.

Die einzelnen Artikel, seien es nun die Lebensläufe der Akteure, die großen Schlachten und Feldzüge oder die Kriegsmittel und die politischen Bewegungen, sind in sich abgeschlossen gestaltet. Das Nachschlagen kann unmittelbar zum Leseerlebnis werden, – und wenn sich daraus weitere Streifzüge durchs Buch ergeben, umso besser.

Der Dreißigjährige Krieg war ein halber Weltkrieg: Die Koalitionen der Kriegsparteien überspannten Europa, selbst das Osmanische Reich wurde um Beteiligung angegangen, Kämpfe um überseeische Besitzungen und Seeschlachten vor der Küste Südamerikas gehörten dazu. Dennoch spielte er sich in der Hauptsache auf deutschem Boden ab. Entsprechend dominiert in der Stichwortauswahl und der Darstellung das ‚deutsche Element', wenn auch die internationale Beteiligung keineswegs ausgeblendet wird.

Nach wie vor wird vieles in der Forschung kontrovers diskutiert. Die Person Wallenstein z. B. gibt immer noch Rätsel auf, Fragen nach der Finanzierung des Krieges, den Zielen der Kriegführenden, den wirtschaftlichen Verlusten sind noch lange nicht schlüssig beantwortet. Viele Quellen, mit denen man früher in gutem Vertrauen gearbeitet hat, haben sich bei gründlicher Nachforschung als parteilich erwiesen. Das macht aber auch den Reiz einer Beschäftigung mit historischen Stoffen aus, dass sich immer neue Entdeckungen und Kombinationen auftun können.

Die Fülle des Materials wird durch Verweise (in kursiver Schrift) zusammengehalten und vernetzt. Wie das System funktioniert, lässt sich am besten an den Übersichtsartikeln studieren, die den Verlauf des Krieges schildern (für einen ersten Überblick ohnehin zu empfehlen): „Vorgeschichte", „Böhmisch-Pfälzischer Krieg" (die erste Phase des Dreißigjährigen Krieges, 1618–1623), „Dänisch-Niedersächsischer Krieg" (zweite Phase, 1625–1629), „Schwedischer Krieg" (dritte Phase, 1630–1635), „Schwedisch-Französischer Krieg" (vierte Phase, 1635–1648) und „Westfälischer Frieden" (Kriegsende). In diesen Artikeln kommen bereits die bedeutenden Personen und Ereignisse (jeweils kursiv gesetzt) vor, für die es dann jeweils eigene Artikel gibt. Die Verweise zeigen also Straßen und Wege, auf denen der Stoff erwandert werden kann.

Hamburg, im Sommer 2005
Friedemann Bedürftig

Technische Hinweise:
Kursiv gesetzte Wörter verweisen auf einen eigenen Eintrag.

Im Anhang befinden sich neben einer Zeittafel, einer Stammtafel und Literaturhinweisen auch ein Sach- und Personenregister und vier Karten.

Aberglaube

Die Zeit vor und während des Dreißigjährigen Krieges war eine Hochzeit abergläubischer Vorstellungen. Ständig wurden aus ungewöhnlichen Himmelserscheinungen künftige Schrecken prophezeit – und oft genug auch von der Wirklichkeit noch überboten. Die Astrologie blühte; wer es sich leisten konnte, ließ sich die „Nativität", d. h. ein Horoskop, stellen und auch angesehene Astronomen verschmähten den Broterwerb als Sterndeuter nicht. *Kepler* nennt die Astrologie eine närrische Tochter der Astronomie, aber er fragt, wo die „hochvernünftige" Mutter denn bleibe, wenn die Tochter nichts erwürbe. Auch der *Hexenwahn* grassierte. Unter den Soldaten, die in ständiger Nachbarschaft des Todes lebten, war der Aberglaube besonders verbreitet. Hier kreiste alles um das Thema Unverwundbarkeit. Traditionen des Mittelalters und sogar aus heidnischer Zeit lebten weiter. Sich „fest" oder „gefroren" zu machen gegen Hieb und Stich hatte stets im Interesse des Kriegsmannes gelegen. Der Dreißigjährige Krieg gab solchen Vorstellungen zusätzlich Nahrung, denn inzwischen waren die Feuerwaffen erfunden und weit verbreitet; sie kamen in Form von Musketen und beweglichen Kanonen nun auch massenhaft im Infanteriekampf vor. So fand sich auf dem Schlachtfeld jeder Soldat mit einem Kriegsmittel von ungeheurer Wirkung konfrontiert, dessen Funktionsweise indes kaum jemand richtig begriff. Andererseits hatte diese neue Waffe Mängel, sie konnte im entscheidenden Moment versagen, sie explodierte dem Schützen in der Hand oder sie traf nicht. Neben den zahlreichen Zaubermitteln, wie Sprüchen, Amuletten, „Nothemden", Salben und Kräutern, die gegen Schussverletzungen immun machen sollten, gab es daher auch genauso viele, die dem Schützen todsichere Ergebnisse ermöglichen sollten; die immer treffende „Freikugel", die der Satan spendiert, ist das bekannteste (in Carl Maria von Webers Oper „Der Freischütz" wurde sie zum Zentralmotiv). Im Bund mit den Mächten der Finsternis und der Magie zu stehen nahm der Soldat nicht nur von manchem seiner Nebenmänner an, sondern auch von den Befehlshabern. *Gustav Adolf* wurde der Besitz eines Zauberschwertes nachgesagt, General *Tilly* galt lange Zeit als „fest", General *Holk* sollte der Teufel persönlich geholt haben. Die meisten Sagen und Legenden rankten sich um den Generalissimus *Wallenstein*, der durch seine astrologischen Neigungen und durch das rasante Auf und Ab seiner politisch-militärischen Karriere besonderen Anlass zu abergläubischen Mutmaßungen gab.

Adler Salvius, Johan

* Strängnäs (Södermanland) 1590,
† Stockholm 24.8.1652

In Schweden gilt er als einer der größten Diplomaten des Landes; einzig seine Geldgier wird ihm vorgehalten, aber die war unter seinesgleichen nichts Ungewöhnliches: Salvius, im diplomatischen Dienst seit 1624, sorgte für die außenpolitische Absicherung der Feldzüge *Gustav Adolfs*, er beteiligte sich an den Verhandlungen zum Frieden von *Lübeck* 1629 und verfasste das „Kriegsmanifest", mit dem sich der

A

Schwedenkönig 1630 an die Herrscher Europas wandte. Als Generalkriegskommissar für den niedersächsischen Kreis residierte er seit 1631 in Hamburg, wo auch später die Fäden zur Vorbereitung des *Westfälischen Friedens* zusammenliefen. Bei den Verhandlungen selbst war er dann in der schwedischen Delegation in Osnabrück zwar nominell nur zweiter Mann hinter dem Hauptgesandten Johan *Oxenstierna*. Da er aber das besondere Vertrauen Königin *Christines* genoss, gelang es ihm, den eitlen und unfähigen Delegationschef zu überspielen.

Albrecht VII., Erzherzog von Österreich

* Wiener Neustadt 13.11.1559,
† Brüssel 13.7.1621

Ursprünglich war er für die geistliche Laufbahn bestimmt: Albrecht, ein Sohn Kaiser Maximilians II., verbrachte seine Jugend in Spanien. 1577 erhielt er die Weihe zum Kardinal und zum Erzbischof von Toledo. 1585 wurde er Vizekönig in Portugal. Seit 1596 bekleidete er das Amt des Statthalters in den spanisch beherrschten südlichen Niederlanden, nach Verzicht auf seine geistlichen Würden und Verheiratung mit der Erbin der Niederlande, *Isabella*, herrschte er dort auch als selbstständiger Landesfürst. Durch den Friedensschluss von Vervins (1598) mit Frankreich und den 1609 ausgehandelten, für zwölf Jahre geltenden Waffenstillstand mit den Generalstaaten, der Regierung des abtrünnigen nördlichen Landesteils, wurde der Endkampf um die Freiheit der niederländischen Republik, ein Teilkrieg des Dreißigjährigen Krieges, noch bis ins Jahr 1621 aufgeschoben.

Aldringen, Johann von

* Diedenhofen 10.12.1588,
† bei Landshut 22.7.1634

Der aus ärmsten Verhältnissen stammende Aldringen verdingte sich zunächst als Schreiber in der Luxemburger Landeskanzlei. Um 1618 trat er ins kaiserliche Heer ein und machte hier rasch Karriere: 1621 bis 1623 in bayerischen Diensten, 1623 Oberst unter Tilly, 1624 Hofkriegsrat, 1625 Regimentsinhaber. Sein Sieg über *Mansfeld* an der *Dessauer Brücke* 1626 trug ihm die Erhebung in den Freiherrenstand ein. Als kaiserlicher Kommissär war er an zahlreichen Verhandlungen beteiligt, u. a. 1628 bei der Übernahme Mecklenburgs, 1629 beim Frieden von *Lübeck* und bei der Durchführung des *Restitutionsedikts*. 1630 in Oberitalien eingesetzt, gelang es ihm, bei der Plünderung von Mantua gewaltige Reichtümer an sich zu bringen; seine Einlagen bei italienischen Banken sollen später eine Million Gulden betragen haben. In der Schlacht bei *Rain* im April 1632 verwundet, übernahm er nach *Tillys* Tod den Oberbefehl über das Heer der *Liga* und wurde im November 1632 in den Reichsgrafenstand erhoben. In der Schlacht von *Fürth* noch Kampfgenosse *Wallensteins*, ließ er sich in den folgenden Monaten in das Komplott zum Sturz des Generalissimus hineinziehen. Aldringen fiel bei der Verteidigung von Landshut gegen *Bernhard von Weimar* und *Horn*.

Alerheim, Schlacht von

Nach der Niederlage von *Herbsthausen* im Mai 1645 versuchten die französischen Heerführer *Turenne* und *Condé*, mit neu aufgestellten französischen, sächsischen und hessischen Truppen in Stärke von 17 000 Mann mit 27 Kanonen vom Rhein über Wimpfen und Rothenburg zur Donau zu gelangen. Im Ries bei Alerheim, einem Dorf nordöstlich von Nördlingen, erwartete sie ein fast gleich starkes kaiserliches Heer unter *Mercy*, in günstiger Stellung verschanzt. Am 3. August 1645 kam es zur Schlacht. Bayerische Reiter unter *Werth* zerschlugen den rechten Flügel der Franzosen, verzettelten sich dann jedoch in stundenlanger Verfolgung. Als sie aufs Schlachtfeld zurückkehrten, fanden sie die Verteidigungsstellung bei Alerheim von den Gegnern erobert und zogen sich nach Donauwörth zurück. Der äußerst blutige Tag (8000 Tote) forderte auch das Leben eines Feldherrn: Franz von Mercy fiel durch eine Musketenkugel.

Alte Veste →*Fürth*

Altmark, Vertrag von

Damit sich Schweden im Dreißigjährigen Krieg in Deutschland engagieren konnte, musste es erst den seit 1625 währenden Krieg mit Polen loswerden. Unter Vermittlung des französischen Unterhändlers Hercule de Charnacé, des Sonderbeauftragten *Richelieus* in Deutschland, kam es in Altmark (bei Marienburg, Ostpreußen) am 5. Oktober 1629 zum Abschluss eines Waffenstillstandes, der den Schwedisch-Polnischen Krieg beendete. Schwedens Herrschaft über Livland wurde anerkannt, dafür musste es die meisten Eroberungen an der preußischen Küste wieder herausrücken. Als Entschädigung wurden ihm auf sechs Jahre alle Zolleinnahmen auf Güter zugesprochen, die ihren Weg über die polnischen und preußischen Häfen nahmen. Hiermit gewann Schweden eine Einnahmequelle, die für die Finanzierung von *Gustav Adolfs* Unternehmungen in Deutschland hohe Bedeutung hatte.

Altstädter Ring

Nach dem Zusammenbruch des *Böhmischen Aufstandes* und der Flucht des „Winterkönigs" *Friedrich V.* wurde in Prag blutiges Gericht über seine Anhänger gehalten. Ein Sondergericht unter dem Vorsitz des Statthalters Karl von Liechtenstein sprach 43 Todesurteile aus, von denen 27 durch Kaiser *Ferdinand II.* bestätigt wurden. Als Richtplatz wurde der Altstädter Ring in Prag gewählt. Am 21. Juni 1621 vollstreckte hier der Henker die Todesurteile, 24 durchs Schwert, drei durch den Strang. Ein Regiment war aufmarschiert, um einem möglichen Aufruhr der Bürgerschaft vorzubeugen. Wie ein Augenzeuge berichtet, haben sich dann auch „viel Leut mit Weinen und Heulen allenthalben stark hören lassen". Den todgeweihten Adligen wurden alle ihrem Stand gebührenden Förmlichkeiten erwiesen, ihre Diener durften sie begleiten, dem Scharfrichter war verboten, sie zu berühren, ausgenommen den tödlichen Schwertstreich selbst. Umso schauerlicher und unzeremoniöser dann das Nachspiel: Zwölf der abgeschlagenen Köpfe wurden am Prager Brückenturm zur

A

Abschreckung aufgesteckt. Sie wurden erst zehn Jahre später entfernt, als die Sachsen 1631 für kurze Zeit die Stadt besetzten. – Auf dem Altstädter Ring geschah während des Dreißigjährigen Krieges noch weiteres Blutvergießen: Nach der Schlacht von *Lützen* im November 1632 ließ *Wallenstein* hier die Urteile eines Kriegsgerichts an 17 „pflichtvergessenen" Offizieren und Soldaten vollziehen.

Amalie Elisabeth, Landgräfin von Hessen-Kassel

* Hanau am Main 29.1.1602,
† Kassel 3.8.1651

Aus dem reformierten Grafenhaus Hanau-Münzenberg stammend, heiratete Amalie Elisabeth 1619 den Landgrafen *Wilhelm v. von Hessen-Kassel* und übernahm nach seinem Tod 1637 die Regentschaft für ihren unmündigen Sohn Wilhelm. Tatkräftig und energisch, „eine Frau von ungeheurer Entschlossenheit und hohem Verstand" (C. V. Wedgwood), setzte sich Amalie Elisabeth seit 1640 bei der Teilung der Grafschaft Schaumburg durch und sicherte sich die hessische Anwartschaft auf Hanau. Seit 1645 war sie an den Verhandlungen zur Beendigung des Dreißigjährigen Krieges beteiligt. 1650 gab sie die Regierungsgeschäfte an ihren Sohn, den Landgrafen Wilhelm VI., ab.

Andreä, Johann Valentin

* Herrenberg 17.8.1586,
† Stuttgart 27.6.1654

Der evangelische Theologe Andreä wurde 1614 Diakon in Vaihingen, 1620 Stadtpfarrer und Superintendent in Calw und 1639 Hofprediger in Stuttgart. Seinen Dienst in schwerer Zeit als Seelsorger, dem durch die Kriegsläufe die Gemeindemitglieder abhanden kommen, hat er in seiner 1642 erschienenen Autobiographie geschildert. Nach dem Dreißigjährigen Krieg war er seit 1650 Generalsuperintendent in Bebenhausen. Andreä verfasste 1619 eine Gesellschaftsutopie mit dem Titel „Rei publicae Christianopolitanae descriptio" (Beschreibung des Staates Christburg), die man als deutsches Gegenstück zum berühmten „Sonnenstaat" des Tommaso Campanella (erschienen 1602) sehen kann. Andreä entwirft darin eine christlich-kommunistisch organisierte Idealstadt mit sauberer Trennung der Wohnquartiere und Arbeitsstätten und einem mehrstöckigen Riesengebäude im Stadtkern, das den Sitz der Regierung sowie eine Fülle von Bildungseinrichtungen und Forschungslabors enthalten soll. Daneben wird angenommen, dass Andreä auch der Autor mehrerer programmatischer Schriften des Rosenkreuzer-Ordens ist, der sich im zweiten Jahrzehnt des 17. Jahrhunderts etablierte und eine Reform von Kirche, Staat und Gesellschaft auf der Grundlage der Pansophie forderte.

Anholt →*Bronckhorst, Johann Jacob von*

Anna von Österreich, Königin von Frankreich

* Valladolid 22.9.1601, † Paris 20.1.1666

Anna von Österreich, die älteste Tochter Philipps III. von Spanien, war seit 1615 mit Ludwig XIII. von Frankreich verheiratet. Als dieser 1643 starb und seine Witwe als

Haupt eines Regentschaftsrates für ihren fünfjährigen Sohn Ludwig eingesetzt wurde (bis 1651), glaubte man an den Höfen von Madrid und Wien, dass nunmehr ein Kurswechsel in der französischen Außenpolitik stattfände. Anna blieb jedoch der antihabsburgischen Linie treu, die *Richelieu* vorgezeichnet hatte und auf der sich auch der Nachfolger *Mazarin* fortbewegte. Ihm überließ sie bereitwillig ihre Machtbefugnisse. Der Hofklatsch sagte ihr ein Verhältnis mit dem Kardinal nach; ob an den Gerüchten etwas daran war, ist nie geklärt worden.

Arkebuse →*Handfeuerwaffen*

Arnim, Hans Georg von

* Boitzenburg (Uckermark) 1583 (1581 ?), † Dresden 28.4.1641

Nach theologischen und philosophischen Studien übernahm Arnim den stark verschuldeten Familienbesitz in der Uckermark, trat aber bereits 1613 als Oberst in schwedische Dienste und half in diplomatischen Missionen aus, u. a. 1620 bei der Verheiratung *Gustav Adolfs* mit der brandenburgischen Prinzessin Marie Eleonore. 1621/1622 kämpfte er in polnischen Diensten gegen die Türken. In den folgenden Jahren war er wieder für Schweden tätig. 1627 erhielt er trotz seines protestantischen Glaubens ein Regiment unter *Wallenstein* und wurde 1628 Feldmarschall. Er kämpfte gegen die Dänen und leitete die erste Belagerung von *Stralsund*. 1629 zog er auf ein polnisches Hilfsersuchen gegen Gustav Adolf und schlug ihn auf der Stuhmer Heide in Preußen, wodurch dieser zunächst am Eingreifen in Deutschland gehindert wurde. Nach dem Erlass des *Restitutionsedikts* verließ Arnim das kaiserliche Heer und ließ sich 1631 von den Sachsen in Dienst nehmen. Bei *Breitenfeld* 1631 führte er die sächsische Reiterei. In Verhandlungen mit Wallenstein versuchte er vergeblich, einen Separatfrieden mit Sachsen zu erreichen. Anschließend beteiligte er sich an den Bündnisverhandlungen Wallensteins mit den Schweden, die zum Sturz und zur Ermordung des Generalissimus führten. Nach seinem Sieg in der Schlacht von *Liegnitz* 1634 über die Kaiserlichen unter *Colloredo* besetzte er Schlesien. 1635 bat er um seinen Abschied, der ihm auch gewährt wurde. Im März 1637 wurde er in seinem Schloss von schwedischen Truppen überfallen und nach Stockholm verschleppt. Im November des folgenden Jahres gelang ihm die Flucht aus der schwedischen Hauptstadt. Er starb kurz vor der Übernahme eines neuen Kommandos in kaiserlichen Diensten. Arnim, von den Zeitgenossen „lutherischer Kapuziner" genannt, gilt als einer der fähigsten Feldherrn des Dreißigjährigen Krieges. Seine politischen Ziele lassen sich angesichts seines verschlungenen Lebensweges nur vage bestimmen. Möglicherweise schwebte ihm ein allgemeiner deutsch-protestantischer Bund unter Führung Kursachsens bei gleichzeitiger Erhaltung der kaiserlichen Machtstellung vor.

Artillerie

Bei Ausbruch des Dreißigjährigen Krieges konnte das Geschützwesen bereits auf eine Erfahrung von fast drei Jahrhunderten zurückblicken. Aus den kurzrohrigen Ungetümen, mit denen zentnerschwere Steinkugeln gegen die Mauern der Ritterburgen geschleudert worden waren, hatten sich differenzierte Typen für die verschiedensten Zwecke herausgebildet. Seit Einführung des Kalibermaßstabes um 1540 gab es eine gewisse Vereinheitlichung in der Herstellung. Man unterschied nun schwere Kanonen, wie Scharfmetze, Basilisk, Singerin, Nachtigall und Kartaune, von den leichteren, wie Notschlange, Schlange, Falkaune, Viertelschlange, Falkonett und Serpentinelle. Der Dreißigjährige Krieg brachte eine Vereinfachung der Formen; gebräuchlichstes Modell wurde die Kartaune, und zwar als ganze, halbe, Viertel- oder Achtelkartaune mit Kugeln zu 42, 24, 12 und 6 Pfund. Daneben gab es Mörser (Steilfeuergeschütze), die Kugeln im Gewicht von 47 bis 15 Pfund verschossen, und so genannte Orgelgeschütze kleineren Kalibers mit bis zu sechzig Rohren. Die Rohre waren aus Bronze gegossen, die Lafetten aus Holz gefertigt, spezielle Einrichtungen ermöglichten das Auffangen des Rückstoßes, das Einstellen der Rohrerhöhung, die Kühlung. Die Schussfolge betrug ungefähr fünfzig Schuss pro Tag. Als Munition wurden zumeist Kugeln aus Gusseisen verwendet. Daneben gab es Kartätschen, d. h. Beutel oder Büchsen, die mit Steinen, Eisen- oder Bleikugeln, Nägeln oder Schrott gefüllt waren, Granaten (Hohlkugeln mit einer Sprengstoffladung und spezieller Zündvorrichtung), Brandsätze und anderes. Besonders gefürchtet waren Kettenkugeln, d. h. Kugeln, die mit einer Kette verbunden waren und während des Fluges rotierten, wodurch ganze Reihen von Infanterie oder Kavallerie niedergemäht werden konnten. – Zur Handhabung der Geschütze gehörte umfangreiches Wissen und technisches Geschick; entsprechend ausgedehnt waren die Privilegien, die das Bedienungspersonal im Heer genoss (z. B. Vortritt bei der Essensausgabe). Das taktisch-organisatorische Kommando führte der Stückmeister, für die technische Seite war der Büchsenmeister zuständig. Der Aufwand für die Ausstattung war enorm, so rechnete man für eine Halbkartaune mit hundert Kugeln zu je 24 Pfund, 40 Zentner Pulver, 25 Zentner Lunten, Hebekran, mehrere Hundert Stück Schanzzeug, Transportwagen, 12 bis 20 Knechte zur Bedienung, zum Transport und zum Stellungsbau und mehrere Dutzend Zugpferde. Zur Fortbewegung der Geschütze dienten Speichenräder, die an die Lafetten montiert wurden. Teilweise wurden die Geschütze auch zerlegt und auf Wagen transportiert; wo in schwierigem Gelände die Pferdekraft nicht ausreichte, behalf man sich mit Winden und Flaschenzügen. Stellungswechsel waren unter solchen Umständen immer schwierige Unternehmen. Deshalb blieben Einsätze während einer Schlacht zumeist auf die Eröffnungsphase beschränkt. Hier allerdings konnte Artillerie vor allem gegen dicht gedrängte Infanterieblöcke einiges ausrichten. In mehreren Fällen trug Artillerie unfreiwillig zum Misslingen einer Schlacht bei – dann nämlich, wenn durch unglückliche Treffer oder Fehler der Bedienungsmannschaft die mitgeführten Munitionswagen mit ihren gewaltigen Pulvervorräten in die Luft flogen; Missgeschicke dieser Art trafen *Georg Friedrich von Baden* bei *Wimpfen* 1622, Ernst von *Mansfeld* an der *Dessauer Brücke* 1626 und *Horn* bei *Nördlingen* 1634. Im Heer *Gustav Adolfs* wurde mit besonders leichten Geschützen experimentiert, die imstande sein sollten, die Gefechtsbewegungen der Truppe mitzumachen. Die zunächst entwickelten so genannten Lederkanonen (dünnwandige Kupferrohre, mit Längsschienen verstärkt und mit Leder umwickelt) bewährten sich nicht, dafür aber die Dreipfünder, für deren Transport nur ein Pferd oder einige Soldaten nötig waren. – Eigentliche Domäne der Artillerie war nach wie vor der Einsatz bei Belagerungen. Man setzte die verschiedenen Kaliber hier planmäßig ein. So arbeitete etwa eine „Generalbatterie" aus acht Kartaunen, sechs Halbkartaunen und vier Viertelkartaunen auf folgende Weise: Die Kartaunen (Geschossgewicht 42 Pfund) brachten die Mauern zum Einsturz, die Halbkartaunen (24 Pfund) schossen stehen gebliebene Reste weg, die Viertelkartaunen (12 Pfund) vereitelten Reparatur- und Ausbesserungsversuche der Belagerten. Es gab bereits Ansätze zum „Trommelfeuer". So feuerte *Tillys* Artillerie bei der Belagerung von Minden 1626 an einem Tag tausend Schuss ab – das genügte, um die Stadt kapitulationsreif zu machen. In anderen Fällen aber nützte auch massierte Beschießung nichts. Vor *Magdeburg*, das schließlich durch einen Infanterieangriff fiel, waren drei Tage lang drei große Batterien im Einsatz – und ihnen gelang nicht mehr, als eine kleine Bresche in die Stadtbefestigung zu schlagen.

Astrologie →*Aberglaube*

Augsburg

Die freie Reichsstadt Augsburg besaß als Handels- und Gewerbezentrum im 16. Jahrhundert Weltgeltung. Großkaufleute und Finanzmagnate wie die Fugger und die Welser hatten hier ihren Sitz. Das Stadtbild wurde von einzigartiger Renaissance-Architektur geprägt. Für die Protestanten hatte Augsburg besondere Bedeutung, seit Philipp Melanchthon 1530 für den Reichstag in Augsburg die „Confessio Augustana", die wichtigste Bekenntnisschrift der reformatorischen Kirche, verfasst hatte. 1534 führte der Stadtrat die Reformation ein. Seit der Niederlage der Protestanten im Schmalkaldischen Krieg 1547/1548 gab es allerdings auch wieder ein (katholisches) Bistum Augsburg, nach wie vor aber herrschte in der Stadt Religionsfreiheit. Der *Augsburger Religionsfriede* von 1555 schloss für ein halbes Jahrhundert die Religionskämpfe in Deutschland ab und schuf die Basis für eine gewisse friedliche Koexistenz von Katholiken und Protestanten im Reich. Der Dreißigjährige Krieg ließ die große politische und wirtschaftliche Bedeutung der Stadt erlöschen. Das *Restitutionsedikt* wurde hier mit aller Schärfe durchgesetzt. Am 8. August 1629 wurde die Ausübung der protestantischen Religion untersagt und die protestantische Geistlichkeit aus der Stadt gewiesen. 8000 Bürger mussten Augsburg verlassen, unter ihnen der Stadtbaumeister Elias Holl, der 1615 bis 1620 das berühmte Rathaus errichtet hatte. Im April 1632 zog *Gustav Adolf* in die Stadt ein, die

A

bayerische Besatzung verschwand, ohne einen Schuss abgegeben zu haben. Beim Ball, den die Stadt dem Schwedenkönig gab, soll dieser seiner strengen Förmlichkeit entsagt und ein Augsburger Bürgertöchterlein geküsst haben. Die gute Laune hinderte Gustav Adolf aber keineswegs daran, von der Stadt eine monatliche Kontribution von 30 000 Talern zu fordern. Nach der Schlacht von *Nördlingen* ergab sich die schwedische Besatzung im März 1635. Im Herbst 1646 standen Franzosen unter *Turenne* und Schweden unter *Wrangel* wieder vor Augsburg; die Belagerung wurde jedoch beim Anrücken eines kaiserlich-bayerischen Entsatzheers abgebrochen. Erst im Mai 1648 gelang den schwedisch-französischen Truppen, sich endgültig der Stadt zu bemächtigen. Im Krieg verlor Augsburg zwei Drittel seiner ehemals 40 000 Einwohner.

Augsburger Religionsfriede

Auf dem Augsburger Reichstag wurde am 25. September 1555 ein Reichsgesetz verkündet, das die religiös-politischen Verhältnisse nach dem Abschluss der Religionskriege im Reich regelte. Der Augsburger Religionsfriede besiegelte die Glaubensspaltung, lutherische Protestanten – nicht die Reformierten – wurden reichsrechtlich den Katholiken gleichgestellt. Die Bestimmung der Konfession wurde dem Landesherrn zugebilligt; die später gebrauchte griffige Formel der Glaubensuntertänigkeit, „Cuius regio, eius religio" (wessen die Herrschaft, dessen Glaube [gilt]), enthielt der Gesetzestext allerdings nicht. Andersgläubige durften das Land verlassen. Die grundsätzlich freie Wahl der Konfession ohne Rechtsnachteil galt allerdings nur für die weltlichen Reichsstände und die reichsunmittelbare Ritterschaft, geistliche Reichsfürsten verloren bei Konfessionswechsel ihr kirchliches Amt und ihre Reichslehen (so genannter geistlicher Vorbehalt). Der Augsburger Religionsfriede wurde im *Westfälischen Frieden* bestätigt und galt als Reichsgrundgesetz bis 1806.

Bamberg

Stadt und Land Bamberg waren geistlicher Besitz, der Bischof von Bamberg war Direktor des Fränkischen Reichskreises. Als Mitglied der *Liga* stellte Bamberg im Dreißigjährigen Krieg ein Kontingent von 13 000 Mann. Der Krieg kam jedoch erst spät in die Gegend am oberen Main. Dafür wütete hier der *Hexenwahn*. Unter den Fürstbischöfen Johann Gottfried von Aschhausen (1609–1622) und Johann Georg II. Fuchs von Dornheim (1623–1633) wurden „Hexen" und „Druden" zu Hunderten Opfer der Verfolgung. So rühmte sich einer der Hexenjäger, ein Jesuitenpater, innerhalb von drei Jahren „nicht weniger als 400 verlorene Menschen zu einem guten Tode vorbereitet" zu haben. Zur Verwahrung und mehr noch zur Peinigung der Verhafteten errichtete man 1627 ein besonderes Gefängnis, das „Drudenhaus", das mit den schrecklichsten Foltergeräten ausgestattet war. In den Hinrichtungslisten erscheinen die Verurteilten nur als Nummern, ihr Vermögen wanderte in die Hände des Fiskus, zum Teil auch in die der Untersuchungsbeamten. Fürstbischof Johann Georg II., genannt der „Hexenbrenner", soll allein durch seine Todesurteile der Kirchenkasse 500 000 Gulden Einnahmen verschafft haben. Beim Herannahen der Schweden 1631 floh er aus dem Bistum, die Stadt wurde am 11. Februar 1632 nach kurzem Kampf erobert. Der siegreiche Feldherr *Bernhard von Weimar* erhielt Bamberg zusammen mit Würzburg als Lehen des schwedischen Königs; das sonderbare Gebilde eines „Herzogtums Franken" verschwand aber nach der Niederlage von *Nördlingen* im September 1634 wieder von der Landkarte. Die kurze Zeit der schwedischen Besatzung hinterließ Stadt und Land verarmt und ausgeplündert. Seuchen kamen hinzu; am Ende des Dreißigjährigen Krieges waren in 150 Ortschaften bis zu 45 Prozent der Haushalte verloren.

Banér, Johan

* Djursholm bei Stockholm 23.6.1596,
† Halberstadt 10.5.1641

Einen „groben, hemmungslosen Rohling" nennt ihn die britische Historikerin C. V. Wedgwood: Der schwedische General Banér erwarb sich erste militärische Verdienste in den Kriegen *Gustav Adolfs* gegen Russland und Polen. Er zeichnete sich in der Schlacht von *Breitenfeld* 1631 aus und übernahm im Herbst 1632 den Oberbefehl in Süddeutschland. 1634 wurde er Feldmarschall. 1635 brach unter seinen Truppen eine Meuterei aus, der er nur unzulänglich Herr zu werden vermochte. Zudem wurde sein Heer nach dem *Prager Frieden* nach Norddeutschland zurückgedrängt. Es gelang ihm jedoch, bei *Wittstock* im September 1636 wieder die Oberhand zu gewinnen. Ständig schlecht gelaunt, ehrgeizig und ungeduldig, zur Trunksucht neigend, hatte Banér weiter mit Disziplinlosigkeiten unter seinen Soldaten zu kämpfen, die sich, wie auch die von Auspressung bedrohte Zivilbevölkerung, fast nur an seine Gattin wandten, wenn sie etwas vom Feldherrn wollten. Elisabeth Banér wurde als Soldatenmutter verehrt, sie war als Einzige imstande, mäßigend auf ihren Mann einzuwirken. Als sie im Juni 1640 starb, fand er sogleich in der jungen Tochter des Markgrafen von Baden Ersatz. Die hastig geschlossene Ehe sowie deren Begleitumstände – drei Viertel der Nacht soll das Paar bei Zechgelagen und drei Viertel des Tages im Bett verbracht haben – waren nicht dazu angetan, die Zustände in seinem Heer zu bessern. Immerhin gewann Banér aber durch Zuzug von Kontingenten aus *Bernhard von Weimars* Armee wieder so viel Schlagkraft, dass er im Winter 1640/1641 ein Unternehmen gegen Regensburg wagen konnte. Der blitzartig vorgetragene Angriff, den einsetzendes Tauwetter schließlich vereitelte, war sein letztes militärisches Unternehmen.

Bärwalde, Vertrag von

Ein halbes Jahr nach der Landung *Gustav Adolfs* in Pommern (Juli 1630) kam es zur Allianz zwischen Schweden und Frankreich. In Bärwalde in der Neumark schlossen die Abgesandten *Horn* und Charnacé am 23. Januar 1631 einen Vertrag „zur Herstellung der alten Freiheit des Handels auf dem Meere und zur Verteidigung der unterdrückten Freunde". Schweden verpflichtete sich, 30 000 Mann und 6000 Reiter ins Feld zu stellen, Frankreich zahlte dafür jährlich eine Million Livres (= 400 000 Reichstaler). Religiöse Probleme bereiteten den Parteien kein Kopfzerbrechen; im Kampf gegen das katholische Habsburg waren sich das katholische Frankreich und das protestantische Schweden einig – auch darüber, dass in neu eroberten Gebieten grundsätzlich Bekenntnisfreiheit herrschen solle. Der „epochale Vertrag" (G. Barudio) von Bärwalde wurde mehrmals verlängert (in Heilbronn 1633, in Hamburg 1638 und 1641) und galt bis Kriegsende.

Bauern, Bauernaufstände

Mehr noch als andere Kriege vorher und nachher wurde der Dreißigjährige Krieg auf dem Rücken der Bauern ausgetragen. Es war üblich, die Ressourcen für die Kriegführung stets aus dem Gebiet zu besorgen, in dem sich eine Truppe gerade befand; insofern konnte sich die Stationierung einer Armee selbst im eigenen Land noch als Bedrückung auswirken. Manche Feldzüge waren auch nur auf Zerstörung angelegt, man „verheerte" das Land des Gegners und hinterließ „verbrannte Erde", wie man heute sagen würde. Der Dreißigjährige Krieg bedeutete eine Steigerung dieser Schrecken. Das machte vor allem seine Dauer; es konnte geschehen, dass bestimmte Landstriche, vor allem die strategisch wichtigen Aufmarsch- und Durchzugsgebiete, nicht bloß einmal, sondern immer wieder heimgesucht wurden. So meldet die Chronik der Ortschaft Wetterfeld, dass über achtzigmal Soldaten erschienen und die Dorfbewohner seit 1634 achtzehnmal ihre Häuser verließen. Und je länger der Krieg dauerte, desto mehr verrohten auch die Sitten, der plündernde und marodierende Soldat wurde zur alltäglichen Erscheinung. In zahllosen Berichten und bildlichen Darstellungen ist die immer gleiche Drangsal der Landbevölkerung, Folter, Mord, Wegschleppen der Vorräte, Zerstörung der Häuser und Vernichtung aller Habe, festgehalten. – Für die Landbevölkerung gab es kaum Möglichkeiten, sich zu schützen. Die Dörfer besaßen keine Befestigungen, allenfalls wurden Verstecke in schwer zugänglichen Sümpfen oder Wäldern angelegt, in die man sich beim Herannahen der Soldaten mit dem wertvollsten Besitz zurückzog. Oder man floh in die Städte, manchmal auch außer Landes, wie etwa die Bauern Oberschwabens, die 1642 in die Schweizer Eidgenossenschaft, oder die bayerischen Bauern, die 1646 vor den kaiserlichen Truppen in die Alpen auswichen. Bäuerlicher Widerstand fand nur selten zu organisierter Form. Man griff nach einer Schlacht Versprengte an, überfiel Streiftrupps oder Soldaten, die auf eigene Faust marodierten, und zahlte ihnen heim, was man zuvor von der Soldateska erlitten hatte. Bauern und Bergleute im Harz bauten Kurierlinien und Kundschafternetze auf und führten seit 1626 einen ausdauernden und zähen Kleinkrieg gegen Konvois und kleine Militärabteilungen. Ähnlich ging es in Bayern nach 1632 zu, als bäuerliche Guerillahaufen den schwedischen Eroberern zusetzten. – Ein regelrechter Bauernkrieg brach 1626 in Oberösterreich, im „Land ob der Enns" aus. Kaiser *Ferdinand II.* hatte das Land seinem bayerischen Vetter *Maximilian* als Lohn für dessen Hilfe bei der Niederschlagung des *Böhmischen Aufstandes* übereignet. Bayerische Steuerbeamte und Geistliche strömten ins Land, um Abgaben einzutreiben und die Bewohner in den Schoß der katholischen Kirche zurückzuführen. Widerstand wurde mit harten Maßregeln beantwortet. Grausiger Höhepunkt der Verfolgung war das *„Frankenburger Würfelspiel"* im Mai 1625, bei dem 16 Bauern am Galgen endeten. Der Aufstand an der Enns wurde sorgfältig vorbereitet, brach allerdings im Mai 1626 verfrüht aus. Zehntausende Bauern versammelten sich, sie schufen sich nach den Traditionen des Großen Bauernkrieges ein Jahrhundert zuvor Einrichtungen wie Ausschüsse, Feldkanzleien und Kriegsgesetze. Über ihren Haufen wehten schwarze Fahnen mit Totenköpfen und in ihren Reihen kursierte ein Kampflied „Von Bayerns Joch und Tyrannei / Und seiner großen Schinderei / Mach uns, o lieber Herr Gott frei!" mit der grimmigen Schlußzeile „Es muß sein!" Die Bauern lieferten den Truppen des Statthalters und des Kaisers mehrere siegreiche Schlachten, vermochten aber die Hauptstadt Linz nicht zu erobern. Bayerische Elitetruppen unter *Pappenheim* schlugen den Aufstand unter großen Mühen nieder. Nur wenige Male, gestand der Reiterobrist später, habe er jemanden mit „solcher Obstination" fechten sehen wie die oberösterreichischen Bauern. Zu weiteren Aufständen kam es 1625 bis 1627 in Süd- und Ostböhmen, 1633/1634 in Bayern, 1635 in der Steiermark und 1635/1636 im Hausruck- und im Mühlviertel. – Es fehlte nicht an Versuchen, die Wehrkraft der Bauern für Zwecke der Landesverteidigung im Dienste des Landesherrn zu nutzen. Nach dem Beispiel der bewaffneten Siedler an der stets bedrohten Türkengrenze wurden fürstliche „Landesdefensionen" gebildet, zu denen man die Bauern zwangsverpflichtete – nach Ansicht der Rechnungsbehörden ein kostengünstigeres Verfahren als die Anmietung von Söldnern. Abgesehen vom Nordwesten, dem Einflussgebiet des niederländischen

B

Freiheitskampfes mit seinen spezifischen Traditionen, funktionierte das System jedoch kaum. – Außer der im Krieg vorherrschenden und tausendfach erfahrenen Todfeindschaft zwischen Soldat und Bauer waren aber auch andere Formen der Begegnung möglich. Bauern, die der Krieg um ihren Lebensunterhalt gebracht hatte, hielten sich in der Nähe der Soldaten auf, um sie zu betrügen oder zu bestehlen, andere boten sich als Kundschafter an oder zogen mit, wenn es Schlösser oder Klöster zu plündern gab. Oder sie schlugen sich ganz und gar auf die andere Seite und wurden selbst Soldaten. Ein zeitgenössisches Lied schildert diese Verwandlung mit rohem Humor: „Haus und Acker / Verlaß ich wacker / Und kehr mich nichts drum. / Greint mein Gredel, / Ich schlag's zum Schädel, / Dass's taumelt herum."

Bernhard von Weimar

* Weimar 16.8.1604, † Neuenburg (bei Freiburg im Breisgau) 18.7.1639

Er war nach dem Urteil der Historiker der bedeutendste deutsche Heerführer der protestantischen Partei: Als elfter Sohn Herzog Johanns von Sachsen-Weimar ohne Aussicht auf eigene Herrschaft wählte Bernhard von Weimar den Soldatenberuf, in dem er rasch Karriere machte. 1622 focht er bei *Wiesloch* und *Wimpfen*, im folgenden Jahr bei *Stadtlohn*. 1625 schloss er sich *Christian IV. von Dänemark*, 1631 *Gustav Adolf* an, der ihn im April 1632 zum General machte. Er nahm am Sturm auf die Alte Veste bei *Fürth* teil; in der Schlacht von *Lützen* übernahm er nach Gustav Adolfs Tod den Oberbefehl. Als Lohn erhielt er das „Herzogtum Franken", ein künstliches Gebilde aus den Bistümern Bamberg und Würzburg, das sich nach Bernhards Niederlage bei *Nördlingen* 1634 wieder auflöste. Ersatz bot sich im Elsass: Frankreich versprach 1635 dem Heerführer die österreichische Landgrafschaft Elsass als Fürstentum und stellte ihm die Mittel für 18 000 Mann zur Verfügung. Im März 1638 schlug er die Kaiserlichen bei *Rheinfelden* und nahm im Dezember des gleichen Jahres nach mehrmonatiger Belagerung die Festung *Breisach* ein. Schon länger unter Fieberanfällen leidend, wurde er im Juli 1639 wieder von einer schweren Krankheit, möglicherweise den Schwarzen Blattern (Pocken), ergriffen, an der er starb. Sein Heer, die „Weimaraner", wurde von seinem Stellvertreter *Erlach* an die Franzosen verkauft. „Ein unzeitiger, verfrühter Tod gebot [...] dem eilenden Fuß inmitten des Siegeszuges Halt und setzte seinem weiteren Ehrgeiz eine Schranke", heißt es in einem zeitgenössischen Nachruf über Bernhard von Weimar. Seine politischen Ambitionen blieben ungewiss; während sein Vertragspartner *Richelieu* davon ausging, dass Bernhard das Elsass für Frankreich erobern solle, forderte dieser die volle persönliche Herrschaft – und sein Verhältnis zu dem französischen Auftraggeber gestaltete sich zunehmend schwierig. Angesichts der späteren Annexion des Elsass durch Frankreich und der weiteren Geschichte dieses Reichslandes erschien Bernhard, der wohl doch nur für sich selbst etwas herausschlagen wollte, der patriotischen Geschichtsschreibung als Vorkämpfer der deutschen Sache.

Bethlen Gábor von Iktár, Fürst von Siebenbürgen

* Marosillye (heute Ilia bei Hunedoara) 1580, † Weißenburg (heute Alba Julia) 15.11.1629

Die Organisatoren des *Böhmischen Aufstandes* gewannen 1619 einen Bundesgenossen, der die Kaiserlichen von Osten her in die Zange nehmen konnte: Bethlen Gábor von Iktár, seit 1613 Fürst von Siebenbürgen, „ein glänzender Soldat und verschlagener Diplomat" (C. V. Wedgwood), eroberte Ungarn nördlich der Donau und stand schon vor Wien, als ihn ein polnischer Einfall in seinem Rücken zur Umkehr nötigte. 1620 wurde er zum König von Ungarn gewählt, 1622 bis 1624 und 1626 beteiligte er sich abermals auf protestantischer Seite am Krieg; seine militärische Macht wirkte jedoch hauptsächlich als Faktor und Drohpotenzial in den strategischen Überlegungen beider Seiten und wurde kaum auf die Probe gestellt.

Bevölkerungsverluste

Es gab im Deutschland des 17. Jahrhunderts keine das ganze Land erfassenden Volkszählungen oder wirtschaftlichen Bestandsaufnahmen. Mittlerweile sind aber von der Forschung so viele lokale Daten zusammengetragen worden, dass zuverlässigere Vermutungen über die demographischen Auswirkungen des Krieges anzustellen sind als noch vor hundert Jahren. Danach sind früher vielfach verbreitete Vorstellungen, im Krieg sei die Hälfte oder gar zwei Drittel der Bevölkerung umgekommen, ins Reich der Fabel zu verweisen. Historiker schätzen heute die Einwohnerzahl des Heiligen Römischen Reiches vor dem Dreißigjährigen Krieg auf rund 20 Millionen Menschen und nehmen für die Zeit danach eine Zahl von 16 bis 17 Millionen an. Die Verluste betrugen demnach – beträchtlich genug – 15 bis 20 Prozent. Es war nämlich keineswegs so, dass der Krieg das ganze Land heimgesucht hätte. Einige Regionen blieben ganz verschont, andere wurden nur teilweise in Mitleidenschaft gezogen, schwere Verluste waren punktuell oder auf bestimmte Landschaften beschränkt. So verlor Marburg, das zwölfmal besetzt war, die Hälfte seiner Bevölkerung, Augsburg zwei Drittel, in Chemnitz sank die Einwohnerzahl von 1000 auf 200, in Pirna von 876 auf 54, in Berlin-Cölln nahm sie um ein Viertel ab, in Neubrandenburg fast um die Hälfte. In der Altmark werden die Verluste in den Städten auf zwei Fünftel, in den Dörfern auf die Hälfte geschätzt. Genauso konnte es aber auch Zuwachs geben, z. B. wohnten in Würzburg nach dem Krieg mehr Menschen als vor dem Krieg. Hamburg und Bremen standen nach dem Krieg glänzend da, desgleichen die Grafschaft Oldenburg, die dank der Wendigkeit ihres Herrschers unbesetzt geblieben war. – Viele der von den Zeitgenossen konstatierten Verluste waren keine richtigen Verluste, die Menschen waren nur geflohen und kehrten wieder zurück oder sie siedelten sich anderswo dauerhaft an. Durch direkte Kriegseinwirkung kamen vermutlich weniger Menschen um als durch die unvermeidlichen Begleiter der Feldzüge: Hungersnöte und *Seuchen*. Für die Stadt Nördlingen liegen Zahlen vor: Zwischen 1619 und 1633 lag die durch-

B

schnittliche Sterberate pro Jahr bei 304 Personen. Im Pestjahr 1634 versechsfachte sich die Zahl: 1549 Einwohner und 300 zugezogene Flüchtlinge fielen der Seuche zum Opfer.

Bogislaw xiv. von Pommern

* Barth (Vorpommern) 31.3.1580,
† Stettin 10.3.1637

1606 trat Bogislaw xiv. gemeinsam mit drei Brüdern das Erbe seines Vaters Bogislaw xiii. an. Er überlebte alle Geschwister und regierte nach dem Tod seines Vetters Philipp Julius von Wolgast seit 1625 als Herzog über ganz Pommern. Im Dreißigjährigen Krieg versuchte er, neutral zu bleiben, musste aber 1627 kaiserliche Truppen aufnehmen, die von den Schweden 1630 vertrieben wurden. Bogislaw ging mit *Gustav Adolf* ein Bündnis ein, das von den Schweden beim Tod des kinderlosen Herzogs in ihrem Sinne ausgelegt wurde: Obwohl er testamentarisch verfügt hatte, dass Pommern an Brandenburg fallen solle, blieb es weiter schwedisch besetzt.

Böhmische Konföderation

Am 31. Juli 1619 schlossen die evangelischen Stände von Böhmen, Mähren, Schlesien, Ober- und Niederlausitz einen Vertrag „allein zu Beförderung [von] Gottes Ehre, zu beständigem Schutz und Rettung eines jeden Landes Privilegien". Die Konföderation gehört zur Geschichte des *Böhmischen Aufstandes*, sie steht für den Versuch, dem Land eine ständische Verfassung zu geben. Der Vertrag schloss den König (seit 1617 der Habsburger *Ferdinand ii.*) ein, der verpflichtet wurde, den *Böhmischen Majestätsbrief* von 1609 zu bestätigen. Weitere Punkte betrafen ein Verbot des Jesuitenordens, die Garantie freier Religionsausübung der Protestanten, Vergabe der obersten Ämter ausschließlich an Protestanten, die Aufstellung eines Volksheeres und zahlreiche Beschränkungen der Befugnisse des Königs und seiner böhmischen Kanzlei durch die Rechte der Stände. Am 16. August 1619 traten auch die Stände von Ober- und Niederösterreich der Konföderation bei.

Böhmischer Aufstand

Das Königreich Böhmen, seit 1526 von den Habsburgern regiert, war mehrheitlich protestantisch. Die böhmischen Stände hatten sich die Auseinandersetzungen zwischen Kaiser *Rudolf ii.* und seinem Bruder *Matthias* seit 1608 zunutze gemacht und Rudolf, der auf dem Prager Hradschin residierte, bedeutende Zugeständnisse abgerungen. Der *Böhmische Majestätsbrief* vom Juli 1609 räumte ihnen völlige Religionsfreiheit ein, 24 von ihnen gewählte „Defensoren" vertraten ihre Interessen. Eine militärische Intervention Rudolfs schlugen sie 1611 zurück, verbanden sich daraufhin mit Matthias und wählten diesen zum neuen König von Böhmen. Unter Matthias' Nachfolger *Ferdinand ii.*, der im Juni 1617 im Prager Veitsdom feierlich gekrönt wurde, änderte sich das gute Einvernehmen von König und Ständen. Ferdinand betrieb offen die Rekatholisierung. Als in den Städten Braunau und Klostergrab der protestantische Gottesdienst verboten wurde, beriefen die böhmischen Stände einen Landtag auf den 6. März 1618 nach Prag ein. Die habsburgische Regierung wies die Beschwerden der protestantischen Stände ab und untersagte weitere Zusammenkünfte. Dennoch trafen sich die Protestanten am 21. Mai erneut und beschlossen die Ermordung der königlichen Statthalter. Der Aufstand begann zwei Tage später mit dem *Prager Fenstersturz*. Die böhmischen Stände schlossen sich mit denen Mährens, Schlesiens, der Lausitz, später auch Nieder- und Oberösterreichs zusammen. Bündnisverhandlungen wurden mit England, Schweden, den Niederlanden und der protestantischen *Union* geführt. Die erhoffte Unterstützung blieb aber weit gehend aus. Mit dem Angriff eines böhmischen Aufgebots unter Matthias *Thurn* gegen Krummau im Juli 1618 begannen die Kampfhandlungen, die in den *Böhmisch-Pfälzischen Krieg* mündeten, die erste Phase des Dreißigjährigen Krieges. – In Böhmen wurden nach dem Tod des Kaisers Matthias im März 1619 Pläne zur Errichtung einer Republik oder einer konstitutionellen Monarchie erwogen. Im August 1619 wählten die Stände statt des für abgesetzt erklärten Ferdinand den Kurfürsten *Friedrich v. von der Pfalz* zum König. Nach der Niederlage am *Weißen Berg* und der schmählichen Flucht des „Winterkönigs" im November 1620 brach das Strafgericht über die Teilnehmer des Böhmischen Aufstands herein. Auf dem *Altstädter Ring* in Prag wurden 27 von ihnen hingerichtet, zahlreiche adlige Güter wurden konfisziert und zu Schleuderpreisen verkauft. Die Gegenreformation setzte in großem Maßstab ein, nach Schätzungen verließen etwa 300 000 Protestanten ihre Heimat, die tschechisch-protestantische Adelsschicht verschwand und landfremde katholische Geschlechter traten an ihre Stelle. Für den tschechischen Nationalismus wurden diese Vorgänge zum Trauma, das noch Jahrhunderte weiterwirkte.

Böhmischer Majestätsbrief

Grundlage der ständischen Autonomie und Selbstregierung in Böhmen war ein Dokument, das die drei Stände der Herren, Ritter und Städte sich am 9. Juli 1609 von Kaiser *Rudolf II.* hatten unterschreiben lassen. Ihm blieb angesichts seiner Auseinandersetzungen mit seinem Bruder *Matthias* und einem drohenden Aufstand in Böhmen (das Volksaufgebot war bereits einberufen) keine Möglichkeit zur Ablehnung. Der Majestätsbrief erneuerte die Gültigkeit des *Augsburger Religionsfriedens*, er gewährte Religionsfreiheit und untersagte jeden gewaltsamen Bekehrungsversuch. Die Protestanten durften die Prager Universität neu eröffnen und Schulen und Kirchen gründen. Wichtiger noch war die Übertragung von Staatshoheiten, insbesondere des Kirchenregiments, vom Monarchen auf die Stände. Nach dem Zusammenbruch des *Böhmischen Aufstandes* im November 1620 wurde der Majestätsbrief von Kaiser *Ferdinand II.* kassiert. Dass er ihn auch eigenhändig zerschnitten haben soll, ist Legende.

Böhmisch-Pfälzischer Krieg

(Dreißigjähriger Krieg, Phase 1: 1618–1623; siehe Karte 1 im Anhang)

Nach dem *Prager Fenstersturz* im Mai 1618 verbündeten sich die böhmischen

Stände mit denen von Schlesien, Mähren, der Lausitz und Österreich sowie dem Fürsten von Siebenbürgen, *Bethlen Gábor von Iktár*. 1619 beriefen sie *Friedrich v. von der Pfalz*, das Oberhaupt der protestantischen *Union*, zum König von Böhmen. Dieser nahm die Wahl an, obwohl deutlich war, dass sein Projekt nicht einmal bei denen, die er für seine Freunde hielt, gutgeheißen wurde. Auf der anderen Seite knüpfte der von den Böhmen abgesetzte *Ferdinand II.*, inzwischen zum Kaiser gewählt, ein festes Bündnis mit der katholischen *Liga*, dem Papst und Spanien. Sogar das protestantische Sachsen gehörte mit zu dieser Allianz. Den Mitgliedern der Union wurden im Vertrag von *Ulm* die Hände gebunden. Während die böhmischen Züge nach Wien scheiterten, besetzte ein Heer der Liga unter *Tilly* Oberösterreich und eines der Sachsen die Lausitz. Von den Niederlanden aus drang ein spanisches Heer in die Kurpfalz ein. Mit der Niederlage am *Weißen Berg* im November 1620 endeten der *Böhmische Aufstand* und das böhmische Königtum des Pfälzer Kurfürsten. Es hätte auch der Krieg zu Ende sein können, wenn nicht Kaiser Ferdinand entschlossen gewesen wäre, den Waffengang bis zum Sieg des Katholizismus und der Wiederherstellung der Kaisermacht in Deutschland zu wagen. Außerdem hatte er im Vertrag von *München* dem Bayernherzog *Maximilian* als Gegenleistung für die Hilfe bei der Niederwerfung Böhmens die Pfälzer Kurwürde des entthronten „Winterkönigs" sowie die Herrschaft über die Oberpfalz versprochen – die Einlösung dieser Zusagen wurde zur Ursache dafür, dass sich der Krieg nunmehr an den Rhein verlagerte. Dort verknüpfte er sich mit dem 1621 nach Ablauf eines zwölfjährigen Waffenstillstands wieder ausbrechenden Freiheitskampf der *Niederlande*. Aus dem deutschen Religionskrieg wurde ein politischer Kampf um die europäische Stellung des spanisch-österreichischen Hauses Habsburg. – Vorerst behielt die katholische Partei die Oberhand: Alle Parteigänger des Pfälzer Kurfürsten, die Söldnerführer *Mansfeld* und *Christian von Braunschweig* und der badische Markgraf *Georg Friedrich*, wurden geschlagen. Die Kurpfalz blieb besetzt. 1623 wurde wie verabredet die Oberpfalz und die Pfälzer Kurwürde an Maximilian von Bayern gegeben. Derweil etablierte sich im geschlagenen Böhmen die habsburgische Macht mit einer massiven Umwälzung der politischen, sozialen und kulturellen Verhältnisse.

Breda

Die Festung Breda an der Grenze zu Brabant schützte die Straßen nach Utrecht und Amsterdam. Gegen sie richtete sich im Frühjahr 1624 während des Freiheitskampfs der *Niederlande* der Stoß der spanischen Armee unter *Spinola*. Seit Juli 1624 war die Stadt von aller Zufuhr abgeschnitten. Zur Verteidigung seines Belagerungsheeres gegen Entsatzangriffe, die von *Mansfelds* Truppen und vom Heer der Vereinigten Niederlande unter *Friedrich Heinrich von Oranien* drohten, ließ der spanische Feldherr starke Feldbefestigungen errichten. Breda wurde zur europäischen Sehenswürdigkeit. Fürstliche Besucher fanden sich ein, um die Meisterwerke der

Ingenieurskunst auf spanischer wie auf niederländischer Seite zu begutachten und die mit Bravour geführten Sturmangriffe der spanischen Infanterie, der „Tercios", mitzuerleben. Die Belagerung zog sich über einen langen und harten Winter hin. Vom Hunger geschwächt, ergab sich die Besatzung der Stadt schließlich am 5. Juni 1625 und durfte mit militärischen Ehren abziehen. Der siegreiche Feldherr Spinola schloss den niederländischen Stadtkommandanten angesichts des ganzen Heeres gerührt in die Arme. Die Szene, von den Zeitgenossen als Beispiel christlicher Ritterlichkeit gefeiert, hat Diego Velázquez in seinem Gemälde „Die Übergabe von Breda" (um 1642) festgehalten. Zwölf Jahre später fiel Breda wieder an die Niederländer: Friedrich Heinrich von Oranien, der „Städtebezwinger", zog nach erfolgreicher Belagerung, zu der wegen der Gefahr spanischer Entsatzversuche ebenfalls umfangreiche Schanzarbeiten gegen das Umland gehört hatten, am 10. Oktober 1637 als Sieger ein.

Breisach

Die Festung Breisach im Elsass, südwestlich des Kaiserstuhls am Rhein gelegen, hatte für die Sicherung der Nord-Süd-Verbindung zwischen Italien und den Niederlanden hohe strategische Bedeutung. Im Sommer 1633 wurde Breisach von Herzog Feria, dem Statthalter der Spanischen Lombardei, auf seinem Marsch vom Veltlin nach Süddeutschland besetzt. Am 5. Juni 1638 erschien der protestantische Feldherr *Bernhard von Weimar* vor Breisach. Sein Sieg in der Schlacht von *Rheinfelden* drei Monate zuvor hatte ihm die Möglichkeit gegeben, eine Belagerung der Schlüsselfeste zu beginnen. Französische Hilfstruppen unter *Turenne* kamen hinzu, Mitte August war Breisach eingeschlossen. Entsatzversuche durch Götz und *Karl von Lothringen* wurden abgeschlagen. Aber auch Bernhards Angriffen war kein Glück beschieden, zum Schluss konnte nur noch Hunger die Stadt besiegen. Die Belagerten aßen Pferde, Katzen, Hunde und Mäuse, sie kochten Rinds- und Schafshäute aus. Als ein Kriegsgefangener, einer aus dem Heer Bernhards, im Breisacher Schloss starb, rissen ihn seine Mitgefangenen in Stücke und verschlangen das Fleisch. Das gleiche geschah noch bei weiteren Todesfällen unter den Gefangenen. Auf den Straßen brachen Bürger verhungert zusammen, Gerüchte kamen auf, dass Kinder verschleppt und getötet worden seien. Die Festung ergab sich am 17. Dezember 1638, die Besatzung zog mit ihren Fahnen unter Trommelschlag ab. Fast wäre es noch zu Racheakten gekommen, denn als Bernhard Bericht von den Vorfällen im Gefängnis erhielt, war er drauf und dran, den Stadtkommandanten Freiherr von Reinach und seinen Anhang füsilieren zu lassen. Auf Fürbitte hoher schwedischer Offiziere nahm er davon Abstand, ließ aber, wie es in einem zeitgenössischen Bericht heißt, den Freiherrn „ein scharfes Kapitel" hören, „wie unverantwortlich und in ganz crudeler Weis er ihm seine gefangenen Soldaten hätte verderben und Hungers sterben lassen". Über den Besitz der Festung kam es dann zu scharfen Auseinandersetzungen zwischen Bernhard und seinen französischen Alliierten. Der Feldherr erklärte, dass er Breisach behalten wollte, und forderte die Unantastbarkeit deutschen Landes unter einem deutschen Fürsten, nämlich ihm. Sein Tod im folgenden Jahr machte diese Fragen gegenstandslos. Im *Westfälischen Frieden* 1648 wurde Breisach Frankreich zugesprochen.

Breitenfeld, Schlacht von (1631)

Der Krieg war schon zwölf Jahre im Gange, als er schließlich 1631 auch Sachsen ergriff. Dem von Brandenburg her vorrückenden *Gustav Adolf* zog der kaiserliche Feldherr *Tilly* nach dem Fall *Magdeburgs* (Mai 1631) entgegen und verlangte Durchzugsrecht durch Sachsen. Kurfürst *Johann Georg von Sachsen* beschied ihn abschlägig und wies ihn höhnisch darauf hin, dass im „sächsischen Confect", das bisher unversehrt geblieben, manche harten Nüsse steckten. Nach eben diesem Konfekt stand aber Tilly, dem die Versorgung seines Heeres schon länger Kopfzerbrechen machte, genau der Sinn. Er zog am 15. September in Leipzig ein und ließ ausgiebig plündern. Darauf schloss sich Sachsens Kurfürst den Schweden an und stellte sein Heer, rund 16 000 Mann, zur Verfügung. Tilly wollte sich in Leipzig verschanzen und die Ankunft von Verstärkungen abwarten, da sein Heer der verbündeten sächsisch-schwedischen Armee zahlenmäßig unterlegen war. Aber sein Untergebener *Pappenheim* verdarb ihm alles. Der Reiterführer, ungestüm, tollkühn und mit geringem Wirklichkeitssinn, verließ das Lager am 16. September zu einem Kundschaftsunternehmen, stieß prompt auf die Schweden und verwickelte sich in Kämpfe, aus denen er behauptete sich nicht lösen zu können. Tilly musste ihm zu Hilfe eilen und wurde so in eine Schlacht gezogen, die er nicht gewollt hatte und die zur ersten großen Niederlage der Kaiserlichen und zu einem der Wendepunkte des Dreißigjährigen Krieges werden sollte. – Beim Dorf Breitenfeld, sechs Kilometer nördlich von Leipzig, stießen die Heere am Vormittag des 17. September aufeinander. Es herrschte Hitze, Trockenheit und Wind, den ganzen Tag standen Staubwolken über dem Schlachtfeld, die sich mit Pulverqualm vermischten und den Kämpfenden immer wieder Sicht und Atemluft nahmen. Tillys Heer war nach der üblichen Ordnung aufgestellt, die Infanterie in großen Blöcken im Zentrum, die Reiterei auf den Flügeln massiert. Es zählte rund 36 000 Mann, davon 11 000 Reiter; der Artilleriepark umfasste 26 Rohre. Auf der Gegenseite wurde der linke Flügel von der sächsischen Armee gebildet, Mitte und rechten Flügel nahmen die Schweden ein; insgesamt waren es 40 000 Mann, davon 13 000 Reiter, dazu 75 Kanonen. Mit Erstaunen registrierte die Führung des kaiserlichen Heeres die Aufstellung der Schweden. Gustav Adolf ordnete seine Reiter in kleinen Abteilungen so an, dass sie Raum nach allen Seiten hatten. Zwischen den Reiterverbänden standen kleinere Abteilungen von Musketieren. Das Ganze bot den Anblick eines locker ausgebreiteten Schachbretts. Die schwedischen Musketiere waren gut gedrillt: Durch exaktes Einüben der Ladevorgänge und des Platzwechsels innerhalb der Gruppe war eine Musketierabteilung imstande, ein ständiges Feuer auf den Gegner zu unterhalten. Einen weiteren Vorteil besaßen die Schweden in ihrer *Artillerie*, die nicht nur zahlenmäßig stärker, sondern auch beweglicher war. – Die Schlacht begann gegen halb drei Uhr am Nachmittag mit einem Umfassungsangriff der Pappenheimer Reiter auf dem linken Flügel gegen die schwedischen Reserven. Die klug verteilten schwedischen Einheiten fingen den Ansturm auf, Pappenheim musste sich zurückziehen. Dann folgte ein Angriff des kaiserlichen Zentrums unter Tilly und des rechten Flügels unter Fürstenberg gegen die Sachsen. Diese Aktion hatte mehr Erfolg. Nach zwei Stunden gaben zuerst die sächsischen Artilleristen auf, dann warfen zwei Reiterregimenter ihre Waffen weg und brachten sich in Sicherheit – nicht ohne auf ihrer Flucht noch die schwedischen Trosswagen zu plündern. Kurfürst Johann Georg gab seinem Pferd die Sporen und verschwand vom Schlachtfeld. Die Schweden aber standen eisern, alle Angriffe von Tillys Reitern prallten an ihnen ab. Und als am späten Nachmittag der Wind, der zuvor gegen die Schweden geweht hatte, drehte und Staub und Pulverrauch auf die Kaiserlichen zutrieb, sah der Schwedenkönig seine Chance gekommen. Mit einer Reiterreserve von ungefähr tausend Mann, die noch relativ frisch waren, gelang es ihm, die kaiserlichen Reiter von ihrem Fußvolk zu trennen, gegen das nun ein Generalangriff der schwedischen Infanterie losbrach. Die Kaiserlichen mussten die Flucht antreten, der Oberbefehlshaber Tilly, mit Wunden am Hals und an der Brust und einem zerschmetterten rechten Arm, verließ den Kampfplatz in Begleitung weniger Getreuer. Pappenheim vermochte immerhin vier seiner Regimenter zusammenzuhalten und den Rückzug zu decken. Aber Kriegskasse und gesamtes Geschütz der Kaiserlichen waren verloren und auf dem Feld und längs der Rückzugsstraße lagen 12 000 Tote. 7000 Kaiserliche gaben sich gefangen und wurden ohne weiteres in die Reihen der Schweden aufgenommen. Die Verluste der Verbündeten betrugen ungefähr 3000 Mann. – Der Tag von Breitenfeld gab der protestantischen Sache gewaltigen Auftrieb. Die seit den Tagen Philipps II. auf Europa lastende Gefahr, einer katholisch-habsburgischen Tyrannei zu unterliegen, schien gebannt. Gustav Adolf, den seine Gegner eben noch als „Schneekönig" verspottet hatten, der genauso enden würde wie der „Winterkönig" *Friedrich v. von der Pfalz*, erschien vielen nun als eine Art Kriegsgott.

Breitenfeld, Schlacht von (1642)

Elf Jahre nach der ersten Schlacht von Breitenfeld (1631) trafen bei dem Ort nördlich von Leipzig abermals Heere der Protestanten und der Kaiserlichen aufeinander. Der schwedische Feldherr *Torstensson* führte seit Frühjahr 1642 einen Feldzug in Sachsen und belagerte im Herbst Leipzig. Als ein kaiserliches Heer unter Erzherzog *Leopold Wilhelm* und Ottavio *Piccolomini* heranrückte, zog er sich nach Norden auf Breitenfeld zurück, wo es am 2. November 1642 zur Schlacht kam. 20 000 Schweden standen den an Zahl überlegenen Kaiserlichen gegenüber. Diese besaßen eine starke Artillerie, die erstmals mit Kettenkugeln schoss, einer Neuerung, die in dicht aufgestellter Reiterei oder Infanterie beträchtlichen Schaden anrichten konnte. Der schwedische Feldherr erkannte jedoch rasch, dass hinter der Kanonade sich die gegnerischen Truppen erst mühsam zum Gefecht ordneten. Er befahl seinem rechten Flügel unverzüglich Angriff und seine Reiter trieben die unvorbereiteten Kavalleristen der Gegenseite sofort auseinander. Anschließend kamen sie ihrem Zentrum zu Hilfe, das mittlerweile stark bedrängt wurde. Die kaiserliche Infanterie wurde zurückgeschlagen, die Reiterei auf dem rechten Flügel isoliert und aufgerieben. Nach Schätzungen verlor Erzherzog Leopold Wilhelm an diesem Tag ein Viertel seines Heeres auf dem Schlachtfeld, ein weiteres Viertel gab sich gefangen und trat in schwedische Dienste. 46 Kanonen, 50 Munitionswagen, die Kanzlei und die Kriegskasse fielen den Siegern als Beute in die Hände. Der geschlagene Erzherzog zog sich nach Böhmen zurück. Dort veranstaltete er unter den Soldaten eines Regimentes, das nach seiner Ansicht schuld an der Niederlage war, ein barbarisches Strafgericht: Alle höheren Offiziere wurden geköpft, die niederen Chargen gehängt, die Mannschaften ließ er durch Erschießen dezimieren.

Brömsebro, Friede von

1643 schlug sich Dänemark auf die Seite des Kaisers. Schwedische Truppen unter *Torstensson* überrannten Jütland und schlugen Entsatzangriffe des kaiserlichen Generals *Gallas* bei Jüterbog und Magdeburg zurück. Auf See wurden die Operationen gegen Dänemark durch die niederländische Flotte unterstützt. Unter französischer Vermittlung wurde der Krieg am 13. August 1645 im Frieden von Brömsebro (bei Karlskrona, Schweden) beendet. Dänemark musste die Insel Gotland und Ösel sowie Gebiete in Norwegen und Schweden an Schweden abtreten. Es verlor damit seine Vormachtstellung im Norden.

Bronckhorst, Johann Jacob Graf von

* Anholt um 1580,
† Freiburg im Breigau 18.10.1630

In den Quellen zum Dreißigjährigen Krieg taucht er als „Anholt" auf, nach der Herrschaft Anholt im Münsterland, mit der die Grafen von Brockhorst belehnt waren. Bronckhorst stand seit 1603 in österreichischen Diensten. 1619 erhielt er ein militärisches Kommando bei der *Liga*, 1619 wurde er Feldmarschall und kämpfte in den folgenden Jahren erfolgreich am *Weißen Berg*, bei *Höchst*, *Stadtlohn* und *Lutter am Barenberge*. Im Februar 1629 wechselte er ins Heer *Wallensteins* und wurde im selben Jahr Landvogt in Vorderösterreich.

Bucquoy, Karl Bonaventura Graf von

* Arras 9.1.1571, † vor Neuhäusel (Westslowakei) 10.7.1621

Das Ausplündern der Bevölkerung durch die Soldaten, die Geißel des Dreißigjährigen Krieges, soll durch den kaiserlichen General Karl Bonaventura von Longueval, Graf von Bucquoy, in Mode gekommen sein. Bucquoy, aus dem Hennegau stammend, ein alter Troupier, der seit 1596 im Kriegsdienst war, trat 1618 aus spanischen Diensten in die des Kaisers

Matthias, der ihn als Feldmarschall gegen die aufständischen Böhmen einsetzte. Er verschanzte sich in Budweis und hielt die Stellung gegen *Mansfelds* Angriff im Juni 1619. Anschließend verteidigte er Wien gegen *Bethlen Gábor von Iktár* und schlug *Thurn* bei Eggenburg. Zum Zeitpunkt der Schlacht am *Weißen Berg*, die den Feldzug in Böhmen entschied (8. November 1620), befand er sich wegen einer Verwundung auf dem Krankenlager; er hatte auch davon abgeraten, bei dem kalten Winterwetter noch weiter zu marschieren. Als aber die Schlacht einmal entbrannt war, ließ er es sich nicht nehmen, die kaiserlichen Reserven persönlich ins Gefecht zu führen. Ein ähnliches Stück persönlichen Wagemuts sollte ihm den Tod bringen: Im Feldzug gegen Bethlen Gábor in der Slowakei wurde er bei einem Erkundungsritt durch Schüsse und Lanzenstiche getötet.

Butler, Walter Graf von

† Schorndorf 25.12.1635

Lesern oder Zuschauern von Schillers „Wallenstein" ist er vertraut als der freudlose, heillos ehrgeizige Mann, der den Mord am Feldherrn organisiert, mit steinerner Miene alle Bitten um Aufschub zurückweist und nach vollbrachter Tat ungerührt vor seine Auftraggeber tritt, um den Lohn zu holen, „den der geschwinde, pünktliche Gehorsam fordern darf". Über den historischen Butler ist wenig bekannt. Aus Irland stammend, trat er zu einem unbekannten Zeitpunkt in kaiserliche Dienste. 1631 geriet er in schwedische Gefangenschaft und wurde im folgenden Jahr ausgelöst. Er folgte mit seinem Regiment *Wallenstein* nach Eger, ließ aber über Mittelsmänner in Wien wissen, dass er weiterhin dem Kaiser die Treue halten werde. Als das Absetzungsdekret für den Feldherrn eintraf, besetzte Butler das Schloss Eger und ließ am 25. Februar 1634 durch Offiziere seines Regiments Wallenstein und die ihm ergebenen Generale töten. Der Dank des Kaisers war die Erhebung in den Grafenstand und die Übereignung der Wallensteinischen Herrschaft Friedberg. Butler starb bei der Besetzung Württembergs nach der Schlacht von *Nördlingen*.

C

Callot, Jacques

* Nancy 1592 oder 1593, † ebd. 24.3.1635

In der Kunstgeschichte gilt Callot als Meister der Radierung, der diese bis dahin nur reproduzierend geübte Kunst zu einer selbstständigen Gattung erhob. Ins allgemeine Bewusstsein gelangte er als getreuer Chronist der Gräuel des Dreißigjährigen Krieges. Zum Militär hatte der junge Künstler schon früh Beziehung. In Italien versenkte er sich neben seiner Ausbildung im Zeichenwesen auch in Studien der Topographie, der Mathematik und des Festungsbaus. 1625 berief ihn die Regentin *Isabella* nach Brüssel, um ihn die Belagerung von *Breda* zeichnen zu lassen. 1628 kam vom französischen König *Ludwig XIII.* ein ähnlicher Auftrag, bei dem es um die Belagerung von La Rochelle ging. 1630 kehrte Callot in seine Heimat Lothringen zurück und erlebte dort politische Wirren, Plünderungen und Pest. Hier entstanden seine Radierungen „Misères et Malheurs de la Guerre" (1632/1633 in zwei Folgen veröffentlicht), die Elend und Schrecken des Krieges als Massenschicksal zeigen. 1633 wurde seine Heimatstadt Nancy von den Franzosen belagert und bald darauf vom lothringischen Herzog *Karl IV.* kampflos übergeben. Wieder kam ein Auftrag des französischen Königs; diesmal sollte Callot die Belagerung von Nancy zeichnen. Aber der Künstler weigerte sich. Lieber schneide er sich den Finger ab, erklärte er, als dass er die Schande seines Landes verewigen helfe.

Camerarius, Ludwig

* Nürnberg 22.1.1573,
† Heidelberg 4.10.1651

Der Enkel des Humanisten Joachim Camerarius (latinisiert aus Kammermeister) trat als Jurist 1598 in den Dienst des Kurfürsten *Friedrich IV. von der Pfalz*. 1603 wurde Camerarius Mitglied des Oberrats und Leiter der pfälzischen Außenpolitik. 1619 ging er mit dem zum böhmischen König gewählten *Friedrich V.* nach Prag und folgte ihm nach dem Zusammenbruch seiner Herrschaft ins Exil. Seitdem war er bemüht um Rechtfertigung (siehe *Kanzleienstreit*) und Wiedereinsetzung seines Landesherrn und betrieb die Bildung einer protestantischen Koalition unter schwedischer Führung. Mit Friedrichs Genehmigung war Camerarius 1626 bis 1641 auf diplomatischem Posten bei den Generalstaaten der Niederlande für Schweden tätig. Die von ihm bewusst angelegte Sammlung von Briefen (Collectio Cameriana) hat für die Geschichtsschreibung des 16. und 17. Jahrhunderts hohen Wert.

Cancellaria Hispanica →*Kanzleienstreit*

Chemnitz, Bogislaw Philipp von

* Stettin 9.5.1605,
† Gut Hallstad (Schweden) 17.5.1678

Ein erklärter Feind Habsburgs: Der Schriftsteller Bogislaw von Chemnitz, Enkel des evangelischen Theologen Martin Chemnitz (1522–1586), wurde 1644 von Königin *Christine* zum schwedischen Hofhistoriographen ernannt. 1648 bis 1653 erschien sein mehrbändiges Werk „Der königlich schwedische in Deutschland geführte Krieg". Größtes Aufsehen in Deutschland erregte sein Pamphlet „Dissertatio de ratione status in imperio nostro Romano-Germanico", eine Kampfschrift gegen die Habsburger, die er unter dem Pseudonym Hyppolithus a Lapide 1640 veröffentlichte. „Mit erbarmungsloser Folgerichtigkeit" (C. V. Wedgwood) wies er darin nach, wie die kaiserliche Dynastie ihre Macht mit List und Gewalt aufrechterhalte und die Verfassung des Reiches fortwährend zu ihren Gunsten ausbeute.

Cherasco, Vertrag von

Auf dem *Regensburger Kurfürstentag* von 1630 war ein Friedensvertrag zur Beendigung des *Mantuanischen Erbfolgekrieges* ausgehandelt worden. Am 6. April 1631 wurde dieser Vertrag von *Ludwig XIII.* von Frankreich, Kaiser *Ferdinand II.* und Herzog Viktor Amadeus I. von Savoyen in Cherasco, einer Stadt südlich von Turin, geschlossen. Gegen Zahlung von 15 000 Goldscudi verzichtete Savoyen auf das Herzogtum Montferrat zugunsten des Herzogs von Mantua. Spanien erhielt kleinere Gebiete um Casale und zahlte dafür 100 000 Goldscudi. Der Prätendent des Herzogtums Mantua, Louis de Gonzague, Herzog von Nevers, wurde in seinen Rechten bestätigt. In einer weiteren Vereinbarung vom 19. Juni 1631 wurden territoriale und militärische Einzelheiten geregelt. Der Vertrag von Cherasco gab dem Kaiser die Möglichkeit, seine Truppen aus Italien abzuziehen und gegen den von Norden her vorrückenden *Gustav Adolf* zu werfen.

Chigi, Fabio

* Siena 13.2.1599, † Rom 22.5.1667

Die Verhandlungen des *Westfälischen Friedens* wurden nicht zwischen den kriegführenden Parteien direkt geführt, sondern liefen über Mittelsmänner. Einer dieser „Mediatoren", die alle Hände voll zu tun hatten, war der päpstliche Nuntius Fabio Chigi. Im März 1644 nahm er im Münsteraner Minoritenkloster Quartier und blieb dort bis zum Dezember 1649. Er verkehrte nicht nur in Politikerkreisen, sondern auch unter Gelehrten und Literaten und schrieb Gelegenheitsgedichte in lateinischer Sprache, in denen er in humorvoller Weise den Zusammenstoß seiner humanistischen Bildungswelt mit dem Alltag der westfälischen Stadt schildert. Durch seine Instruktionen war Chigi daran gebunden, ausschließlich zwischen den katholischen Mächten zu vermitteln, dadurch war sein Spielraum stark eingeschränkt. Nach Abschluss des Friedensvertrages legte Chigi namens des Papstes Verwahrung gegen die Bestimmungen ein, die den bisherigen Rechten der katholischen Kirche zuwiderliefen (Säkularisierung von zwei Erzstiften und sechs Fürstbistümern). Ebenfalls protestierte Chigi gegen den Friedenschluss zwischen Spanien und den Niederlanden, weil katholische Landesteile in Nordbrabant und Limburg an die Generalstaaten abgegeben wurden. Aus diplomatischen Rücksichten hielt die Kurie diesen Protest jedoch bis ins 20. Jahrhundert geheim. Chigi wurde 1655 zum Papst gewählt und nahm den Namen Alexander VII. an. Als Kunstmäzen machte er sich um den Ausbau Roms verdient, der

Architekt Bernini erhielt von ihm den Auftrag zur Ausgestaltung des Petersplatzes.

Christian von Anhalt

* Bernburg 11.5.1568, † ebd. 17.4.1630

Christian I., Fürst von Anhalt-Bernburg, so der volle Name, war der Architekt der protestantischen *Union*: 1592 zum Calvinismus übergetreten, hatte er schon mehrere Kriegszüge im Dienste Heinrichs von Navarra und anderer protestantischer Herren hinter sich, als er 1595 im Auftrag *Friedrichs IV. von der Pfalz* die Verwaltung der Oberpfalz übernahm. Hier wurde er zum Motor der antihabsburgischen protestantischen Partei. Seit 1606 arbeitete er auf die Bildung der Union hin, die schließlich 1608 zustande kam. Im *Jülich-Klevischen Erbfolgestreit*, einem der Wetterleuchten, die dem Dreißigjährigen Krieg vorangingen, plante er mit dem französischen König Heinrich IV. eine Offensive gegen die Habsburger. Er bereitete den *Böhmischen Aufstand* mit vor und übernahm nach der Wahl seines Landesherrn *Friedrichs V.* zum König von Böhmen den Oberbefehl über die böhmischen Truppen. Mit der Niederlage am *Weißen Berg* im November 1620 war die militärische und politische Laufbahn des „Großpläneschmieds" (G. Mann) zu Ende. Er verfiel der Reichsacht und ging ins Exil nach Schweden und Dänemark. 1624 söhnte er sich mit dem Kaiser aus und durfte auf seine Güter zurückkehren.

Christian von Brandenburg

* Wolmirstedt (bei Magdeburg) 7.9.1587, † Kloster Zinna (bei Jüterbog) 11.1.1665

Als Administrator von Magdeburg kennt ihn die Geschichtsschreibung: Der brandenburgische Markgraf Christian wurde Verwalter des Erzbistums Magdeburg, als sein Vater Joachim Friedrich 1598 die Regierung als Kurfürst von Brandenburg antrat. Er verstrickte sich in Streitigkeiten mit dem Domkapitel und hatte Mühe, sich gegen das Selbstständigkeitsstreben der Stadt Magdeburg durchzusetzen. 1624 zog er an der Seite *Christians IV. von Dänemark* in den Krieg und kämpfte 1626 an der *Dessauer Brücke*. 1628 wurde er vom Magdeburger Domkapitel abgesetzt. Als Verbündeter *Gustav Adolfs* kehrte er in seine Stadt zurück. Beim Sturm durch die Truppen *Tillys* im Mai 1631 wurde Christian gefangen genommen. Eine politische Rolle spielte er danach nicht mehr. Er trat zum Katholizismus über und erhielt nach dem *Prager Frieden* von 1635 eine Rente aus seinem ehemaligen Erzbistum, das inzwischen Erzherzog *Leopold Wilhelm* bewirtschaftete. Bei Kriegsende wurden ihm die magdeburgischen Ämter Loburg und Zinna zugesprochen.

Christian von Braunschweig

* Gröningen (bei Magdeburg) 20.9.1599, † Wolfenbüttel 16.6.1626

Von den Zeitgenossen wurde er der „tolle Christian" oder der „tolle Halberstädter" genannt: Christian Herzog von Braunschweig-Wolfenbüttel, Administrator von Halberstadt, war das Musterbild eines unbekümmerten Haudegens. Für das Amt des Adminstrators, d. h. Verwalters eines säkularisierten Bistums, brachte er außer einer tiefen Abneigung gegen den Katholizismus wenig mit. Die „Lust zum Kriege", so Christian in einem Brief, überwog bei ihm alles. Seine militärische Karriere begann er 1620 als Rittmeister unter *Moritz von Oranien*. 1621 warb er zur Unterstützung *Friedrichs V.* ein eigenes Heer von mehr als 10 000 Mann. Nach eigenem Bekunden hatte es ihm die schöne Gemahlin des entthronten „Winterkönigs", *Elisabeth Stuart*, angetan, er verehrte sie in ritterlicher, romantischer Liebe und trug ihren Handschuh auf seinem Helm, wenn er in die Schlacht ritt. Als „Gottes Freundt, der Pfaffen Feindt" zog er durch die Bistümer Paderborn und Münster und plünderte kräftig. 1622 eroberte er die Pfalz und plünderte weiter. Städten und Dörfern, die an seiner Vormarschstraße lagen, pflegte er sein Kommen mit Drohbriefen anzukündigen, die an den vier Ecken angesengt waren und die Aufschrift „Feuer! Feuer! Blut! Blut!" trugen. Bei *Höchst* erzwang er in einem tollkühnen Unternehmen den Übergang über den Main. Das kostete ihn 2000 Mann, einen Teil seines Trosses und seinen winzigen Artilleriepark (drei Kanonen, von denen nur eine funktionierte). Christians militärisches Renommee unter seinen Kollegen hob das nicht. Ebenso wenig beliebt machte er sich mit seinen lärmenden Tischreden, in denen er u. a. behauptete, höchstpersönlich viel zur Steigerung der Geburtenzahlen im Bistum Paderborn getan zu haben. Im August 1622 ließ er sich zusammen mit *Mansfeld* von den niederländischen Generalstaaten anheuern und schlug siegreich die Schlacht von *Fleurus*. Im Kampf verwundet, musste er sich den linken Unterarm amputieren lassen. Es gehört zu den Überspanntheiten seines Charakters, dass er diese Operation im Angesicht des ganzen Heeres unter Fanfarenklängen ausführen ließ. In der Schlacht von *Stadtlohn* 1623 gegen *Tilly* verlor Christian mehr als die Hälfte seines Heeres. 1626 übernahm er die Regierung von Braunschweig-Wolfenbüttel. Er rüstete abermals ein Heer, das er dem Dänenkönig *Christian IV.* zuführen wollte, als ihn plötzlich eine fiebrige Erkrankung dahinraffte – nach seiner Behauptung ein Werk der Zauberei. Nüchterner sah das sein Verbündeter, der König von Dänemark: „Die Krankheit und der Tod haben ihren Ursprung in dem unordentlichen Leben, das Seine Fürstliche Gnaden jederzeit geführt."

Christian IV., König von Dänemark
* Frederiksborg 12.4.1577,
† Kopenhagen 18.2.1648

In seiner Eigenschaft als Herzog von Holstein gehörte der dänische König auch zu den Ständen des Heiligen Römischen Reiches. Christian IV., 1596 an die Regierung gelangt, ließ sich 1625 zum Kreisoberen des Niedersächsischen Reichskreises wählen. Zur Wahrung der reichsständischen Rechte und Freiheiten und zum Schutz gegen Verletzungen des Religionsfriedens verbündete er sich mit England, den Generalstaaten und einigen Reichsfürsten. Damit trat Dänemark in den Dreißigjährigen Krieg ein, es begann die Phase des *Niedersächsisch-Dänischen Krieges*, die 1629 mit dem Frieden von *Lübeck* endete. 1643 bis 1645 führte Christian einen Krieg gegen Schweden, der seinem Land den Verlust der Vormachtstellung im Norden eintrug

C

(Frieden von *Brömsebro* August 1645). Christians Popularität tat das keinen Abbruch, vielmehr feierte man ihn als unerschrockenen Seehelden. „König Christian stand am hohen Mast in Rauch und Dampf", lautet noch heute der Text der dänischen Königshymne. Er bezieht sich auf Christians Kampf in der Seeschlacht an der Kolberger Heide (1.7.1644). Über das private Leben des Königs gehen die wüstesten Geschichten um. Er verlor Riesensummen im Spiel, er trank und trieb es wahllos mit Frauen. Seine Höflinge führten penibel Buch über die Ausschweifungen des Königs, sie registrierten wochenlange Sauforgien. „So ist das Leben dieses Königs", heißt es im Bericht eines englischen Gesandten von 1632, „sich des Tages zu berauschen und des Nachts mit einer Hure zu vergnügen."

Christian II. von Sachsen

* Dresden 23.9.1583, † ebd. 23.7.1611

Er soll sich totgetrunken haben; das Laster, dem viele Fürsten seiner Zeit huldigten, war bei ihm besonders ausgeprägt: Christian II. trat 1601 die Regierung als Kurfürst von Sachsen an. Unter ihm gewann die Richtung des strengen Luthertums gegenüber dem Calvinismus an Boden. Das führte zur Entfremdung von der protestantischen Partei im Reich, die von der calvinistischen Pfalz geführt wurde: Sachsen blieb der 1608 gebildeten *Union* fern. Für die politischen Verhältnisse im Reich am Vorabend des Dreißigjährigen Krieges hatte damit auch die durch frühen Tod abgekürzte Regierungszeit des sächsischen Kurfürsten erhebliche Bedeutung.

Christine, Königin von Schweden

* Stockholm 17.12.1626, † Rom 19.4.1689

Beim Tod ihres Vaters war sie fünf Jahre alt: Christine, einziges Kind *Gustav Adolfs*, regierte zunächst unter Vormundschaft des Reichsrats (geführt vom Reichskanzler Axel Graf *Oxenstierna*). 1644 trat sie die Herrschaft auch persönlich an. Sie förderte die Wissenschaften und zog ausländische Gelehrte wie René Descartes und *Grotius* an ihren Hof. Gegenüber den Politikern drang sie auf eine Beendigung des Krieges, über ihren Vertrauten *Adler Salvius* wusste sie entsprechend Einfluss auf die Verhandlungen des *Westfälischen Friedens* zu nehmen. 1654 dankte sie zugunsten ihres Vetters Karl Gustav von Pfalz-Zweibrücken ab, sie konvertierte heimlich zum Katholizismus und lebte seitdem in Rom. Spätere Jahrhunderte verklärten sie zur romantischen Figur, gipfelnd in Rouben Mamoulians Hollywood-Film von 1933, in dem Greta Garbo als Königin Christine in Männerkleidern durch den Winterwald reitet und der Macht entsagt, als ihr Geliebter, der spanische Gesandte, im Duell mit dem eifersüchtigen schwedischen Reichskanzler fällt.

Collalto, Reimbolt Graf von

* Mantua 1575, † Chur 18.11.1630

Seit 1599 im kaiserlichen Kriegsdienst, wurde der aus einem Friauler Grafengeschlecht stammende Collalto 1613 an den Hof gezogen und mit diplomatischen Missionen betraut. Im *Böhmischen Aufstand* kämpfte er ohne viel Erfolg. 1624 wurde er Hofkriegsratspräsident und im folgenden

Jahr Feldmarschall und Vertreter *Wallensteins*, den er beständig über die Vorgänge in Wien auf dem Laufenden hielt. 1630 führte er das kaiserliche Heer im *Mantuanischen Erbfolgekrieg*. Er erkrankte auf der Heimreise und starb in Graubünden.

Colloredo, Rudolf Graf von

* Budweis 2.11.1585, † Prag 27(?).1.1657

Er galt als ebenso rücksichtslos wie geschäftstüchtig: Colloredo wuchs am Kaiserhof auf. Im Auftrag *Ferdinands II.* kämpfte er gegen Venedig. 1619 warb er ein eigenes Regiment. 1632 wurde er Feldwachtmeister und nahm an der Schlacht von *Lützen* teil. Seine bedingungslose Kaisertreue trug ihm nach *Wallensteins* Ermordung vielfache Belohnung ein: Er wurde zum Feldmarschall ernannt und erhielt die Herrschaft Opočno des getöteten Wallenstein-Partners *Terzka* zugesprochen. Seit 1639 kommandierender General in Böhmen, verteidigte er 1648 die Prager Altstadt erfolgreich gegen die Schweden. Er verblieb nach dem *Westfälischen Frieden* als Gouverneur in der böhmischen Hauptstadt.

Comenius, Johann Amos

* Niwnitz / Nivnice (Südmähren) 28.3.1592, † Amsterdam 15.11.1670

Der tschechische Theologe und Pädagoge Comenius (eigentlich Jan Amos Komenský) steht in der Geschichte der Erziehungswissenschaft als einer der großen Reformer des Schulwesens; er verfasste zahlreiche Handbücher zur praktischen Pädagogik, auf ihn geht die Idee der muttersprachlichen Bildung zurück. Comenius war seit 1616 Prediger der Brüderunität in Prerau / Přerov und Fulnek, musste aber im Zuge der nach 1620 einsetzenden *Gegenreformation* in Böhmen seine Heimat verlassen und ging nach Lissa (Polen). Die bittere Erfahrung der Emigration spiegelt sich in seinem Buch „Das Labyrinth der Welt und das Paradies des Herzens" (1623), in dem er gegen den engen Religionsfanatismus eine Hingabe an die ewigen Werte des Christentums fordert. Comenius' weiterer Lebensweg führte ihn kreuz und quer durch Europa. 1648 kehrte er als Bischof der Böhmischen Brüder wieder nach Lissa zurück. Als die Stadt 1656 im schwedisch-polnischen Krieg zerstört wurde, emigrierte Comenius nach Amsterdam, wo er bis zu seinem Tod als Schriftsteller und Lehrer wirkte.

Compiègne, Vertrag von (1624)

In der ersten Jahreshälfte 1624 nahm Frankreichs Eingreifen in den Dreißigjährigen Krieg klare Züge an. Mit Spanien hatte es bereits Krieg, nun schmiedete *Richelieu* die antihabsburgische Allianz fester. Am 10. Juni 1624 unterzeichneten die Gesandten Frankreichs und der niederländischen Generalstaaten in Compiègne (Oise) ein Bündnis, dem in den folgenden Wochen England, Schweden, Dänemark, Savoyen und Venedig beitraten. Man einigte sich auf eine Operation gegen das *Veltlin* zur Unterbrechung der Nord-Süd-Verbindung zwischen Italien und den spanischen Niederlanden. Gegen einen sofortigen Kredit von 480 000 Talern und das Versprechen weiterer Subsidien verpflichteten sich die Niederländer, drei Jahre weiter Krieg gegen Spanien zu führen.

C

Compiègne, Vertrag von (1635)

Schwedens Kanzler *Oxenstierna* klagte, dass „die französische Art zu verhandeln seltsam sei und sehr von Finessen abhänge", *Richelieu* dagegen fand die Methode seines Partners „ein bißchen grob und sehr gewieft". Dennoch verständigten sich die beiden Politiker, der Schwede und der Franzose, im Frühjahr 1635 in zügigen Verhandlungen auf ein gemeinsames Vorgehen. Am 30. April 1635 unterzeichneten sie in Compiègne (Oise) ein Abkommen, das Frankreich die Verfügung über das linke Rheinufer von *Breisach* bis Straßburg gab und Schweden im Besitz von Worms, Mainz und Benfeld (Unterelsass) bestätigte. Frankreich verpflichtete sich, Spanien den Krieg zu erklären (was in feierlicher Zeremonie am 21. Mai 1635 in Brüssel geschah) und keinen Separatfrieden abzuschließen. Durch den Vertrag wurden die Ergebnisse des zur selben Zeit zwischen dem sächsischen Kurfürsten und dem Kaiser vereinbarten *Prager Friedens* (30. Mai 1635) konterkariert. Dieser war von seinen Initiatoren wenigstens teilweise als ein Frieden für das gesamte Deutschland entworfen worden; durch das französisch-schwedische Bündnis von Compiègne war jedoch klar, dass der Krieg weitergehen würde.

Condé, Louis II., Fürst von

* Paris 8.9.1621,

† Fontainebleau 11.12.1686

Zu den besonderen Fähigkeiten des französischen Kanzlers *Richelieu* gehörte es, Begabungen frühzeitig zu erkennen und zu fördern. Einer der jungen Leute, die so die Chance ihres Lebens bekamen, war Louis II. aus dem Hause Bourbon-Condé, Herzog von Enghien, später auch bekannt als „der große Condé". Kaum zwanzigjährig, erhielt er bereits den Oberbefehl über die französischen Truppen an der flämischen Grenze. 1643 erfocht er den glänzenden Sieg von *Rocroi*. Er kämpfte 1645 bei *Alerheim* und eroberte 1646 Dünkirchen. Im gleichen Jahr wurde er nach dem Tod seines Vaters Henri II. Oberhaupt der Familie. In der letzten großen Schlacht des Dreißigjährigen Krieges im August 1648 bei *Lens* besiegte er den österreichischen Erzherzog *Leopold Wilhelm*. Sein weiterer Lebensweg führte Condé, dem die Historiker eine „unpolitische Schroffheit des Charakters" bescheinigen und der impulsiv zu entscheiden pflegte und keinen Widerspruch ertrug, erst ins Lager der Gegner des französischen Königs (in den Wirren der Fronde nach 1650), danach wieder an seine Seite (im Devolutionskrieg 1667/1668).

Dänisch-Niedersächsischer Krieg

(Dreißigjähriger Krieg, Phase 2: 1625–1629; siehe Karte 2 im Anhang)

Bereits im *Böhmisch-Pfälzischen Krieg* waren die Kämpfe bis nach Nordwestdeutschland getragen worden. Die Antwort darauf war das Bündnis der protestantischen Stände Niedersachsens mit König *Christian IV. von Dänemark*, der zugleich Herzog von Holstein und Oberster des niedersächsischen Reichskreises war. England, Frankreich und die Republik der Vereinigten *Niederlande* gaben Unterstützung. Der Kaiser parierte diesen Schritt mit der Aufstellung eines eigenen Heeres unter *Wallenstein*. Der Krieg sah fast nur Siege der katholischen Partei. 1626 schlug *Tilly* den Dänenkönig und seine Verbündeten bei *Lutter am Barenberge*, Wallenstein jagte den protestantischen Söldnerführer *Mansfeld* nach der Schlacht an der *Dessauer Brücke* bis nach Ungarn. Aufstände der *Bauern* in Österreich wurden niedergeschlagen. Der Fürst von Siebenbürgen, *Bethlen Gábor von Iktár*, ein alter Widersacher der Habsburger, schloss 1627 mit dem Kaiser Frieden. Im gleichen Jahr besetzte das kaiserliche Heer Jütland, im folgenden Mecklenburg. Als „General des Ozeanischen und Baltischen Meeres" versuchte Wallenstein, eine kaiserliche Seemacht an der Ostsee zu etablieren, fand aber keine Unterstützung bei den Hansestädten und scheiterte schließlich auch noch an der Belagerung *Stralsunds*. Im Frieden von *Lübeck* 1629 schied Dänemark vorläufig aus dem Krieg aus, England zog sich gleichfalls zurück. Den Niederländern glückte 1628 ein Unternehmen zur See: Sie kaperten die spanische Silberflotte und konnten nun daran gehen, die Verluste im Festungskrieg (1625 war *Breda* gefallen) wieder wettzumachen. – Für den Kaiser war 1629 das Jahr seiner größten Machtentfaltung, er nutzte es zum Erlass des *Restitutionsediktes*, das die von den Protestanten vorgenommenen Säkularisationen rückgängig machen sollte. Dabei erfuhr er jedoch Widerstand – sogar aus dem eigenen Lager. Gleichzeitig schwächte er seine militärische Macht in Deutschland durch das Eingreifen in den *Mantuanischen Erbfolgekrieg*, eine Auseinandersetzung zwischen Spaniern und Franzosen in Oberitalien. Eine weitere Niederlage erlitt er auf dem *Regensburger Kurfürstentag* 1630, als die gemeinsame Opposition protestantischer und katholischer Fürsten die Entlassung Wallensteins und eine drastische Verkleinerung des kaiserlichen Heeres durchsetzte.

Demobilisierung

Staatsmännern und Militärs stellte sich bei Abschluss des *Westfälischen Friedens* 1648 ein ungeheures Problem. Es galt, die riesigen Armeen loszuwerden, die noch auf Deutschlands Boden standen. Am leichtesten hatten es noch die Franzosen, ihre Truppen wurden alsbald in den Krieg gegen Spanien geworfen, der weiterhin im Gange war und erst 1659 im *Pyrenäenfrieden* endete. Die Schweden dagegen sollten fast 100 000 Mann, zumeist angeworbene Deutsche, abrüsten, die Kaiserlichen etwa 70 000, dazu noch Zehntausende von Menschen, die mit den Soldaten gezogen waren, Frauen und Kinder, wieder ins zivile Leben integrieren. Erschwerend kam

D

hinzu, dass es sich im Allgemeinen um Berufssoldaten handelte, die außer dem Kriegshandwerk nichts gelernt hatten und für die der Krieg bisher einzig existenzbestimmend gewesen war. Die Friedenssehnsucht mochte unter der Bevölkerung überwältigend sein, unter den Soldaten war sie es nicht und Gefahr bestand, dass die Heere auf eigene Faust weitermachten oder von einer Partei, die mit den Ergebnissen des Friedensvertrages oder seiner Umsetzung nicht zufrieden war, wieder losgelassen wurden. – Nach umständlichen Vorverhandlungen trat im April 1649 in Nürnberg der „Friedens-Exekutionskongress" zusammen. Unter Leitung des Feldmarschalls *Piccolomini* auf kaiserlicher und des Prinzen *Karl Gustav* sowie des Generals *Wrangel* auf schwedischer Seite wurde die Abrüstung unerwartet zügig ins Werk gesetzt. Die riesenhaften Soldnachzahlungen (für die Ablöhnung der schwedischen Armee z. B. wurden 5 Millionen Taler veranschlagt) wurden von schweizerischen und einheimischen Bankiers finanziert. Bereits im September 1649 konnten die Hauptstreitpunkte als erledigt gelten und Karl Gustav gab seinen Partnern im Rathaus ein rauschendes Festbankett, während für das Volk draußen Ochsen gebraten wurden und Wein in Strömen floss. Nach Unterzeichnung des endgültigen Abkommens am 26. Juni 1650 revanchierte sich Piccolomini mit einem Riesenmahl, das in einem eigens erbauten Festzelt vor der Stadt zelebriert wurde und auf dessen Höhepunkt eine Festung aus Pappendeckeln unter Raketenwirbeln höchst dekorativ in die Luft flog. – Es kam mehrfach zu Meutereien, vor allem unter den schwedischen und den bayerischen Truppen, die aber unbarmherzig unterdrückt wurden. Danach wusste Karl Gustav durch kluge Umgruppierung der in Deutschland stationierten schwedischen Truppen die zum Aufruhr neigenden Kräfte auseinander zu halten. Siedlungsprogramme, die in Bayern, Hessen und der Pfalz begonnen wurden, blieben in den Ansätzen stecken, im Allgemeinen zog es der Soldat vor, anderswo Handgeld zu nehmen. Die Veteranen des Dreißigjährigen Krieges verteilten sich über ganz Europa, bis nach Spanien und Russland lassen sich ihre Spuren finden. Nicht allen freilich gelang es unterzukommen, das Marodeurwesen blieb deswegen noch lange virulent, hier und dort mussten Truppen zur Bekämpfung von Räuberbanden abgestellt werden und Kaufleute reisten weiter in bewaffneter Begleitung. Der Exekutionskongress tagte noch bis Juli 1651 in Nürnberg und ließ dann doch Einzelfragen unerledigt. So kam es, dass die Spanier die Festung Frankenthal erst 1653 aufgaben und *Karl von Lothringen* erst 1654 Hammerstein räumte. Die Schweden gingen als Letzte: Im Mai 1654 zog die Besatzung von Vechta ab.

Dessauer Brücke, Schlacht an der
Im Frühjahrsfeldzug 1626 plante der protestantische Feldherr *Mansfeld*, mit 12 000 Mann aus dem Brandenburgischen kommend, einen Übergang über die Elbe in Richtung Magdeburg, fand jedoch Anfang April die Stellung an der Elbbrücke bei Dessau von kaiserlichen Truppen besetzt und stark befestigt. *Wallenstein* hatte hier

eine Abteilung unter dem Kommando des lothringischen Obersten *Aldringen* zurückgelassen. 86 Geschütze waren im Brückenkopf auf der rechtselbischen Seite eingegraben, eine geschickte Aufstellung ließ die Zahl der Verteidiger geringer erscheinen, als sie tatsächlich war. In ihrem Feuer brachen die ersten Angriffe Mansfelds zusammen. Nachdem er Verstärkungen erhalten hatte, entschloss er sich am 25. April 1626 zum Hauptsturm. Inzwischen war aber auch Wallenstein mit dem Gros seines Heeres auf dem Kampfplatz erschienen. Den ganzen Tag über trieb Mansfeld seine Mannschaften gegen die Verschanzungen der Kaiserlichen, jedoch ohne Erfolg. Flankenangriffe der Wallensteinischen Reiterei setzten ihm zu. Als auch noch die Pulverwagen im Rücken der Angreifer explodierten, brach Mansfeld den Kampf ab und zog sich wieder ins Brandenburgische zurück. Der methodisch vorbereitete und mit beispielloser Zähigkeit erfochtene Sieg an der Dessauer Brücke begründete Wallensteins Feldherrnruhm – jedenfalls unter den Militärs, von den Politikern in Wien erntete der böhmische Heerführer statt Glückwünschen nur Mäkeleien. Man warf ihm vor, dass er nicht vermocht hätte, den Erzfeind des Kaiserhauses, den Grafen Mansfeld, über den die Reichsacht verhängt war, zu fangen oder zu töten.

Dietrichstein, Franz Fürst von

* Madrid 22.8.1570, † Brünn 19.9.1636

Der katholische Geistliche Dietrichstein war seit 1599 Kardinal und Bischof von Olmütz. Als Hauptstütze der Regierungspartei in Böhmen wurde er 1607 Präsident des Geheimen Rates und suchte im Zwist der Habsburger-Brüder *Matthias* und *Rudolf* zu vermitteln. Dietrichstein, der in seinem Sprengel „alles tat, was den Protestanten das Leben schwermachen konnte" (G. Parker), gehörte im *Böhmischen Aufstand* zu den Opfern, er verlor seine Güter und wurde des Landes verwiesen. 1620 setzten ihn die Habsburger als Statthalter und Landeshauptmann in Mähren ein, wo er die Gegenreformation betrieb. 1624 erhob ihn Kaiser *Ferdinand II.* in den Fürstenstand, 1635 erhielt er vom Papst den Titel „protector Germaniae" verliehen.

Dominium maris baltici

Seit dem Mittelalter war die Ostsee ein bedeutender Verkehrsweg für den Handel zwischen West- und Osteuropa. Mit dem Niedergang der Hanse im 16. Jahrhundert versuchten die Anrainerstaaten, ihre Anteile an der Seeherrschaft durch Zugewinnung von Territorien an der Küste und Kontrolle von Häfen und Flussmündungen zu vergrößern. Der Begriff „Dominium maris baltici" (Herrschaftsgebiet des Baltischen Meeres = Ostsee) soll 1563 von König Sigmund II. August von Polen geprägt worden sein. Planmäßig umgesetzt wurde das Konzept vom Schwedenkönig *Gustav Adolf*, zunächst durch Bündnis- und Heiratspolitik (er verheiratete sich 1620 mit Maria Eleonore von Brandenburg), dann auch durch Eingreifen in den Dreißigjährigen Krieg, als mit der Ernennung *Wallensteins* zum „General des Ozeanischen und Baltischen Meeres" 1628 sich die Gefahr einer kaiserlich-spanischen Machtbildung im Ostseeraum abzeichnete. Im Vertrag von *Altmark* 1629 sicherte Schweden seine Eroberungen in Polen ab, 1631 befestigte es seine Position durch den Vertrag von *Bärwalde* mit Frankreich. Als weitere Erfolge schwedischer Ostseepolitik können der Vertrag von *Brömsebro* 1645, mit dem Dänemark in die Schranken gewiesen wurde, sowie die Ergebnisse des *Westfälischen Friedens* (Gewinn Vorpommerns mit Stettin, Wismar, Rügen) gelten. Den Höhepunkt erreichte die schwedische Macht in den Friedensschlüssen von Roskilde 1658 und Oliva 1660, die die Auseinandersetzungen mit Dänemark, Brandenburg und Polen abschlossen und Schweden die Herrschaft über Livland und Estland sowie Schonen, Halland und Blekinge eintrugen.

Donauwörth, Zwischenfall von

„Kapuziner, Kapuziner, Speck, Speck", sang die Menge, tanzte um den Geistlichen herum und hinderte ihn am Weitergehen. Der Geistliche war ein führendes Mitglied im Kapuzinerorden namens Laurentius von Brindisi, er befand sich auf dem Weg zum kaiserlichen Hof in Wien. Die Szene ereignete sich 1606 in Donauwörth in Schwaben, sie führte zu einer schweren politischen Krise. Donauwörth gehörte zu den acht Freien Reichsstädten, in denen nach den Bestimmungen des *Augsburger Religionsfriedens* Katholiken wie Protestanten das Recht freier Religionsausübung genossen. Die Protestanten befanden sich jedoch in der Mehrheit und ließen das die Katholiken deutlich spüren. Diese hatten dann auch lange Zeit darauf verzichtet, offen Prozessionen abzuhalten, und zogen, wenn überhaupt, ohne Insignien durch stille Seitenstraßen. Am Markustag 1606 allerdings durchbrachen sie zum ersten Mal ihre freiwillige Selbstbeschränkung und wagten sich mit ihren Fahnen und Reliquien in die Öffentlichkeit. Prompt wurden sie von den Protestanten verprügelt. Zwei Monate nach dem Vorfall stieß dem Kapuzinerpater Laurentius in Donauwörth die geschilderte Beschimpfung zu. Der Kaiser entsandte daraufhin zur nächstfälligen Markusprozession einen Kommissionär, der für einen geregelten Ablauf sorgen sollte. Aber daraus wurde nichts, die Menge belagerte ihn mitsamt den Geistlichen im Kloster und ließ niemanden zur Prozession heraus. Der ausschließlich von Protestanten gebildete Stadtrat ließ den Aufruhr geschehen. Daher wurde die Stadt in die Reichsacht erklärt und *Maximilian von Bayern*, obwohl für das schwäbische Donauwörth gar nicht zuständig, zum Vollstrecker bestimmt. Am 17. Dezember 1607 marschierten seine Söldner ein und stellten die Rechte der Katholiken wieder her. Als Pfand für seine Ausgaben übertrug Kaiser *Rudolf II.* dem Bayernherzog 1609 die Stadt; als neuer Landesherr ließ dieser sogleich die Ausübung des protestantischen Glaubens verbieten. Bereits die Besetzung Donauwörths hatte die protestantischen Reichsstände in Rage gebracht. Im April 1608 kam es auf dem Regensburger Reichstag zum Eklat, die ursprünglich geplante Zusammenarbeit zwischen Protestanten und Katholiken (gegen den Kaiser, dessen Türkensteuer man nicht zahlen wollte) kam nicht zustande, mehrere protestantische

Vertreter zogen aus. Am 14. Mai 1608 schlossen sie ein Verteidigungsbündnis, die *Union*. Das beantworteten die katholischen Reichsstände mit Gründung der *Liga* im folgenden Jahr – die Konfliktparteien für den kommenden Krieg hatten sich formiert.

Downs, Seeschlacht vor den

Im September 1639 segelte eine spanische Flotte von über siebzig Schiffen unter dem Kommando von Admiral Oquendo in den Ärmelkanal. An Bord befanden sich rund 24 000 Mann und Nachschub für den Kampf gegen die Niederlande. Am 16./17. September griffen zwanzig niederländische Kriegsschiffe unter Marten Tromp den Konvoi mit Artilleriefeuer an und drängten ihn an die englische Küste. Vor den Downs (Kent) gingen die Spanier vor Anker, um Proviant aufzunehmen und die erlittenen Beschädigungen auszubessern. Währenddessen verstärkten die Niederländer ihre Macht auf See, bis schließlich an die hundert, allerdings zumeist kleinere Schiffe versammelt waren – dazu ein englisches Geschwader, das dafür sorgen sollte, dass die Neutralität gewahrt blieb. Damit war es jedoch nicht weit her. Als Tromp am 21. Oktober das Angriffssignal gab, schritten die Engländer keineswegs ein. Mit günstigem Wind ließen die Niederländer elf Brander, mit brennbarem Material gefüllte Schiffe, in die spanische Schiffsansammlung treiben. Oquendo gelang es, ein Dutzend seiner Schiffe flottzumachen und zu entkommen; 14 Schiffe fielen den Niederländern in die Hände, die übrigen strandeten oder gingen unter. An die 7000 Spanier fanden den Tod. Die Katastrophe vor den Downs bedeutete für die Seemacht Spanien einen ähnlich schweren Rückschlag wie der Untergang der Armada (1588); die Herrschaft zur See ging nunmehr an England und die Niederlande über.

Dresdner Akkord

Nach dem Scheitern des *Böhmischen Aufstandes* musste sich Schlesien, das der *Böhmischen Konföderation* angehört hatte, zu Verhandlungen mit dem Kaiser bequemen. Am 28. Februar 1621 wurde in Dresden ein „Akkord" unterzeichnet, der die Schlesier verpflichtete, den Kaiser als Oberherzog in ihrem Land anzuerkennen, den Katholiken freie Religionsausübung zu gewähren, eine Kriegsentschädigung von 300 000 Gulden zu leisten und auf die Mitgliedschaft in der Böhmischen Konföderation sowie auf das Bündnis mit *Friedrich v. von der Pfalz* zu verzichten. Als Gegenleistung erhielten sie vollständigen kaiserlichen Pardon.

Eggenberg, Johann Ulrich Fürst von
* Graz 1586,
† Laibach / Ljubljana 18.10.1634
Der Übertritt zum katholischen Glauben gab seiner Karriere den entscheidenden Schwung: Geboren als Sohn eines eifrigen Protestanten, trat der junge steirische Adlige Eggenberg zunächst in spanische Kriegsdienste, dann in den Dienst Kaiser *Rudolfs II.*, der ihn 1605 mit einer Mission in Spanien betraute. Er trat zum Katholizismus über und erlebte als Günstling des Erzherzogs (und späteren Kaisers) *Ferdinand II.* einen steilen Aufstieg: Landeshauptmann in Steiermark, Obersthofmeister, Statthalter von Innerösterreich, Hofkammerpräsident und Botschafter beim Heiligen Stuhl lauten dessen Stationen. 1621 sandte ihn Ferdinand „in aller Still aus vielen vornehmen Ursachen", wie ein Höfling berichtet, nach Italien, um die Heirat mit Eleonore *Gonzaga* „zu traktieren und zu schließen". Der Brautwerber war erfolgreich, 1622 wurde die Ehe geschlossen. Bis zuletzt gehörte Eggenberg zu den Förderern *Wallensteins*, er führte mit ihm 1632 in *Göllersdorf* die entscheidenden Verhandlungen für das zweite Generalat.

Eilenburg, Friede von
Im September 1645 Schloss *Johann Georg von Sachsen* in Kötzschenbroda einen Waffenstillstand mit den Schweden, der auf ein halbes Jahr befristet war. Im April 1646 wurde er nach langwierigen Verhandlungen in Eilenburg (bei Leipzig) bis zum Ende des Krieges verlängert. Sachsen musste Kontributionen an die schwedische Armee zahlen und schwedische Garnisonen in Torgau und Leipzig zulassen. Andererseits wurde den in der kaiserlichen Armee kämpfenden sächsischen Regimentern der Verbleib dort zugestanden, sie durften nur nicht gegen Schweden eingesetzt werden.

Eleonora von Mantua →*Gonzaga, Eleonora*

Elisabeth Stuart
* Falkland Castle (Schottland)
19.8.1596, † London 13.2.1662
Dem Ehebündnis gingen umständliche Verhandlungen voraus. Bereits 1608 befanden die pfälzischen Stände, dass die damals zwölfjährige Elisabeth Stuart, älteste Tochter des englischen Königs Jakob I., die richtige Frau für Kurfürst *Friedrich V.* sei. Erst 1613 aber, nachdem Elisabeths Vater ein Defensivabkommen mit der protestantischen *Union* vereinbart hatte, wurde die Ehe geschlossen. Die aus nüchternen politischen und dynastischen Zwecken gestiftete Ehe gedieh zur Liebesheirat. Das Paar lebte in ständigen Flitterwochen und schwelgte in Neckereien, gespielten Krächen und Versöhnungen. Elisabeth machte aus der Pfälzer Residenz Heidelberg einen eleganten Hof, warf ehrwürdige Konventionen über den Haufen, gab viel Geld aus und „entsetzte und behexte" (C. V. Wedgwood) mit ihrer Schönheit und Beschwingtheit und ihrem scharfen Witz die Zeitgenossen. Sie befürwortete das böhmische Abenteuer ihres Mannes und begleitete ihn nach seiner Wahl zum König von Böhmen im Herbst 1619 trotz weit vorgerückter Schwangerschaft bei seiner Rei-

se nach Prag: Der Einzug in die Hauptstadt Böhmens am 3. November 1619 gestaltete sich zu einem Riesenfest, die Stadt war in Blau und Silber geschmückt, Silbermünzen mit der Devise „Gott und die Stände gaben mir die Krone" flogen in die entzückte Menge und aus den Springbrunnen floss unaufhörlich Wein. „Es ist so prächtig hergegangen, dergleichen keinem Römischen Kaiser widerfahren", schrieb ein Beobachter. In Staunen versetzte die Bevölkerung auch der Pomp, der bei Elisabeths Krönung am 6. November entfaltet wurde. Ein Jahr später war die Herrlichkeit zu Ende, nach der Katastrophe am *Weißen Berg* brach Friedrichs Königtum zusammen, Elisabeth – wieder hochschwanger – wurde mit ihren Kindern in aller Eile nach Breslau in Sicherheit gebracht. In ihren Gemächern blieb ihre Bibliothek mit galanter Literatur zurück – was die frommen Eroberer anschließend nicht wenig aufregte. Elisabeth teilte in der Folgezeit mit ihrem Mann, dem sie 13 Kinder gebar, das Exil in den Niederlanden. „Unsere gesegnete, unverzagte Herrin", wie die englischen Gesandten sie nannten, bewies in dieser Lage Entschlossenheit und Zähigkeit. Unablässig war sie tätig, ihrem Mann, dem entthronten „Winterkönig", der inzwischen auch sein Kurfürstentum eingebüßt hatte und in die Acht erklärt war, wieder zu Ansehen und Besitz zu verhelfen. Am erfolgreichsten war sie beim Söldnerführer *Christian von Braunschweig*: Der Heißsporn verschwor sich, ihr die Pfalz zurückzuerobern, und ließ auf seine Fahnen den Wahlspruch „Pour Dieu et pour elle" (Für Gott und für sie) einsticken. Schlachtensiege vermochte er für sie freilich nicht zu erringen – im Gegenteil, nach der Niederlage von *Stadtlohn* vermehrte er noch die Schar der hungrigen Mäuler an Friedrichs karger Tafel, weil er unterwegs seinen Hausstand eingebüßt hatte. Auch nach Friedrichs Tod 1632 kämpfte Elisabeth weiter, jetzt für die Rechte ihrer Kinder. Bis dahin wenigstens in ihrer Hofhaltung materiell von England unterstützt und daheim als „Queen of the hearts" verehrt, musste sie nach der Hinrichtung ihres Bruders Karl I. 1649 auf ihre Pensionen verzichten. Erst die Stuart-Restauration 1661 erlaubte ihr die Rückkehr in das Land ihrer Väter.

Eppelmann →*Holzappel, Peter Melander Graf von*

Erlach, Hans Ludwig von

* Bern 30.10.1595, † Breisach 26.1.1650

Der protestantische Söldnerführer Erlach hatte schon an diversen Schlachten des Dreißigjährigen Krieges teilgenommen, als er sich 1637 dem Herzog *Bernhard von Weimar* anschloss. Er leitete die Belagerung von *Breisach* und wurde nach der Übergabe Kommandant der Festung. Nach dem Tod Bernhards im Juli 1639 fiel ihm die Aufgabe zu, dem Heer einen neuen Dienstherrn zu verschaffen. Erlach entschied sich für den König von Frankreich. Am 9. Oktober 1639 wurde ein Vertrag unterzeichnet, der die „Weimaraner" unter den Befehl des französischen Oberkommandierenden stellte, ihnen aber einen eigenen Feldherrn mit der Befugnis, Offiziere zu ernennen, beließ. Als Begründung für seinen Schritt gab Erlach an: „Es war unmöglich, noch länger ein Heer zu erhalten, das schon so viel erduldet hatte und das der nahende Winter mit dem unvermeidlichen Zusammenbruch bedrohte." Allerdings bedeutete die Unterstellung seiner Truppen unter fremden Befehl, dass der Krieg, der weiterhin auf deutschem Boden stattfand, nun überhaupt keine deutsche Sache mehr war. Erlach wurde 1647 ranghöchster General unter *Turenne*. Auf seine Initiative wurde der Basler Bürgermeister *Wettstein* als Bevollmächtigter der Eidgenossenschaft zu den Westfälischen Friedensverhandlungen entsandt.

Esterházy, Nikolaus Graf von

* Gálantha (bei Pressburg) 8.4.1582,
† Großhöflein (Burgenland) 11.9.1645

Die ungarische Magnatenfamilie der Esterházys war im nördlichen Burgenland reich begütert. Im Dreißigjährigen Krieg spielte eines ihrer Mitglieder, der zum Katholizismus übergetretene Nikolaus Esterházy, eine Rolle. Er förderte die Gegenreformation in Ungarn, hatte Anteil an den Friedensverhandlungen in *Nikolsburg* 1621 und kämpfte 1623 in der Westslowakei bei Neuhäusel gegen die Türken und bei Tyrnau gegen *Bethlen Gábor von Iktár*.

Fadinger, Stephan

† Ebelsberg (heute zu Linz) 5.7.1626

Als Pfand für seine Hilfe bei der Niederschlagung des *Böhmischen Aufstands* 1620 erhielt der bayerische Herzog *Maximilian* die Herrschaft über Oberösterreich. Bayerische Soldaten und Steuerbeamte, Pfarrer und Jesuiten kamen ins Land, um die Bewohner in den Schoß der katholischen Kirche zurückzuführen und Steuern einzutreiben. Dagegen erhob sich eine bäuerliche Widerstandsbewegung. Ihr Haupt fand sie im Bauern von St. Agathen bei Aschach, Stephan Fadinger, der früher Soldat gewesen war. Ganz in der Tradition früherer Bauernkriege ging es Fadinger beim Kampf gegen die Eindringlinge nur um die Wiederherstellung von altem Recht und Herkommen, nach wie vor sah er sich als treuen Diener Kaiser *Ferdinands II.* Der Bauernaufstand im „Land ob der Enns" brach im Mai 1626 los. Zum „Oberhauptmann der Ehrsamen Gemein und Paurschaft des Christlichen Evangelischen Feldlagers" gewählt, schlug Fadinger den Statthalter *Herberstorff* bei Peuerbach, ließ sich dann aber auf eine langwierige und letztlich erfolglose Belagerung von Linz ein. Dort wurde er am 28. Juni 1626 tödlich verwundet. Mit ihm verlor der Aufstand seine Seele, wenn auch die Kämpfe noch bis zum Ende des Jahres weitergingen.

Fahnen, Feldzeichen

Die Fahne war das weithin sichtbare Symbol eines jeden militärischen Verbandes. Da die Söldnerheere des 17. Jahrhunderts kaum einheitliche *Uniform* kannten, blieb das bunte, oft reich bestickte Tuch im Getümmel der Schlacht das einzige Erkennungszeichen, um Freund und Feind auseinander zu halten und der Führung einen Überblick über die Lage zu gewähren. Feldherren pflegten nach den Kämpfen die eroberten oder verlorenen Fahnen zu zählen und danach zu entscheiden, wer gewonnen hatte. Die Fahne genoss kultische Verehrung, die Söldner legten ihren Eid nicht auf ihren Kriegsherrn ab, sondern auf die Fahne. Fahnenträger oder Fähnriche waren ausgesuchte Leute, sie mussten lernen, das schwere Tuch kunstvoll zu schwingen. Man erwartete von ihnen, dass sie ohne Furcht in die Schlacht gingen und sich nie von der Fahne trennten – und würden sie darüber totgeschlagen. Auf den Fahnen entfaltete sich eine reiche Symbolik, beliebt waren Schwerter, Ölzweige und Lorbeerkränze, der Pelikan mit aufgerissener Brust als Zeichen des Opfermuts oder Fortuna, „die Hauptgöttin des freien Söldners" (H. Langer). Die kroatischen Reiter führten sinnigerweise einen Wolf mit aufgesperrtem Rachen auf ihren Fahnen. Aufgestickte Sinnsprüche stammten aus dem lateinischen Zitatenschatz, etwa das Legionärsmotto „Pro patria mori – dulce & decorum est" (Süß und ehrenvoll ist es, fürs Vaterland zu sterben). Nur der Söldnerführer *Christian von Braunschweig*, der „tolle Halberstädter", tanzte aus der Reihe. Er ließ seine ritterlich-romantische Verehrung für die böhmische Königin *Elisabeth Stuart* in der Devise „Für Gott und für sie" auf seine Tücher heften.

F

Falkenberg, Dietrich von

* Herstelle (Weser) um 1580,

† Magdeburg 20.5.1631

Als der Stadt Magdeburg, *Gustav Adolfs* erstem und zunächst auch einzigem Verbündeten im Jahr seines Einfalls in Deutschland, die Belagerung durch kaiserliche Truppen drohte, versprach der Schwedenkönig, „einen erfahrenen Kavalier" zu senden, „welcher der Stadt bei solchem Kriegswesen wohl anständig sein und den vorfallenden Mängeln Rat und Hilfe verschaffen werde". Der „erfahrene Kavalier" war der Diplomat und Offizier Dietrich von Falkenberg, der sich im Krieg gegen Polen und in den Niederlanden bereits bewährt hatte. Am 1. August 1630 schloss Falkenberg mit der Stadt ein Bündnis und sorgte trotz geringer Mittel für den raschen Ausbau der Festungswerke. Er überspielte geschickt die Elemente im Stadtrat, die für Übergabe eintraten, und wurde nach Beginn der Belagerung im März 1631 zur Seele des Widerstandes. Bis zuletzt vermochte er in Magdeburg die Hoffnung auf Entsatz durch Gustav Adolf wachzuhalten – der dann doch nicht kam. Falkenberg fiel im Straßenkampf bei der Eroberung der Stadt durch *Tilly*. Ungeklärt blieb, ob die Stadt auf Falkenbergs Befehl angezündet wurde, der sie als Stützpunkt für die Kaiserlichen unbrauchbar machen wollte.

Fehmarn, Seeschlacht bei

Im Verlauf des *Schwedisch-Dänischen Krieges* von 1643 bis 1645 kam es bei der Insel Fehmarn am 23. Oktober 1644 zu einer Seeschlacht. Die Dänen verloren zehn Schiffe mit 428 Geschützen und mehr als 2000 Mann und mussten sich nach Kopenhagen zurückziehen.

Feldzeichen →*Fahnen, Feldzeichen*

Ferdinand II.

* Graz 9.7.1578, † Wien 15.2.1637

Den Zeitgenossen kam er als jovialer, immer heiterer und gesprächiger Herr vor. Aber die Freundlichkeit und leichte Beeinflussbarkeit war nur Schein. Der Habsburger Ferdinand, der sich als Kaiser Ferdinand II. nannte, besaß sehr wohl feste Ziele. Sie hießen Gegenreformation und Stärkung der Macht seines Hauses. Der *Augsburger Religionsfriede* (1555), der in Deutschland ein gewisses Gleichgewicht der Konfessionen hergestellt hatte, galt ihm, dem der katholische Glaube „verzehrende Leidenschaft" (G. Parker) war, keineswegs als endgültig. Als Patenkind des spanischen Königs Philipp II. führte er dessen Werk konsequent und mit gewisser Lust am Risiko fort und wurde so „einer der kühnsten und geradlinigsten Politiker, den die Habsburger jemals hervorgebracht haben" (C. V. Wedgwood). Als er 1619 zum Kaiser gekrönt wurde, war der Dreißigjährige Krieg bereits im Gange, und als er 1637 starb, war er immer noch nicht zu Ende – und beides war nicht zuletzt Ferdinand zu „danken". – Seine Eltern waren Herzog Karl von Steiermark, Kärnten und Krain und Maria Anna von Bayern, die Schwester Herzog *Maximilians*. Ferdinand wurde auf dem Jesuitenkolleg in Ingolstadt erzogen. 1595 übernahm er die Regierung in den Ländern seines Vaters. Es gab dort eine starke protestantische Minderheit, mit der sich sein Vater stets arrangiert hatte. Ferdinand dagegen nahm sofort den Kampf auf. Er ließ Kommissare ausschwärmen, die in den Städten und Dörfern die Menschen nachdrücklich zur Treue gegenüber der katholischen Kirche anzuhalten hatten; er verlangte von den Bürgern katholische Eide und Nachweis der Beichtbesuche und zwang sie, „sektiererische" Bücher abzuliefern. Jesuiten betrieben das Schul- und Zensurwesen. Die höheren Stände machte sich Ferdinand mit einer Mischung aus Schmeichelei und Nötigung gefügig. 1600 heiratete er Maria von Bayern, die 1608 den Thronfolger *Ferdinand III.* zur Welt brachte. Nach Marias Tod 1616 war er in zweiter Ehe mit Eleonore *Gonzaga* verheiratet. – Um Kaiser *Matthias* als König von Böhmen beerben zu können, schloss Ferdinand im März 1617 mit seinem Mitbewerber *Philipp III.* von Spanien den so genannten *Oñate-Vertrag*, der den Spaniern den Erwerb der habsburgischen Besitzungen im Elsass in Aussicht stellte – was in Frankreich notwendig als Schritt zur spanischen Umklammerung angesehen werden musste. Die internationale Dimension des kommenden Krieges war damit vorgegeben. Der Regierungsantritt Ferdinands als böhmischer König erfolgte im Juni 1617 und obwohl er den *Böhmischen Majestätsbrief* anerkannte, versuchte Ferdinand doch bald, sein Rekatholisierungsprogramm auch hier in die Tat umzusetzen. Das führte zum *Böhmischen Aufstand*, zum *Prager Fenstersturz* im Mai 1618, zur Absetzung Ferdinands durch die böhmischen Stände am 19. August 1619 und zur Wahl des Gegenkönigs *Friedrich von der Pfalz*. Mittlerweile (28. August 1619) zum Kaiser gewählt, sicherte sich Ferdinand im Vertrag von *München* die Hilfe seines Schwagers Maximilians und der *Liga*. Mit dem Sieg vom *Weißen Berg* im November 1620 gewann er die Herrschaft über Böhmen zurück. Das Land wurde in der Folgezeit ökonomisch, sozial und kulturell total umgekrempelt. Gewaltsam wurde der Katholizismus eingeführt, Zehntausende von Protestanten gingen ins Exil, der einheimische Adel verschwand, in großem Stil wurden Vermögen umgeschichtet und verschleudert, die Währung verfiel, Böhmen wurde zur „politischen Ruine" (G. Barudio). Die Länder des entthronten „Winterkönigs" Friedrich V. sowie dessen Kurwürde gingen an Maximilian von Bayern. Diesen Verfassungsbruch rückgängig zu machen sowie den böhmischen „Exulanten" wieder zu ihrem Recht zu verhelfen, wurde daraufhin das erklärte Ziel der protestantischen Partei. Nach großen Erfolgen der kaiserlichen und ligistischen Truppen unter *Tilly* und *Wallenstein* und dem Ausscheiden Dänemarks aus dem Krieg im *Lübecker Frieden* erließ Ferdinand im März 1629 das *Restitutionsedikt*. Es sollte die Verhältnisse in Deutschland ein für alle Mal im Sinne der Gegenreformation regeln. Ferdinand hatte jedoch seine Macht überschätzt; die Kurfürsten zwangen ihn im folgenden Jahr, Wallenstein zu entlassen, und die Durchführung des Edikts unterblieb weit gehend. Der Misserfolg im *Mantuanischen Erbfolgekrieg* und die Invasion der Schweden veränderten die Lage weiter zuungunsten der kaiserlichen Partei. Ferdinand rief Wallenstein zurück und stattete ihn mit noch größeren Vollmachten aus als zuvor – und konnte ihn dann 1634 nur durch ein Mordkommando wieder loswerden. Der *Prager Frieden* 1635 schien abermals die Aussicht auf ein für Habsburg günstiges Kriegsende zu bieten, doch erwies er sich als brüchig, da er die schwedischen und französischen Interessen nicht berücksichtigte. Kurz vor seinem Tod erreichte der Kaiser auf dem *Regensburger Kurfürstentag 1636* noch die Wahl seines Sohnes Ferdinand zum Römischen König.

Ferdinand III.

*Graz 13.7.1608, † Wien 2.4.1657

Der Vater pries seinen Sohn mit folgenden Worten an: Der junge Mann sei „mit hoher Vernunft, heroischem unerschrockenem Gemüt, darneben mit Milde und Sanftmütigkeit und allen anderen königlichen und erzfürstlichen Tugenden geziert und eines gottesfürchtigen, ganz gerechten, ehr- und friedliebenden Gemüts". Die Empfehlung wurde befolgt. Am 22. Dezember 1636 wurde Kaiser *Ferdinands II.* Sohn gleichen Namens, der seit 1625 König von Ungarn und seit 1627 König von Böhmen war, von den Kurfürsten zum Römischen König gewählt. Das „heroische unerschrockene Gemüt" hatte der Kaisersohn bereits als Oberbefehlshaber des kaiserlichen Heeres in der Schlacht von *Nördlingen* im September 1634 bewiesen, die ihm gleichfalls nachgesagte Friedensliebe zeigte er, nach dem Tod seines Vaters als Ferdinand III. zum Kaiser gewählt, als er während des Regensburger Reichstages 1640/1641 eine Friedensinitiative unter den deutschen Fürsten einleitete – die allerdings durch Brandenburg, das auf eigene Faust mit den Schweden Waffenstillstand schloss, zunichte gemacht wurde. Danach ging Ferdinand auf Konfrontationskurs, den er jedoch immer dann aufgab, wenn sich das Kriegsglück gegen ihn neigte. Immerhin kamen durch den *Hamburger Präliminarvertrag* vom Dezember 1641, die Neutralisierung Münsters und Osnabrücks im Mai 1643 und die Entsendung des Hauptunterhändlers *Trautmannsdorff* im November 1645 wesentliche Impulse für die Verhandlungen des *Westfälischen Friedens* von Ferdinand III. Sein Ziel, eine Reorganisation des Reiches unter Stärkung der kaiserlichen Stellung, konnte er nicht erreichen. Dafür gelang es ihm, die Herrschaft seines Hauses in den Stammländern zu festigen. – Er war dreimal verheiratet. Aus der ersten Ehe mit Maria Anna (1606–1646) stammt der Nachfolger Leopold I. Anders als sein Vater, dessen einziges Freizeitvergnügen die Jagd war, lebte Ferdinand III. ausgedehnten künstlerischen und wissenschaftlichen Neigungen, er trieb philosophische Lektüre, experimentierte in seinem Labor und betätigte sich als Komponist.

Ferdinand von Bayern

* München 7.10.1577,

† Arnsberg (Sauerland) 13.9.1650

Ein Spross des Hauses Wittelsbach: Ferdinand, der Sohn Herzog Wilhelms V. von Bayern, wurde früh zum geistlichen Stand bestimmt und von den Jesuiten in Ingolstadt aufgezogen. Zwischen 1595 und 1611 wurde er Koadjutor in den Bistümern seines Onkels Ernst von Wittelsbach in Köln, Hildesheim, Lüttich und Münster. 1612 wurde er dessen Nachfolger als Bischof, 1618 erwarb er außerdem die Bischofswürde von Paderborn. In seinen Diözesen wütete der *Hexenwahn* ganz besonders; Ferdinand wird die Hinrichtung von mehr als 2000 Hexen zugeschrieben. Als Parteigänger der *Liga* unterstützte er im Dreißigjährigen Krieg die bayerische Politik. Es gelang ihm zunächst, seine Hochstifte politisch und militärisch gegen die protestantischen Nachbarn zu sichern. Das änderte sich erst, als *Gustav Adolf* 1631/1632 in der „Pfaffengasse", so hießen polemisch die geistlichen Fürstentümer an Rhein und Main, erschien. Im *Westfälischen Frieden* erhielt Ferdinand seinen Besitz zurück.

Ferdinand von Österreich

* Madrid 16.5.1609, † Brüssel 9.11.1641

Als „Kardinalinfant" erscheint Ferdinand in den Quellen zum Dreißigjährigen Krieg: Der dritte Sohn König *Philipps III.* von Spanien wurde 1619 Administrator von Todedo und bald darauf Kardinal. 1634 kam er dem Kaiser mit einem Heer zu Hilfe und besiegte gemeinsam mit seinem Vetter, dem späteren Kaiser *Ferdinand III.*, die Protestanten bei *Nördlingen*. Noch im gleichen Jahr trat er die Nachfolge der Erzherzogin *Isabella* als Regent in den südlichen Niederlanden an. Zu seinem Einzug in Antwerpen am 17. April 1635 ließ der dortige Magistrat nach Entwürfen des Malers Peter Paul Rubens riesige Schauwände aus Holz anfertigen. Der prächtige Straßenschmuck stürzte die Stadt in beträchtliche Schulden. In den nächsten Jahren kämpfte Ferdinand mit wechselndem Erfolg gegen Franzosen und Holländer und rieb sich daneben noch in Auseinandersetzungen mit dem spanischen Hof auf.

Ferdinand von Steiermark

→*Ferdinand II.*

Festungswesen

Mit der Erfindung des Schießpulvers und der Einführung großkalibriger Geschütze kam das Ende für das Burgenwesen des Mittelalters. Bereits Ende des 14. Jahrhunderts gab es Kanonen, die auf kürzere Entfernung jedes Mauerwerk zusammenschießen konnten. Die Antwort darauf war ein Festungsbau, der durch Anlage von Erdaufschüttungen im Vorfeld (Glacis), durch breite Gräben und einen flachen Böschungswinkel der Wälle die Entfernung zwischen dem Geschütz des Angreifers und den Stellungen des Verteidigers vergrößerte und dort obendrein wenig Angriffsfläche bot, gleichzeitig aber so beschaffen war, dass der Verteidiger seinerseits Feuerwaffen einsetzen konnte. Die neuen Grundrisse waren zumeist polygonal, bei Stadtbefestigungen ergab sich durch den Bau von vorspringenden Außenwerken ein Sägezahnmuster. Vitale Teile, wie Unterkünfte der Mannschaften, Verbindungsgänge, Pulvermagazine und Rüstkammern, waren tief eingegraben. Da sich solche Anlagen nicht im Handstreich oder mit Artilleriefeuer allein nehmen ließen und während einer Belagerung auch mit Entsatzangriffen aus dem Hinterland zu rechnen war, musste der Belagerer die

Techniken des Festungsbaus auf seiner Seite nachahmen, sich ebenso eingraben und Wälle und Schanzen errichten, die einen Kanonenbeschuss aushielten. Dabei entstanden gewaltige Festungswerke. Zeitgenössische Abbildungen, z. B. von der Belagerung von *Maastricht* 1632 oder von *Breda* 1637, zeigen Anlagen der Belagerer, die die der Belagerten an Ausmaß weit übertreffen. – Die ersten Festungen modernen Typs wurden in Italien geschaffen; die Stadtstaaten und fürstlichen Territorien waren am ehesten in der Lage, die enormen Kosten dafür aufzubringen, und hatten durch die ständigen Auseinandersetzungen im eigenen Land auch die Notwendigkeit starker Verteidigungsanlagen immer vor Augen. Im übrigen Europa wurden die italienischen Erkenntnisse bald aufgenommen. Im 16. Jahrhundert wurden die Niederlande führend im Festungsbau; der flachen und wasserreichen Landschaft entsprechend waren die Grabensysteme besonders ausgedehnt und beim Bau der Wälle wurden keine Steine, sondern nur Flechtwerke aus Reisigbündeln zum Zusammenhalten der Erdmassen verwendet. Als Muster galt hier der Ausbau von Antwerpen durch den Italiener D'Urbino 1567 bis 1569. Im 17. Jahrhundert entwickelten dann in Frankreich Architekten wie Pagan (1604–1669) und Vauban (1633–1707) den Festungsbau zu einer regelrechten Wissenschaft. – In Deutschland gab es am Vorabend des Dreißigjährigen Krieges durchaus Beispiele für modernen Festungsbau. So wurde etwa Hamburg seit 1616 mit Wallanlagen nach Entwürfen des Niederländers Jan van Valckenburgh ausgestattet, was zehn Jahre lang ein Viertel der städtischen Einnahmen verschlang, der Hansestadt aber dann für die Zeit des Krieges Ruhe vor jedem feindlichen Truppenbesuch verschaffte. In der Pfalz waren Heidelberg, Mannheim und Frankenthal stark ausgebaut worden, in Hessen Hanau, in den geistlichen Fürstentümern am Rhein Ehrenbreitstein und Philippsburg (*Uttenheim*), im Elsass und am Oberrhein Benfeld, *Breisach* und Hagenau, und der Herzog von Bayern hatte eine Million Taler für Neubauten in der Umgebung von München, Ingolstadt und Rain sowie in einigen Grenzstädten ausgegeben. Aber vielerorts stand eben doch nur eine alte Stadtmauer oder eine Burganlage aus dem Mittelalter, und mehr nicht. Dabei war der Dreißigjährige Krieg durchaus Festungskrieg, um den Besitz einzelner Positionen wurde teilweise monatelang gerungen. Erfolglose Belagerungen wie die von Wien 1619 durch *Bethlen Gábor von Iktár*, von Bergen op Zoom 1622 durch die Spanier, von *Stralsund* 1628 durch die Kaiserlichen oder von der „Alten Veste" bei *Fürth* 1632 durch die Schweden markieren den Kriegsverlauf genauso wie die erfolgreichen, etwa der Fall von *Breda* 1625, von *Magdeburg* 1631 oder von *Breisach* 1638.

Feuquières, Marquis de

* Saumur 1.6.1590,

† Diedenhofen (Lothringen) 13.5.1640

Anfang 1633 schickte *Richelieu* einen Gesandten nach Deutschland, der dort klarmachen sollte, wie unentbehrlich Frankreichs Schutz für die deutschen Landesherren war. Der Emissär, Isaac-Manasses de

Pas, Marquis von Feuquières, hatte bereits als Offizier an der Belagerung von La Rochelle teilgenommen und war 1629 zum Feldmarschall ernannt worden. Er entledigte sich seiner Aufgabe „sorgsam und taktvoll" (C. V. Wedgwood). Im April 1633 konspirierte er in Dresden mit Graf von *Kinsky* über Pläne für einen Aufstand in Böhmen, im Juli versprach er Wallenstein die Anerkennung als böhmischer König und im August 1634 brachte er einen Vertrag mit dem *Heilbronner Bund* zustande. Ebenso war er 1634/1635 beteiligt an den Verhandlungen mit *Bernhard von Weimar*. 1637 zum Generalleutnant ernannt, wurde Feuquières 1639 bei Kämpfen vor Diedenhofen tödlich verletzt.

Fleurus, Schlacht von

Im Juli 1622 verließen die Söldnerführer *Mansfeld* und *Christian von Braunschweig* den Dienst *Friedrichs v. von der Pfalz* und heuerten bei den Vereinigten Niederlanden an. Vom Elsass aus zogen sie über die Bistümer Metz und Verdun nach Norden, um das von den Spaniern belagerte Bergen op Zoom zu entsetzen. Bei Fleurus (zwischen Charleroi und Namur) trat ihnen am 29. August 1622 ein spanisches Heer unter Gonzalo Fernández de Córdoba entgegen. In fünf wilden Angriffen hieben sich die Deutschen einen Weg durch die spanischen Linien, mussten aber Tross und Artillerie und fast die gesamte Infanterie drangeben. Mit 6000 Reitern erreichten sie Anfang Oktober Bergen op Zoom und vertrieben die Belagerer. Christian war in der Schlacht am rechten Arm verwundet worden und musste ihn wenige Tage später amputieren lassen. Der „tolle Halberstädter" benutzte die Operation zu einer Darstellung seines unverzagten Heldenmutes, indem er sie vor versammelter Mannschaft unter lautem Trompetengeschmetter ausführen ließ und „nicht einmal Weh und Ach dazu gesagt", wie ein Chronist berichtet. Den Spaniern befahl er auszurichten, „der tolle Herzog hätte zwar seinen einen Arm verloren, aber den anderen behalten, sich an seinen Feinden zu rächen". Später ließ er sich von einem „kunstreichen Holländer" eine Prothese aus Metall anfertigen, mit der er „alles regieren und fassen" konnte.

fliegende Blätter →*Flugschriften, fliegende Blätter*

Flüchtlinge

Der Kampf gegen die Zivilbevölkerung gehörte im Dreißigjährigen Krieg nicht unbedingt zu den erklärten Kriegszielen, doch lief es oft genug darauf hinaus. In den Gebieten, die von kaiserlichen oder ligistischen Truppen erobert wurden, trieb die sofort einsetzende *Gegenreformation* die Protestanten zu Zehntausenden aus dem Land. Besonders war das in Böhmen der Fall. Die böhmischen „Exulanten", die zumeist in Sachsen unterkamen, blieben untereinander in Verbindung, sie hielten den Glauben an eine Rückkehr in ihre Heimat wach und wurden so zu einem Unruheherd, mit dem die protestantische Partei wiederum Politik machte. Wo die Zivilbevölkerung aktiv ins Kriegsgeschehen eingegriffen hatte, in den *Bauernaufständen* in Österreich, musste sie sich nach deren

Scheitern massenhaft auf die Flucht begeben, um den Vergeltungsmaßnahmen zu entgehen. Ansonsten war Flucht eine lokale Reaktion auf Truppenbewegungen. Die Heere hausten vielerorts so, dass der Bevölkerung keine Nahrungsgrundlage mehr verblieb, ganze Landstriche wurden buchstäblich leer gefressen, und es kamen Übergriffe aller Art vor – Vergewaltigung, Folter und Mord –, denen die Menschen sich durch Verstecken oder Flucht zu entziehen suchten. Auch die Angst vor *Seuchen* war ein Grund, Haus und Hof zu verlassen. Über das Ausmaß der Fluchtbewegungen gibt es keine Zahlen, doch ist das Entwurzeltsein in der Literatur jener Zeit ein ständiges Thema. Die Jahre zwischen 1630 und 1636 brachten den Höhepunkt der Fluchtbewegungen; durch die raschen und weit ausgedehnten Feldzüge dieser Zeit wurden besonders viele Menschen in den Strudel der Kriegsereignisse gerissen und von Seuchen und Hunger heimgesucht.

Flugschriften, fliegende Blätter

Während des Dreißigjährigen Krieges wurde Deutschland von einer bisher nicht da gewesenen Flut von bedrucktem Papier überschwemmt. Noch im 19. Jahrhundert, als der Historiker und Schriftsteller Gustav Freytag eine Sammlung von Flugschriften anlegte, waren bei Sammlern und in Archiven mehr als tausend verschiedene Stücke erhalten. Die Drucke, vielfach illustrierte Blätter mit Gedichten oder kurzen Texten, auf Märkten oder von fliegenden Händlern dargeboten, bedienten ein Publikum, das Information und Belehrung, Erbauung und Unterhaltung wünschte. Neben religiösen Inhalten, wie Bibelauslegungen und Mahnungen zu Buße und Einkehr oder zur Führung eines gottgefälligen Lebens, behandelten diese Schriften alles, was in der Welt vorfiel: von Kometenerscheinungen über Unglücksfälle und Verbrechen bis hin zu den großen Staatsereignissen, im Falle der Letzteren natürlich vor allem das Auf und Ab des Krieges und das Schicksal seiner Akteure. Der unglückliche „Winterkönig" *Friedrich v. von der Pfalz*, der fromme *Tilly*, der düstere *Wallenstein*, die Lichtgestalt *Gustav Adolf*, die großen Schlachten und Belagerungen waren Themen, die vielfältig in Wort und Bild abgehandelt wurden. Dabei war manches schiere *Propaganda*, den Kriegführenden war sehr daran gelegen, ihre Version der Dinge und Ereignisse unter die Leute zu bringen. In vielen Fällen drücken die Flugschriften aber auch die Sicht derjenigen aus, die den Krieg nur als Opfer und Geschädigte erlebten. Das spiegelt sich wider in den zahlreichen Blättern zum schändlichen Treiben der *Kipper und Wipper*, zur Bedrückung der Bauern durch das Militär und zum heiß ersehnten und endlich heraufdämmernden Frieden.

Fontainebleau, Vertrag von

Bereits 1629 hatte Kardinal *Richelieu*, der Leiter der französischen Politik, den Bayern ein Defensivbündnis angeboten. Nach der Einigung Frankreichs mit Schweden im Vertrag von *Bärwalde* im Januar 1631 und mit dem Kaiser im Frieden von *Cherasco* im April war die Zeit reif: Im Mai 1631 wurde in Fontainebleau die Defensivallianz beschlossen. Frankreich stellte 9000 Mann Infanterie, 2000 Reiter, Artillerie und Material für die Verteidigung Bayerns zur Verfügung, das bayerische Kontingent für die Verteidigung Frankreichs betrug 3000 Fußsoldaten und 1000 Reiter. Ein Einsatz gegen die jeweiligen Feinde eines Partners sollte unterbleiben. Der Vertrag, auf acht Jahre befristet, wurde bereits im Frühjahr 1632 hinfällig, da Frankreich gegen die militärische Macht der Schweden diplomatisch ins Hintertreffen geriet und *Tilly* in seiner Doppelrolle als kaiserlicher und ligistischer Feldherr sich nicht neutral gegen die Schweden verhalten konnte.

Franck, Hans Ulrich

* Kaufbeuren 1603, † Augsburg 1680

Neben den „Misères et malheurs de la Guerre" des Lothringers *Callot* geben die Radierungen Hans Ulrich Francks den besten Einblick in Elend und Not des Dreißigjährigen Krieges. Franck lebte seit 1638 in Augsburg, aus früherer Zeit sind einige Gemälde nachweisbar. Nebenbei soll er auch als Organist tätig gewesen sein. In einer Reihe frei und leicht behandelter Blätter, datiert 1643 bis 1656, von denen 21 erhalten sind, schildert er in krassem Realismus das Soldatenleben: Kampfszenen, Raufereien, Folter und Plünderungen und die Racheakte der Bauern an ihren Peinigern.

Frankenburger Würfelspiel

Oberösterreich wurde 1620 an Herzog *Maximilian* von Bayern als Pfand für seine Aufwendungen im Kampf gegen die aufständischen Böhmen gegeben. Alsbald rückten Steuerbeamte und Geistliche ins Land, die einen, um Abgaben zu erheben, die anderen, um die Rekatholisierung durchzusetzen. Gegen beides gab es Widerstand unter der Bevölkerung. Eines der Zentren des Aufruhrs war der Ort Frankenburg (bei Vöcklabruck), wo die Bauern die Einsetzung eines katholischen Pfarrers verhinderten und den herrschaftlichen Pfleger in seinem Schloss belagerten. Um ein Exempel zu statuieren, ließ daraufhin der Statthalter *Herberstorff* am 15. Mai 1625, dem Pfingsttag, 5000 Bauern aus Frankenburg und Umgebung auf dem Haushamer Feld zusammentreiben. 36 Richter, Räte und Repräsentanten aus den Kirchspielen mussten sich gesondert aufstellen, Militär schirmte sie vor den Zuschauern ab. Herberstorff eröffnete den Bauernvertretern, dass sie wegen Widerstands das Todesurteil zu gewärtigen hätten; „zu Gnaden" wollte er aber der Hälfte von ihnen das Leben schenken. Um diese Hälfte zu ermitteln, ließ er sie Paare bilden und zu je zwei um ihr Leben würfeln. An 16 Verlierern wurden die Todesurteile sofort vollstreckt, zwei der Todgeweihten konnte der herrschaftliche Pfleger freibitten. Die grausig-makabre Veranstaltung hatte die Rebellion im Keim ersticken sollen, aber das Gegenteil trat ein: Das Frankenburger Würfelspiel wurde zum Auslöser für den großen oberösterreichischen *Bauernaufstand* im nächsten Jahr.

Frankfurt (Oder)

Im Frühjahr 1631 begann *Gustav Adolf*, durch französische Subsidien leidlich in Stand gesetzt, seinen Feldzug in Deutschland. Er marschierte von Stettin oderauf-

F

wärts und eroberte am 13. April 1631 Frankfurt. Auf dem militärischen Erfolg lagen allerdings Schatten: Seine Soldaten metzelten gnadenlos die kaiserliche Besatzung nieder und zogen plündernd durch die Stadt. Erst am nächsten Morgen konnte die Disziplin wiederhergestellt werden. Opfer der Raubzüge wurden auch die Protestanten, die den Schwedenkönig eigentlich als Befreier hatten begrüßen wollen. Strategisch war auch noch nichts gewonnen. Gustav Adolf hatte gehofft, *Tilly* werde angesichts des Falls von Frankfurt die Belagerung von *Magdeburg* aufheben, aber das trat nicht ein und Gustav Adolfs Heer war vorerst noch nicht stark genug, um seinerseits den Marsch zur Entsetzung Magdeburgs anzutreten. Frankfurt (Oder) blieb bis 1632 unter schwedischer Besatzung, ebenso in den Jahren 1640 bis 1644, wodurch sich die wirtschaftliche Lage in dieser Region stark verschlechterte.

Frankfurter Deputationstag

In der Verfassung des Heiligen Römischen Reiches gab es die Einrichtung der so genannten Reichsdeputation. Sie konnte vom Erzbischof von Mainz als dem „Reichs-Erzkanzler über Germanien" einberufen werden, wenn in einem der Reichskreise der Landfrieden gestört war und sich auch durch Hilfe der Nachbarkreise nicht wiederherstellen ließ. „Deputationstage galten als eine Vergewisserung der *Libertät* und waren Ausdruck einer inneren Befreiung von anhaltenden Verfassungs- und Rechtsbrüchen" (G. Barudio). Im Januar 1643 kamen zu einem solchen Deputationstag die Vertreter zahlreicher deutscher Landesherren sowie der Mehrzahl der Kurfürsten zusammen – zu einer Zeit, da in Münster und Osnabrück bereits die Vertreter der auswärtigen Mächte zu den Verhandlungen des *Westfälischen Friedens* eintrafen. Die Idee zu dieser Parallel-Friedenskonferenz hatte Kaiser *Ferdinand III.*, der den europäischen Staaten gegenüber als einziger Repräsentant des Reiches auftreten wollte. Dagegen leisteten die Stände, unterstützt von Schweden und Frankreich, im Namen der „deutschen Libertät" Widerstand und erreichten nach langen Verhandlungen, dass der Kaiser einlenkte. Am 29. August 1645 wurde allen unabhängigen Landesherren das „ius belli ac pacis" zugestanden, das Recht, souverän Kriege zu führen und Frieden zu schließen. Damit war der Weg frei für eine Beteiligung der Landesherren an den Westfälischen Friedensverhandlungen; diese erhielten den Status eines Reichstages und ihre Beschlüsse galten als Reichsgesetze.

Franz Albrecht von Sachsen-Lauenburg

* 10.11.1598, † Schweidnitz (Niederschlesien) 10.6.1642

In Conrad Ferdinand Meyers Novelle „Gustav Adolfs Page" (1882) ist der junge Lauenburger Franz Albrecht der verkommene Abenteurer, der den Reichsfürsten herauskehrt, der bei den Schweden mitmacht, sich aber nicht ans Kriegsrecht halten will und der aus Rachsucht den Schwedenkönig in der Schlacht von *Lützen* hinterrücks erschießt. Das ist geschichtlich nicht belegt, aber immerhin hat auch der historische „Lauenburger" einen komplizierten Lebensweg aufzuweisen und mehr als einmal die Front gewechselt: Herzog Franz Albrecht befand sich zu Beginn des Dreißigjährigen Krieges in böhmischen Diensten. 1620 wurde er von den Kaiserlichen gefangen genommen und trat zu ihnen über. Unter *Wallenstein* machte er rasch Karriere, 1631 wurde er zum Generalwachtmeister ernannt. Während Wallensteins zweitem Generalat fühlte er sich zurückgesetzt und ging 1632 zu *Gustav Adolf* über, erhielt aber kein Kommando. Im Dezember 1632 als Feldmarschall in kursächsische Dienste getreten, suchte er sich mit Wallenstein zu verständigen und geriet in dessen Verhandlungen mit den Schweden. 1634 wurde er abermals von den Kaiserlichen gefangen genommen. Nach Entlassung aus der Haft ein Jahr später zog er sich nach Lauenburg zurück. 1640 unterhandelte er im Auftrag *Arnims* über ein antischwedisches Bündnis, 1641/1642 eroberte er, nun wieder in kaiserlichen Diensten, große Teile Schlesiens, wurde aber in der Schlacht von Schweidnitz schwer verwundet und starb in schwedischer Gefangenschaft.

Franz Wilhelm von Wartenberg

* München 1.3.1593,
† Regensburg 1.12.1661

Franz Wilhelm, ein Sohn aus der morganatischen (nicht standesgemäßen) Ehe Ferdinands von Bayern mit Maria von Pettenbeck, deren Kinder den Grafentitel von Wartenberg erhielten, war ein führender Vertreter der Gegenreformation. 1621 holte ihn Erzbischof Ferdinand als Obersthofmeister nach Köln. 1625 wurde er vom Osnabrücker Domkapitel zum Bischof gewählt. Wegen der dänischen Besetzung des Bistums konnte er sein Amt aber erst 1628 antreten. Im Zuge des *Restitutionsedikts* fielen ihm 1629/1630 auch die Bistümer Minden und Verden zu. Die dort sogleich eingeleitete Rekatholisierung musste er nach dem schwedischen Vormarsch abbrechen. 1633 floh er nach Köln. In den Verhandlungen des *Westfälischen Friedens* trat er als ranghöchster deutscher Bevollmächtigter auf, ausgestattet mit den Stimmen zahlreicher anderer katholischer Reichsstände, und verfocht zäh und ausdauernd die Rechte der katholischen Kirche. In eigener Sache gelang ihm jedoch nur, sein Bistum Osnabrück wiederzugewinnen. 1649 wurde er Bischof von Regensburg und 1660 Kardinal.

Freiburg, Schlacht von

Im Mai 1644 traf der französische Feldherr *Turenne* mit den „Weimaranern", der Armee des verstorbenen *Bernhard von Weimar*, im Schwarzwald auf ein zahlenmäßig überlegenes Heer der Bayern unter *Mercy*. Er zog sich auf *Breisach* zurück und ließ in Freiburg eine Garnison zurück. Die Stadt fiel am 28. Juli den Bayern in die Hände. Wenige Tage später traf *Condé* mit Verstärkungen bei Turenne ein und übernahm den Oberbefehl auf französischer Seite. Die vereinigte Armee zählte jetzt 16 000 Mann gegenüber 15 000 Bayern. Die Schlacht um Freiburg begann am 3. August mit einem Zangenangriff der Franzosen. In harten Kämpfen wurden die Bayern aus ihren Stellungen gedrängt. In der Nacht aber gruben sie nicht weit davon neue, um die am zweiten Tag mit gleicher Erbitterung gekämpft wurde. Diesmal gelang den Angreifern kein Bodengewinn und sie erlitten schwere Verluste. Am dritten Tag versuchte Turenne mit dem Gros des Heeres in einem Umgehungsmarsch hinter die bayerischen Verschanzungen zu kommen. Aber Mercy durchschaute das Manöver und brachte seine Truppen rechtzeitig in Sicherheit. Bei Nachhutgefechten fügte er seinen Gegnern noch einmal beträchtliche Verluste zu. Insgesamt fielen 8 000 Franzosen gegenüber 5000 Bayern. Er habe, obwohl ans „Bluthandwerk" gewöhnt, doch „niemalen so blutigem Treffen beigewohnt", sagte der bayerische Feldherr später über die Schlacht von Freiburg. Den teuer erkauften Sieg nutzte Condé dazu, das Rheintal unter seine Gewalt zu bringen und sich eine Ausgangsbasis für den Feldzug gegen Süddeutschland im nächsten Jahr zu verschaffen.

Friedens-Exekutionskongress
→*Demobilisierung*

Friedrich IV. von der Pfalz
* Amberg 5.3.1574,
† Heidelberg 19.9.1610

Mit einer Eintragung in seinem „Tage- und Ausgabebuch" wurde er späteren Generationen unvergesslich: „Heute wieder voll gewest". Der Studentenhumor des 19. Jahrhunderts machte daraus das Lied vom Kurfürsten Friedrich, der sich wütend im Bett wälzt, weil er nicht weiß, wie und wann er hineingekommen, der dem Suff abschwört und sich vornimmt, über seine Abstinenz Buch zu führen, und dann doch nur berichten kann, dass er „schon wieder voll gewest" sei ... Friedrich IV. von der Pfalz war schon früh dem Trunk ergeben, seine Regierung war mehr Gewährenlassen als eigenes Tun, dennoch fallen in seine Zeit, ausgehend von seinem Land, bedeutende Veränderungen des politischen Klimas in Deutschland. Nach dem frühen Tod seines Vaters Ludwig IV. 1583 führte zunächst sein Onkel Johann Casimir die Regierung, der den Calvinismus in der Pfalz endgültig durchsetzte. 1592 gelangte Friedrich IV. nominell an die Macht, überließ das politische Geschäft aber weit gehend seinen Räten Culman, von Plessen, von Hutten, später auch *Camerarius* und *Christian von Anhalt*, die die Pfalz zum Zentrum antihabsburgischer Politik machten und mit der Bildung der protestantischen *Union* 1608 und dem Eingreifen in den *Jülich-Kleveschen Erbfolgestreit* seit 1609 die Frontbildungen für den Dreißigjährigen Krieg festigten.

Friedrich V. von der Pfalz
* Amberg 26.8.1596, † Mainz 29.11.1632

Als tragischer „Winterkönig" ist Friedrich V. in die Geschichte eingegangen: ein im Grunde harmloser Mensch, der eigentlich nur auf die Jagd gehen, Tennis spielen, schwimmen, Feste feiern und gründlich ausschlafen wollte, aber als Spielball in der Hand anderer einer ganzen Epoche seinen Stempel aufdrückte – nicht so sehr durch seine Herrschaft als Kurfürst von der Pfalz und als König von Böhmen, vielmehr durch seine verzweifelten Versuche, die Herrschaft wiederzuerlangen, nachdem er sie verloren hatte. Die Wiedereinsetzung Friedrichs v. in seine Rechte war eines der Kriegsziele, mit denen der Dreißigjährige Krieg lange Zeit am Laufen gehalten wurde. – Als sein trunksüchtiger Vater *Friedrich IV.* starb, war Friedrich v. erst 14 Jahre alt. Die pfälzische Politik befand sich in den Händen von Männern wie *Camerarius* und *Christian von Anhalt*, die sie auch weiterführten, nachdem der junge Kurfürst volljährig geworden war. Vor allem in Anhalt sah Friedrich den unfehlbaren Lehrer, als „Vater" pflegte er ihn anzureden und sich ihm ganz unterzuordnen. Die pfälzischen Räte versuchten das gefährdete Land durch ein klug eingefädeltes Projekt zu sichern: 1613 wurde Friedrich mit der gleichaltrigen *Elisabeth Stuart*, der Tochter des englischen Königs Jakob I., verheiratet. Das schöne, temperamentvolle Mädchen verdrehte ihm völlig den Kopf, wie sie auch sonst jeden betörte, der in ihre Nähe kam. Die Heidelberger Residenz wurde zum „cour d'amour", zum Mittelpunkt französisch geprägter Liebes- und Lebenskunst. – Am 26. August 1619 wählten die aufständischen Böhmen Friedrich statt des abgesetzten Habsburgers *Ferdinand II.* zum König und der Kurfürst nahm, gedrängt von seinen Beratern, die Wahl an. Damit lud er sich mehr auf, als er bewältigen konnte. Im November zog er mit seiner hochschwangeren Gattin in Prag ein und tat, was er von zu Hause gewohnt war: Er feierte Feste. Währenddessen zerriss die habsburgische Diplomatie Schritt für Schritt das Netz von Bündnissen, das Friedrichs Berater Anhalt geknüpft hatte, und spottete siegessicher über den „Winterkönig", dessen Herrschaft kein Jahr halten werde. Wie bedrohlich seine Lage war, merkte Friedrich erst, als er am Tag der Schlacht vom *Weißen Berg* nach dem Essen aus Prag hinausritt und die geschlagenen Soldaten an ihm vorbei in die Stadt strömten. Nun blieb nur noch eilige Flucht, zunächst über die Moldau in die Prager Altstadt, dann nach Breslau und weiter über Berlin, Wolfenbüttel und Hamburg bis Den Haag. „[...] hat also sein Königlich Regiment, Hoffart, Ringelrennen, Tanzen und leichtsinniges Wesen eine kurze Zeit gewähret und ein trauriges Ende genommen", resümiert ein Zeitungsblatt vom November 1620. – Friedrichs Kanzlei fiel den Siegern in die Hände, die darin gefundenen Briefe dienten der kaiserlichen Publizistik im *Kanzleienstreit* noch lange Zeit als Munition. Die Kronjuwelen hatten seine Leute immerhin gerettet, mit ihnen finanzierte der entthronte „Winterkönig" sein Exil. Am 23. Januar 1621 wurde er als Reichsfeind geächtet, ein spanisches Heer unter *Spinola* besetzte seine Stammlande am Rhein. Nach Böhmen wurde nun die Pfalz der Unruheherd Europas. Im April 1621 verbündete sich Friedrich mit den Vereinigten Niederlanden. Der Krieg, der eben fast beendet schien, bekam eine neue Dimension. Ebenso einschneidend wirkte die Übertragung von Friedrichs Kurwürde samt der Herrschaft über die Oberpfalz an Herzog *Maximilian von Bayern* im Februar 1623; sie wurde als Verfassungsbruch angesehen und löste einen Proteststurm in Deutschland aus. Friedrichs Haus in Den Haag wurde zum Hauptquartier der protestantischen Sache und der „deut-

F

schen Libertät". In ganz Europa suchte der Vertriebene Verbündete zur Vernichtung Habsburgs. War früher die Leichtlebigkeit Friedrichs hervorstechende Eigenschaft gewesen, so wurde es jetzt der Starrsinn. „Kein Geiz noch Ehrgeiz hat uns nach Böhmen gebracht", lautete seine Rechtfertigung, „kein Armuth noch Elend soll uns von unserm lieben Gott abtrünnig machen noch etwas wider Ehr und Gewissen thun lassen." 1632 schien es so weit zu sein, die kaiserlichen Armeen auf dem Rückzug vor *Gustav Adolf*, die Pfalz befreit. Doch der Tod des Schwedenkönigs in der Schlacht von Lützen im selben Jahr verdunkelte wieder die guten Aussichten. Müde und gebrochen, von Aussehen wie ein alter Mann, sodass ihn sein eigener Bruder nicht erkannte, traf Friedrich Mitte November in Bacharach am Rhein ein. Dort grassierte die Pest. Auch der „Winterkönig" wurde von ihr befallen; zwei Wochen später war er tot.

Friedrich Heinrich von Oranien

* Delft 29.1.1584, † Den Haag 14.3.1647

„Städtebezwinger" nannten ihn die Zeitgenossen: Friedrich Heinrich, jüngster Sohn Wilhelms I. des Schweigsamen von Nassau-Oranien, diente unter seinem Stiefbruder *Moritz* gegen die Spanier und wurde nach dessen Tod 1625 Statthalter der Niederlande. Sein Hauptquartier galt als hohe Schule der Kriegskunst, vor allem der Belagerungstechnik. Er eroberte 1627 Groenlo, 1629 Herzogenbusch und Wesel, 1632 Maastricht, 1637 *Breda*, Rheinberg und Schenkenschanze. Als Politiker suchte er die religiösen Gegensätze auszugleichen und pflegte die Bündnisse seines Landes mit Dänemark, Schweden und Frankreich. Daneben widmete er sich künstlerischen und literarischen Interessen.

Friedrich Wilhelm von Brandenburg

* Cölln (heute zu Berlin) 16.2.1620,
† Potsdam 9.5.1688

Die preußische Geschichtsschreibung hat ihm den Beinamen „Großer Kurfürst" verliehen: Friedrich Wilhelm, Markgraf von Brandenburg, trat die Regierung im Dezember 1640 nach dem Tod seines Vaters *Georg Wilhelm* an. Er war durch einen langen Aufenthalt am Hof der Oranier (1634–1638) geprägt und heiratete auch, als seine Werbung um die schwedische Königin *Christine* fehlschlug, 1646 Luise Henriette von Nassau-Oranien, die älteste Tochter des Statthalters *Friedrich Heinrich*. Der junge Fürst war calvinistisch erzogen, Erfolgsstreben galt ihm als gottgesegnet. Als Erstes entließ er den katholischen Minister seines Vaters Graf *Schwarzenberg* und schloss einen Waffenstillstand mit den Schweden, der seinem vom Krieg ruinierten Land eine gewisse Erholung verschaffte. Er entließ die schwachen brandenburgischen, auf den Kaiser verpflichteten Truppen und begann nach oranischem Vorbild mit der Aufstellung eines stehenden Heeres, das zur Grundlage der späteren preußischen Armee wurde. Sein vorrangiges Ziel, die Herrschaft über Pommern und damit den Zugang zur Odermündung, vermochte er im *Westfälischen Frieden* nicht zu erreichen, doch brachte dieser immerhin eine Vergrößerung der brandenburgischen Besitzungen in Mittel-

und Nordwestdeutschland. In den Jahren nach dem Dreißigjährigen Krieg wusste er sich in geschickter, alle Koalitionsmöglichkeiten durchspielender Politik (von den Zeitgenossen „brandenburgisches Wechselfieber" genannt) zwischen den europäischen Staaten zu behaupten und den Grund für den Aufstieg Preußens zur Großmacht zu legen.

Fürth, Schlacht von

Im Mai 1632 nahm *Wallenstein* mit einem neu aufgestellten Heer Prag ein und drängte die Sachsen aus Böhmen. *Gustav Adolf* befand sich zu dieser Zeit auf dem Feldzug gegen Bayern in Memmingen. Weil er eine Bedrohung seines sächsischen Verbündeten durch Wallenstein befürchtete, beschloss er, diesen durch einen Vormarsch nach Norden auf sich zu ziehen. Dabei gelang es ihm jedoch nicht, die Vereinigung Wallensteins mit den bayerischen Truppen zu verhindern. Mitte Juni traf Gustav Adolf mit rund 20 000 Mann in Nürnberg ein – zuwenig, um der vereinigten kaiserlich-ligistischen Armee gegenübertreten zu können. Er forderte weitere 25 000 Mann Verstärkung an, die auch in den nächsten Wochen eintrafen. In der Nähe von Nürnberg legte Gustav Adolf ein befestigtes Lager an, die Wallanlagen um die Stadt wurden verstärkt. Wallenstein zog tatsächlich Anfang Juli heran, dachte aber auch nicht an eine offene Feldschlacht, sondern bezog im Zirndorfer Raum südlich von Fürth eine Verteidigungsstellung, die aus einer 16 km langen Verschanzung um einen Höhenzug herum bestand. Die Armeen versuchten einander zu ermatten, indem sie die Gegend leerfraßen und den Gegner nach Kräften beim Fouragieren störten. Der „Krieg um das Heu", wie es die Beteiligten nannten, hatte fürchterliche Folgen. Nach einigen Wochen waren alle Vorräte aufgezehrt und die Ressourcen des Umlandes aufgebraucht. Es kam zu Plünderungen und Exzessen, die Disziplin verfiel, Krankheiten und Todesfälle häuften sich. Im Bericht eines Zeitgenossen heißt es: „Damals war in dem Lager große Not, weil es mit dem Proviant für das Volk und Fütterung für die Pferde gar genau herging, also daß daher viel Volk erkrankte und wegstarb. So verdorben und starben auch viel Pferde und ander Vieh und verursachten die toten Aas, weil es heißes Wetter war, einen großen übermäßigen Gestank. So hatte auch das Volk zu Fürth Mangel an Wasser. Dann sie nur einen einzigen Brunnen allda fanden, selbiger ward von den durstigen Soldaten ganz ausgeschöpft. Wie er nun also vom Wasser leergemacht war, sah man, daß der Feind zuvor tote Hund, Katzen und anderes Aas hineingeworfen hatte, daher dann viele erkrankten." Gustav Adolf verlor als Erster die Geduld. Am 31. August ließ er Wallensteins Lager beschießen und am 3. September traten seine Truppen zum Sturm an. Am schlimmsten tobte der Kampf um die „Alte Veste", eine Burgruine in beherrschender Stellung, die besonders stark verschanzt war. In dem unübersichtlichen, von Gestrüpp überwucherten und vielfach von natürlichen und künstlichen Hindernissen durchzogenen Gelände konnten sich jedoch weder seine Reiterei noch die gefürchtete Feldartillerie richtig entfalten.

Auch eine Erneuerung der Angriffe am folgenden Tag brachte keinen durchschlagenden Erfolg. Darauf bot Gustav Adolf Verhandlungen an, die Wallenstein zurückwies. Der Kleinkrieg ging weiter. Am 18. September brach Gustav Adolf das Unternehmen ab und machte sich, unbehelligt von Wallenstein, in Richtung Nordwesten davon. Sein Heer war durch die Kämpfe, durch Krankheiten und Desertion auf 27 000 Mann geschrumpft. Gustav Adolfs Nimbus als unbesiegbarer Feldherr, den er sich bei *Breitenfeld* und *Rain* erworben hatte, litt stark durch die Niederlage. Sein Gegner Wallenstein spottete: „So hat sich der König bei dieser impressa gewaltig die Hörner abgestoßen [...] er hat auch damit sein Volk über die Maßen discouragiert, dass er sie so hazardosamente angeführt, dass sie in vorfallenden Occasionen ihm desto weniger trauen werden [...]" Da die Gegend nun aber überhaupt nichts Essbares mehr bot, zog auch er mit seiner Streitmacht ab.

Gallas, Matthias

* Trient 16.9.1584, † Wien 25.4.1647

Eine militärische Karriere, die fast aufs Jahr mit dem Dreißigjährigen Krieg zusammenfällt: Nach Kriegsdiensten im spanischen Sold trat Gallas 1618 ins Heer der *Liga* ein und kämpfte 1623 erfolgreich bei *Stadtlohn*. 1629 wechselte er im Rang eines Generalwachtmeisters ins kaiserliche Heer über und eroberte gemeinsam mit *Aldringen* Mantua. 1632 zurück auf dem deutschen Kriegsschauplatz, verheerte er Sachsen und wurde von *Wallenstein*, der ihn besonders schätzte, für die Ernennung zum Generalleutnant vorgeschlagen. Das hinderte ihn nicht, sich am Sturz des Feldherrn zu beteiligen. Als Belohnung für seine Kaisertreue erhielt er nach der Ermordung Wallensteins dessen Herrschaft Friedland. 1634 eroberte er *Regensburg* und war am Sieg der Kaiserlichen bei *Nördlingen* beteiligt. Danach hatte er militärisch kein rechtes Glück mehr, wurde aber weiterhin vom Hof in Wien hochgehalten und mit Adelstiteln geschmückt (Graf von Campo, Herzog von Lucera). Im November 1639 seines Amtes enthoben, wurde er 1643 erneut mit einem Kommando betraut. Sein Feldzug gegen die Schweden im folgenden Jahr endete in einer Katastrophe; nur ein Drittel – nach anderen Schätzungen ein Zehntel – seines Heeres brachte er wieder zurück. Das trug ihm den Beinamen „Heeresverderber" ein. Er bat um seine Entlassung und widmete sich verstärkt den Neigungen, denen er zuvor auch schon gefrönt hatte, dem Trunk und dem Spiel. Im Dezember 1646 rief man ihn nichtsdestoweniger noch einmal zu den Waffen, aber der Tod verhinderte, dass Gallas noch einmal ins Feld rückte.

Gegenreformation

Der Begriff wurde von der protestantischen Geschichtsschreibung des 19. Jahrhunderts geprägt: Gegenreformation bezeichnet das Bemühen Roms um die Wiederherstellung und Erneuerung des durch die Reformation erschütterten Katholizismus. Sie nahm ihren Anfang mit der Gründung der Gesellschaft Jesu im Jahr 1534, die *Jesuiten* wurden die Hauptträger dieser Bewegung. In Deutschland ging der Kampf darum, die Verhältnisse, die der *Augsburger Religionsfriede* von 1555 festgeschrieben hatte, zugunsten der katholischen Kirche zu verändern. Hauptsächlich betraf das die reichsunmittelbaren Kirchenländer, in denen der lutherische Glaube, wenn er in bestimmten Bevölkerungsgruppen oder Regionen einmal fest eingebürgert war, auch nicht angetastet werden sollte. Dagegen unternahmen ab 1580 verschiedene geistliche Fürsten, der Abt von Fulda, die Bischöfe von Würzburg, Bamberg und Eichstätt, mit Unterstützung Bayerns und Österreichs die ersten Versuche, die protestantische Glaubensausübung zu unterbinden. Vorkämpfer war hier *Julius Echter von Mespelbrunn*, der 1573 bis 1617 im Bistum Würzburg wirkte. Durch den Wittelsbacher Ernst von Bayern und seinen Nachfolger *Ferdinand von Bayern* setzte die Gegenreformation ab 1585 in Köln, Münster, Freising, Hildesheim und Lüttich ein. Zu Tausenden flohen die Protestanten aus der „Pfaffengasse", wie man damals die geistlichen Fürstentümer an Rhein und

Main nannte. 1595 begann der spätere Kaiser *Ferdinand II.* in seinen Erbländern Steiermark, Kärnten und Krain mit gegenreformatorischen Maßnahmen, die er als König von Böhmen (1617) und König von Ungarn (1618) fortsetzte. Er ist auch verantwortlich für den kreuzzugartigen Charakter, den die Gegenreformation im Dreißigjährigen Krieg annahm. Sie traf auf einen durch innere Auseinandersetzungen geschwächten Gegner: Luthertum stand gegen Calvinismus. Letzterer hatte seine Zentren vor allem in Brandenburg und in der Pfalz. Manchen Lutheranern, z. B. dem sächsischen Oberhofprediger *Hoë von Hohenegg*, waren die Calvinisten noch widerlicher als die „Papisten". Ihren Höhepunkt erreichte die Gegenreformation in Deutschland mit dem *Restitutionsedikt* von 1629, mit dem norddeutsche Bistümer wie Magdeburg, Bremen, Minden, Halberstadt, Lübeck, die im 16. Jahrhundert säkularisiert worden waren, wieder katholisch gemacht werden sollten. Das scheiterte jedoch am Widerstand der deutschen Fürsten, sogar derjenigen, die zur kaiserlichen Partei hielten. Im *Westfälischen Frieden* wurde mit der Besitzstandsgarantie für das Normaljahr 1624 ein Schlussstrich unter die Gegenreformation gezogen. Ihre kulturellen Wirkungen etwa im Prunk des Barock waren erheblich nachhaltiger.

Gehegter Krieg

Das Streiten regulärer Kampfverbände gegeneinander unter Einhaltung bestimmter Regeln wurde in der Kriegswissenschaft des 17. Jahrhunderts Gehegter Krieg genannt, im Gegensatz zum *Kleinen Krieg* der Streifscharen, die dem Gegner den Nachschub abjagen und es ihm im Feld möglichst ungemütlich machen sollten. Im Dreißigjährigen Krieg blieb das Theorie. Von Anfang an waren hier die Grenzen verwischt; „wie der Schweif dem Kometen" (G. Barudio) folgten Mordbrenner und Straßenräuber den Heeren und diese selbst ließen sich auch genug Übergriffe gegen die Zivilbevölkerung zuschulden kommen.

Geld

In den Quellen zum Dreißigjährigen Krieg ist von unterschiedlichsten Zahlungsmitteln die Rede, es dominieren aber eindeutig die Angaben in Gulden oder Talern. Sie werden in den Darstellungen über die Zeit meist ohne nähere Erläuterung übernommen, sodass unklar bleibt, wie der Leser eine Summe einzuschätzen hat. Eine Umrechnung in heutige Kaufkraft wäre auch nicht möglich, da es keine vergleichbaren Warenkörbe gab; selbst Preise für Bier oder Brot liefern kaum Anhaltspunkte, zumal da über die Einkommen der Menschen wegen der zum Teil noch vorherrschenden und im Verlauf des Krieges sich weiter verbreitenden Naturalwirtschaft nur schwer Aussagen zu machen sind. Hinzu kommen die ständigen Münzverschlechterungen etwa durch die *Kipper und Wipper* und die starken regionalen Schwankungen. Nur so viel ist festzustellen: Eine einheitliche Reichswährung gab es nicht. Der im 16. Jahrhundert weithin gängige rheinische Goldgulden wurde im Laufe der Zeit durch das Silberäquivalent des Talers ergänzt (benannt nach den Prägestätten in Joachimsthal in Böhmen). Der Wert von Gulden und Taler entwickelte sich schrittweise ebenso auseinander wie der regionale Gebrauch dieser beiden Zahlungsmittel. „Talerländer" wurden die Staaten Mittel-, West- und Norddeutschlands, das Gulden-Kreuzer-System galt nur in Österreich und in den süddeutschen Ländern. Beim Vergleich kann die Faustregel gelten: Anderthalb Gulden entsprechen einem Taler.

Geleen, Gottfried Huyn

* um 1590, † Altenbiesen um 1657

Geleen, der sich Graf von Amstenrad nennen durfte, stand seit 1618 als Oberst im Dienst der *Liga* und nahm an *Tillys* Feldzügen teil. 1634 verteidigte er Münster gegen die Truppen der vereinigten Lüneburger, Hessen und Schweden. 1636 trat er als Generalwachtmeister in kaiserliche Dienste. 1642 wurde er Komtur der Ballei Altenbiesen des Deutschen Ordens. 1644 kehrte er in den Krieg zurück, hatte aber keine Erfolge mehr. Bei *Alerheim* wurde er 1645 gefangen genommen und gegen einen französischen General ausgetauscht. Anstelle des gefallenen *Mercy* übernahm er dessen Kommando über die bayerischen Truppen, erhielt aber 1647 endgültig seinen Abschied.

Georg von Braunschweig-Lüneburg

* Celle 17.2.1583, † Hildesheim 2.4.1641

Er wechselte die Parteien, wann immer es ihm opportun schien: Herzog Georg befand sich bei Ausbruch des Dreißigjährigen Krieges als Truppenführer in dänischen Diensten, trat jedoch in der Phase des *Niedersächsisch-Dänischen Krieges* 1626 zur kaiserlichen Seite über und beteiligte sich am Feldzug gegen *Christian IV. von Dänemark* und an der Eroberung von Mantua 1630. Da nach Erlass des *Restitutionsedikts* Gefahr für die welfischen Besitzungen bestand, schloss er sich 1631 *Gustav Adolf* an. Er besiegte die Kaiserlichen 1633 bei *Hessisch-Oldendorf* und eroberte Hameln und die geistlichen Herrschaften Hildesheim und Minden. Das Bündnis mit den Schweden hielt nur bis 1635, dann trat Georg dem *Prager Frieden* bei. 1639, in veränderter politischer Situation, ging er abermals zu den Schweden über. Er starb während der Vorbereitungen für einen neuen Feldzug gegen den Kaiser. Seine Nachfolger zogen einen Schlussstrich unter das Hin und Her, indem sie im Januar 1642 den Frieden von *Goslar* mit dem Kaiser schlossen.

Georg II. von Hessen-Darmstadt

* Darmstadt 17.3.1605, † ebd.11.6.1661

Am Vorabend des Dreißigjährigen Krieges war die Landgrafschaft Hessen unter den Häusern Hessen-Kassel und Hessen-Darmstadt aufgeteilt, die sich wegen Erbfolgestreitigkeiten zudem scharf bekämpften. Entsprechend schloss sich die calvinistische Kasseler Linie der *Union* an, während sich die Darmstädter Linie 1620 auf die Seite des Kaisers schlug. Hessen wurde dadurch einer der Hauptschauplätze des Dreißigjährigen Krieges. Landgraf Georg II. kam 1626 nach dem Tod seines Vaters Ludwig V. an die Regierung. Er schloss 1627 den so genannten Hauptakkord mit seinem Kontrahenten *Wilhelm V. von Hessen-Kassel*, wobei er ganz Ober-

G

hessen und die Niedergrafschaft Katzenelnbogen sowie die Anerkennung seiner Ranggleichheit mit der Linie Hessen-Kassel gewann. Als Wilhelm 1636 wegen seines Bündnisses mit Frankreich geächtet wurde, übernahm Georg die Verwaltung Niederhessens, das von kaiserlichen Truppen besetzt wurde. Im folgenden Jahr starb Wilhelm und seine Witwe *Amalie Elisabeth* trat die Regentschaft an. Sie begann 1645 mit schwedischer und französischer Unterstützung eine Offensive gegen Georg und zwang ihn 1647 zum Waffenstillstand und 1648 zu einem Friedensvertrag, der ihn große Teile der zwanzig Jahre zuvor gewonnenen Gebiete kostete.

Georg Friedrich von Baden-Durlach

* Durlach (heute zu Karlsruhe) 30.1.1573, † Straßburg 24.9.1638

Neben *Mansfeld* und *Christian von Braunschweig* fand sich im Frühjahr 1622 ein dritter Fürst bereit, für den entthronten *Friedrich v. von der Pfalz* Krieg zu führen: Markgraf Georg Friedrich. Überzeugter Protestant, hatte er sich 1608 der *Union* angeschlossen. Er musste um den Besitz der von ihm eingezogenen Güter seiner katholischen Verwandten fürchten. Darum stellte er ein Heer von 11 000 Mann auf, zumeist in seinem Land rekrutiert, und nahm aktiv am Kampf gegen die *Liga* teil. Bei *Wimpfen* erlitt er eine verheerende Niederlage und musste fliehen. Die Markgrafschaft wurde anschließend verwüstet. Eine später von ihm für die Dänen geworbene Armee ging 1627 bei Heiligenhafen unter. Georg Friedrich schloss sich den Schweden an, zog sich aber nach der Niederlage von *Nördlingen* 1634 ins Privatleben nach Straßburg zurück.

Georg I. Rákóczy

* 8.6.1593, † Sárospatak (am Bodrog, Ungarn) 11.10.1648

1630 zum Fürsten von Siebenbürgen gewählt, setzte Rákóczi die protestantische Politik *Bethlen Gábors von Iktár* fort. 1643 schloss er ein Bündnis mit Schweden und Frankreich und führte 1644 einen erfolgreichen Feldzug gegen Kaiser *Ferdinand III.* Der Friede von *Linz* 1645 sicherte die Glaubensfreiheit der Protestanten und brachte Siebenbürgen erhebliche territoriale Gewinne ein.

Georg Wilhelm von Brandenburg

* Cölln (heute zu Berlin) 13.11.1595, † Königsberg 1.12.1640

Über ihn steht in den Geschichtsbüchern wenig Gutes; er wird als „harmlos", „schwach", „unglücklich" oder sogar als „jämmerlichste Figur, die die Hohenzollern hervorbrachten" (W. Görlitz) bezeichnet: Der Markgraf und Kurfürst von Brandenburg Georg Wilhelm begann seine politische Laufbahn 1614 als Verwalter der im *Jülich-Kleveschen Erbfolgestreit* an Brandenburg gefallenen rheinischen Gebiete. Dabei geriet er, obwohl von Hause aus Calvinist, unter den Einfluss des katholischen Grafen *Schwarzenberg*, der nach seinem Regierungsantritt 1620 die Politik Brandenburgs bestimmte. Im Dreißigjährigen Krieg suchte Georg Wilhelm aufgrund mangelnder militärischer Stärke neutral zu bleiben, dennoch wurde die Mark seit 1625 von den Heeren *Mansfelds* und *Wal-*

lensteins zum Kriegsschauplatz gemacht. Gedrängt von seinem Berater Schwarzenberg, trat der Kurfürst 1627 auf die Seite Kaiser *Ferdinands II.* Nach der Besetzung Pommerns und der Eroberung von *Frankfurt (Oder)* durch die Schweden ging Georg Wilhelm 1631 ein Bündnis mit *Gustav Adolf* ein, das er im *Prager Frieden* 1635 wieder aufgab. Daraufhin besetzten die Schweden große Teile der Mark Brandenburg und verhinderten 1637 den durch Erbvertrag festgelegten Erwerb Pommerns durch den Kurfürsten. Georg Wilhelm zog sich 1638 nach Preußen zurück, in dem es infolge des *Schwedisch-Polnischen Krieges* kaum besser als in den übrigen brandenburgischen Gebieten aussah. Erst die kraftvolle Politik seines Sohnes *Friedrich Wilhelm*, des Großen Kurfürsten, vermochte die Kriegsschäden zu heilen.

Göllersdorf, Vereinbarung von

Im Dezember 1631 übernahm *Wallenstein*, gedrängt von Kaiser *Ferdinand II.*, abermals den Oberbefehl über das kaiserliche Heer. Das Kommando war auf drei Monate befristet. Da die Kriegslage sich nicht besserte, wurde eine Verlängerung ins Auge gefasst. Nach längeren Verhandlungen mit kaiserlichen Abgeordneten in Znaim traf sich Wallenstein am 14. April 1632 in Göllersdorf (Niederösterreich) mit Ferdinands Vertrautem *Eggenberg*. Die beiden schlossen eine Vereinbarung, die allerdings nicht schriftlich fixiert wurde und deren Inhalt nur mittelbar, aus Quellen, die Wallenstein negativ beurteilen, bekannt ist. Danach soll Wallenstein die unbeschränkte Gewalt über das Heer, auch über die Kräfte, die aus Spanien oder Italien herangeführt wurden, die Entscheidung über alle Friedensverhandlungen und das Recht beansprucht haben, Verträge zu schließen mit, wem er wollte, und dazu als Belohnung einen Teil der habsburgischen Länder und die Kurfürstenwürde verlangt haben. Ob ihm das alles zugestanden wurde oder ob Wallenstein es tatsächlich so forderte, muss dahingestellt bleiben. Die Berichte über die Vereinbarung spiegeln jedenfalls die starke Position, aus der heraus der Feldherr verhandeln konnte.

Gonzaga, Eleonore

* Mantua 23.9.1598, † Wien 27.6.1655

Eine gute Partie für den Kaiser: Fünf Jahre nach dem Tod seiner ersten Frau Maria von Bayern fand *Ferdinand II.* in Eleonore, Prinzessin von Mantua, eine Frau, deren Schönheit in gleicher Weise wie ihre Frömmigkeit gerühmt wurde. Sein Günstling *Eggenberg* fädelte 1621 in geheimer Mission die Verlobung ein, Hochzeit und Beilager wurden am 4. Februar 1622 in Innsbruck in schlichter Zeremonie gehalten. Umso üppiger die Krönung Eleonores zur Königin von Böhmen in Prag 1627. Ferdinand hatte dabei offenbar die Feierlichkeiten bei der Inthronisation seines Widersachers *Friedrich V.* 1619 im Auge, die er unbedingt zu übertreffen gedachte. Also folgten einander unaufhörlich Feuerwerke, Schauspiele, Bankette, Tänze und Turniere, während die Springbrunnen der Stadt weißen und roten Wein spien. Zu einer ähnlich wohl berechneten Demonstration habsburgischer Macht geriet auch die

Krönung der mantuanischen Prinzessin zur deutschen Kaiserin auf dem Kurfürstentag zu Regensburg 1630. Die Ehe blieb kinderlos; und die großen Hoffnungen, die man im Haus Gonzaga auf diese Verbindung setzte, erfüllten sich auch nicht. Während des *Mantuanischen Erbfolgekrieges* wurde Eleonores Heimatstadt sogar von kaiserlichen Truppen besetzt.

Goslar, Friede von

Nach dem Tod *Georgs von Braunschweig-Lüneburg* im April 1641 fanden es die Herzöge von Braunschweig angezeigt, ihr arg mitgenommenes Land aus den Strudeln des Krieges herauszubringen. Am 16. Januar 1642 schlossen die Welfen Friedrich, August und Christian Ludwig mit Kaiser *Ferdinand III.* einen Vergleich. Die Herzöge traten dem *Prager Frieden* bei und wurden zum Gehorsam gegen Kaiser und Reich und zur Neutralität verpflichtet. Sie mussten Hildesheim an den Erzbischof von Köln zurückgeben, erhielten aber Toleranz zugesichert (in Hildesheim wurden sechs Kirchen für den lutherischen Gottesdienst reserviert); die Kaiserlichen räumten alle besetzten Gebiete und gaben auch die Festung Wolfenbüttel heraus.

Gradiskanerkrieg

1615 beschloss die Republik Venedig, dem Piratenwesen in der Adria ein Ende zu machen. Ein Heer wurde ausgeschickt, das den Isonzo überquerte und die Stadt Gradisca d'Isonzo, einen Hauptstützpunkt der Piraten, belagerte. Bei diesen handelte es sich allerdings um Untertanen des Herzogs (und späteren Kaisers) *Ferdinand (II.)*; es waren Balkanflüchtlinge, mit denen die Habsburger ihre Grenze gegen die Türken sicherten; nach dem serbischen Wort für „Flüchtling" nannte man sie auch „Uskoken". Sie hatten sich in verschiedenen Hafenstädten der östlichen Adria angesiedelt und verstanden ihren ursprünglichen Auftrag, das Meer gegen türkische Schiffe zu sperren, als Freibrief für Kaperei jeder Art. Ihnen hatten sich weitere Seeräuber angeschlossen, u. a. auch Spanier, die von Neapel aus operierten. Der Gradiskaner- oder Uskokenkrieg zog sofort weite Kreise. Frankreich, Savoyen, England, die Niederländische Republik und die protestantische *Union* traten auf die Seite Venedigs, für Ferdinand engagierte sich der spanische König *Philipp III.*, der die Gelegenheit nutzte, seine schon früher geäußerten Ansprüche auf das Elsass und zwei Reichsenklaven in Italien (Finale Ligure und Piombino) erneut vorzutragen und sie diesmal – im *Oñate-Vertrag* vom März 1617 – auch durchzusetzen. Die Festung Gradisca, nur von 4000 Bewaffneten gehalten, widerstand der Belagerung; im Abkommen, das Ferdinand 1618 mit Venedig zur Beendigung des Krieges schloss, zahlten die Uskoken dennoch die Zeche: Viele wurden hingerichtet oder in die Verbannung geschickt. Im Gradiskanerkrieg verdienten sich mehrere Heerführer, die im Dreißigjährigen Krieg eine Rolle spielen sollten, wie *Mansfeld* oder *Wallenstein*, ihre Sporen. Aber auch sonst trug dieser Vorläuferkrieg schon alle Merkmale der späteren großen Auseinandersetzung. Er zeigte die gewachsene Bereitschaft der europäischen Staaten, auch unbedeutende Konflikte sogleich mit ihren weltpolitischen Gegensätzen aufzuladen.

Grimmelshausen, Johann Jakob Christoffel von

* Gelnhausen (Spessart) 1621,
† Renchen (bei Offenburg) 17.8.1676

Den großen Roman über den Dreißigjährigen Krieg, „Der Abentheuerliche Simplicissimus Teutsch", „das eindrucksvollste, poetisch-realistische Zeitgemälde" (H. Langer), das die deutsche Literatur besitzt, verfasste der verarmte Adlige Grimmelshausen. Lange Zeit wurde der Held, der tumbe „Simplex", mit dem Verfasser gleichgesetzt und ihm das, was er schildert, als eigenes Erlebnis zugeschrieben. Das stimmt so nicht, in vielem hat sich der Autor auf fremde Quellen gestützt, aber so viel ist richtig, dass seine Jugenderlebnisse im Krieg den Ausgangspunkt seiner Schriftstellerei bildeten und große Teile seines literarischen Werkes auch in der Welt der Soldaten, der Glücksritter und „Landstörtzer" angesiedelt sind. Grimmelshausen entstammt einer abgesunkenen protestantischen Adelsfamilie, die seit 1571 in der Reichsstadt Gelnhausen ansässig war. 1634 wurde die Stadt von kaiserlichen Truppen erobert und gebrandschatzt. Die Bewohner flohen zum Teil ins benachbarte Hanau, unter ihnen wahrscheinlich auch der junge Grimmelshausen. In den folgenden Jahren verschlug es ihn mal zu den Schweden, mal zu den Kaiserlichen. Aus der Trossbubenperspektive erlebte er die Schlacht von *Wittstock*, Feldzüge in Westfalen und Hessen und den Kampf um *Breisach*. 1639 nahm er Dienst im bayerischen Festungsregiment Schauenburg, das Offenburg besetzt hielt. Erst von da an ist sein Leben nachprüfbar dokumentiert: Grimmelshausen war in der Schreibstube beschäftigt. Nach dem Friedensschluss 1648 wurde er Gutsverwalter in Gaisbach in der Ortenau und heiratete im folgenden Jahr, und trat um der Frau willen zum Katholizismus über. Er hatte in der Landschaft zwischen Schwarzwald und Straßburg noch mehrere Verwalterstellen inne und betätigte sich zeitweilig als Gastwirt, 1667 wurde er Schultheiß in Renchen. Erst um diese Zeit begann auch seine Laufbahn als Schriftsteller. In rascher Folge erschienen sein „Simplicissimus" (1669), die ebenfalls das Kriegserlebnis reflektierenden Bücher „Lebensbeschreibung der Ertzbetrügerin und Landstörtzerin Courasche" und „Der seltzame Springinsfeld" (beide 1670) sowie zahlreiche weitere erzählende Schriften. 1675 holten den ehemaligen Soldaten noch einmal die Kriegswirren ein: Beim Einfall der Franzosen ins Oberrheingebiet wurde Grimmelshausen für kurze Zeit zu den Waffen gerufen. Als er im folgenden Jahr starb, trug der Pfarrer ehrfurchtsvoll ins Kirchenbuch ein, ein ehrenwerter Mann, „groß an Geist und Bildung", sei dahingegangen.

Gronsfeld, Jost Maximilian Graf von

* Schloss Rimburg (bei Aachen)
22.11.1598, † Gronsfeld 24.9.1662

Söldner im Heer der *Liga* seit Beginn des Dreißigjährigen Krieges, zeichnete sich Gronsfeld bei *Stadtlohn* und *Lutter am Barenberge* aus und erhielt 1626 als Obrist ein eigenes Regiment. Als Nachfolger *Pappen-*

heims und Generalfeldzeugmeister der Liga leitete er seit Ende 1632 die Operationen in Nordwestdeutschland. 1633 verlor er die Schlacht von *Hessisch-Oldendorf*. Nach einem Kommando unter *Gallas* in Lothringen nahm er 1636 seinen Abschied, kehrte aber aus Geldmangel 1645 wieder zur Fahne zurück und übernahm als Feldmarschall die Führung des bayerischen Heeres. Sein kampfloser Rückzug vor den Schweden und Franzosen nach der Schlacht von *Zusmarshausen* im Mai 1648 brachte ihm Verhaftung und kriegsgerichtliche Untersuchung durch seinen Landesherrn ein. 1649 wurde er rehabilitiert und zog sich auf seine rheinischen Güter zurück. Seine 1647 verfassten Erinnerungen sind eine bedeutende Geschichtsquelle für die Jahre 1620 bis 1632.

Grotius, Hugo

* Delft 10.4.1583, † Rostock 28.8.1645

Der niederländische Jurist Hugo Grotius (latinisiert aus Huigh de Groot) war schon früh als Autorität auf dem Gebiet des Völkerrechts anerkannt. Das verdankte er seiner Schrift „Mare liberum" (Freiheit der Meere) von 1608, die dem freien Handel auf den Weltmeeren Bahn brach. Seine Heimat, für deren Rechte zur See er hauptsächlich gestritten hatte, spielte ihm allerdings übel mit. Als Gefolgsmann *Oldenbarnevelts* wurde er in dessen Sturz verwickelt und 1619 zu lebenslanger Haft verurteilt. 1621 gelang ihm, in einer Bücherkiste versteckt, die Flucht. Er ließ sich in Paris nieder, wo 1625 sein Hauptwerk „De jure belli ac pacis libri tres" (Drei Bücher vom Recht des Krieges und des Friedens) erschien. Er gibt darin „eine Anleitung zum gerechten Verhalten in der Politik, die ganz bewußt die Ethik mitdachte" (G. Barudio). Der Entfesselung und Ausbreitung von Kriegen will Grotius einen Riegel vorschieben; er beendet die alte Kontroverse über den „gerechten Krieg", indem er diesen an eine nachprüfbar vorhandene Notwehrsituation bindet, in der ein Krieg als äußerstes Mittel der Selbsterhaltung eines bedrohten Staates gestattet sein kann. Seit 1634 wirkte Grotius als schwedischer Gesandter in Paris. Am Friedenskongress in Münster teilzunehmen war ihm nicht mehr vergönnt.

Gryphius, Andreas

* Glogau (Niederschlesien) 2.10.1616,
† ebd. 16.7.1664

Als Kind sah Gryphius, der eigentlich Andreas Greif hieß, Gräuel und Verwüstungen, die der Krieg anrichtete, und in seinem späteren schriftstellerischen Werk kehrt viel davon wieder. Er hatte früh seine Eltern verloren und erlebte die Drangsal der Glaubensverfolgung in Schlesien. Als 13-Jähriger wanderte er durch das kriegszerstörte, pestverseuchte Land auf der Suche nach einer Schule, die ihn, den Hochbegabten, aufnehmen könnte. 1636 wurde er Hauslehrer beim Grafen Georg von Schönborn, der vertriebenen Protestanten auf seinen Gütern Zuflucht gewährte. In diesem Jahr entstand das berühmte Gedicht „Tränen des Vaterlandes" mit der Eingangszeile „Wir sind doch nunmehr ganz / ja mehr denn ganz verheeret!" und der Klage am Schluss: „Was grimmer denn die Pest / und Glut und Hungersnot / Daß

G

nun der Seelen Schatz / so vielen abgezwungen". 1638 bis 1647 unternahm er mit Schönborns Söhnen Bildungsreisen zu den Stätten europäischer Kultur und hielt sich zu Studien- und Lehrzwecken an der Universität Leiden auf, wo er sich mit der Dramentheorie beschäftigte. Seit 1650 war Gryphius Syndikus der Stände des Fürstentums Glogau. In seinen historischen Trauerspielen gestaltet er die politischen Erfahrungen seiner Zeit. So schimmert durch die Figur des durch eine Verschwörung zu Fall gekommenen Thronusurpators Leo Armenius im gleichnamigen Drama von 1650 der reale *Wallenstein* durch. Auch in seinen Komödien reflektiert Gryphius den Krieg, in „Horribilicribrifax" (1663) beherrschen zwei schwatzhafte Ex-Soldaten die Szene; ihr Kauderwelsch ist die aus internationalen Brocken gemischte Soldatensprache des Dreißigjährigen Krieges.

Guericke, Otto von
* Magdeburg 30.11.1602,
† Hamburg 21.5.1686
Der Ingenieur und Baumeister Guericke, heute bekannt als Erfinder der Luftpumpe, des Manometers und des Heberbarometers, war seit 1626 Ratsherr in *Magdeburg*. Er erlebte die Belagerung und Zerstörung der Stadt durch die Kaiserlichen 1631, konnte fliehen und trat in schwedische Dienste. 1632 kehrte er nach Magdeburg zurück und beteiligte sich am Wiederaufbau. 1646 bis 1678 diente er seiner Stadt als einer ihrer vier Bürgermeister; in dieser Eigenschaft reiste er auch zu den Friedensverhandlungen nach Osnabrück, wo er – vergeblich – für die Selbstständigkeit Magdeburgs stritt. Seine Schrift über die Belagerung Magdeburgs, die er 1646 verfasste, ist vor allem wegen ihrer gründlichen Beleuchtung der sozial-ökonomischen Zusammenhänge eine der aussagereichsten Quellen zur Geschichte des Krieges.

Gulden →*Geld*

Gustav II. Adolf von Schweden
* Stockholm 19.12.1594,
† bei Lützen (bei Leipzig) 16.11.1632
Den „Löwen aus Mitternacht" und „Gideon des Nordens" nannten ihn seine Anhänger, „Schneekönig" dagegen die Kaiserlichen, die in ihm nur eine Neuauflage des gescheiterten „Winterkönigs" *Friedrich v. von der Pfalz* sehen wollten. Sein Eingreifen in den Dreißigjährigen Krieg zwölf Jahre nach dessen Ausbruch half der protestantischen Sache, die fast am Boden lag, wieder auf, es bereicherte die Auseinandersetzung um eine weitere internationale Komponente und sorgte nicht zuletzt dafür, dass der Krieg wirklich dreißig Jahre dauerte. – Gustav Adolf aus dem Hause Wasa war Politik und Regieren sozusagen angeboren. Schon als Kleinkind hielt er sich fast nur unter dem Arbeitstisch seines Vaters Karl IX. auf, mit sechs Jahren nahm er an seinem ersten Feldzug teil, mit zehn saß er am Konferenztisch und lieferte Diskussionsbeiträge und noch nicht zwanzigjährig empfing er allein Gesandte. Seine Königsherrschaft (seit 1611, unter maßgeblicher Mitwirkung des Kanzlers Axel *Oxenstierna*) machte aus Schweden (zu dem auch Finnland gehörte) in kürzester Zeit einen modernen, wirtschaftlich

hoch stehenden Staat. Siegreiche Kriege gegen Dänemark (1611–1613), Russland (1614–1617) und Polen (1621–1629) gaben Gustav Adolf die Voraussetzung, sein Land zur Vorherrschaft im Ostseeraum zu führen. Dieses Ziel wurde aber gefährdet durch die zur gleichen Zeit erfolgende Ausdehnung der habsburgischen Macht nach Norden: 1627 besetzte das kaiserliche Heer Jütland, 1628 Mecklenburg und Pommern, der erfolgreiche Feldherr *Wallenstein* begann als „General des Ozeanischen und Baltischen Meeres" mit dem Aufbau einer kaiserlichen Flotte. Gustav Adolf bewog 1629 die schwedischen Stände, ihm die Mittel für einen Krieg von drei Jahren in Deutschland zu gewähren. Aus dem für einen überschaubaren Zeitraum geplanten Feldzug erwuchs eine endlose Verstrickung Schwedens in die deutschen Händel; der König indes war nur in den ersten drei Jahren dabei. Im Juli 1630 landete Gustav Adolf mit 13 000 Mann an der Küste Pommerns. Die protestantischen Fürsten reagierten zögernd, da sie an der Stärke des Schwedenkönigs zweifelten und kaiserliche Strafmaßnahmen fürchteten. Dafür zahlte Frankreich bereitwillig für den Unterhalt der Truppen und für weitere Anwerbungen. Gustav Adolf genügten zwei siegreiche Schlachten, 1631 bei *Breitenfeld* und 1632 bei *Rain*, um die kaiserlich-katholische Position in Norddeutschland zu zerschlagen und bis an die Grenzen der habsburgischen Erblande vorzudringen. Die Aufstellung eines neuen kaiserlichen Heeres unter Wallenstein stellte das militärische Gleichgewicht wieder her. Das Kräftemessen der beiden Feldherren auf dem Schlachtfeld von *Lützen* ging zwar zugunsten der Schweden aus, wurde aber mit dem Tod Gustav Adolfs bezahlt. – Der Schwedenkönig war die charismatische Gestalt seines Zeitalters. Wo er ging und stand, erregte er schwärmerische Bewunderung. Das Zeugnis des pfälzischen Politikers *Camerarius* kann für viele stehen: „Ich kann nicht genug die heroischen Tugenden dieses Mannes preisen, seine Frömmigkeit, Klugheit und Entschlußkraft. In Europa hat er nicht seinesgleichen." Es wird berichtet, dass ein gedungener Mörder trotz bester Gelegenheit auch bei mehrmaligem Versuch nicht imstande war, ihn zu erschießen, weil ihm das Herz erstarrte, immer wenn er auf den König blickte. Den Soldaten seines Heeres erschien Gustav Adolf als unverwundbar – und auch er selbst glaubte daran, verschmähte alle Schutzmaßnahmen für sich und ritt ins tödliche Gefecht von Lützen fast unbegleitet und ohne Helm und Panzer. Gustav Adolfs politische Ziele – über die Sicherung der schwedischen Interessen im Ostseeraum hinaus – sind nicht im Letzten zu ergründen. Als tief Gläubigem war ihm der Schutz der Protestanten in Deutschland Herzensbedürfnis; dass er aber Kaiser in Deutschland werden wollte, ist sicher nicht anzunehmen. Eher schwebte ihm wohl ein protestantisches Bündnis unter schwedischem Protektorat vor. Das von Gustav Adolf begonnene militärische Engagement Schwedens auf deutschem Boden führte der Kanzler Oxenstierna unter geänderten Voraussetzungen und mit geringerem Erwartungshorizont bis zum *Westfälischen Frieden* fort.

Haager Konvention

Im Sommer 1625 erschien neben dem Heer der *Liga*, das *Tilly* befehligte, eine kaiserliche Armee unter *Wallenstein* auf dem Kriegsschauplatz in Norddeutschland. Daraufhin wandte sich der dänische König *Christian IV.*, der an der Weser stand, mit einem Hilfeersuchen an die Gegner Habsburgs. Im Herbst begannen in Den Haag Verhandlungen, und am 9. Dezember 1625 wurde ein Abkommen, die Haager Konvention, geschlossen. England und die Niederländische Republik verpflichteten sich, zur Fortsetzung des Krieges monatlich jeweils 144 000 Taler an Dänemark zu zahlen. Für das Jahr 1626 beschloss man einen Feldzug, bei dem *Mansfeld* in Richtung Schlesien vordringen und die Wallensteinsche Armee auf sich ziehen und der Dänenkönig gegen Tilly marschieren sollte. Mansfelds Fiasko an der *Dessauer Brücke* und die Niederlage Christians bei *Lutter am Barenberge* machten diese Pläne jedoch zunichte.

Hamburger Präliminarvertrag

Ein wichtiger Schritt auf dem Wege zum *Westfälischen Frieden* wurde in Hamburg getan: Hier trafen sich unter dänischer Vermittlung schwedische und kaiserliche Gesandte und vereinbarten am 25. Dezember 1641, dass Münster und Osnabrück, die beiden Städte, die als Tagungsorte des künftigen Friedenskongresses vorgesehen waren, für die Dauer der Verhandlungen neutralisiert würden. Die Eröffnung des Kongresses sollte zwei Monate später erfolgen. Dem widersetzte sich allerdings Kaiser *Ferdinand III.*, der noch auf eine Verbesserung seiner militärischen Situation hoffte. Erst im Mai 1643 erfolgte in feierlicher Zeremonie die Entbindung der Tagungsstädte von ihren Verpflichtungen gegenüber dem Reich und ihren bischöflichen Landesherren.

Handfeuerwaffen

Die ältesten Feuerwaffen waren ausschließlich Geschütze. Erst gegen Ende des 14. Jahrhunderts kamen leichtere Waffen auf, die ein einzelner Mann tragen konnte, so genannte Handrohre, die aber umständlich wie eine Kanone zu bedienen waren. Im 15. Jahrhundert wurden Schlossmechanismen entwickelt, die die Handhabung erleichterten; zum Entzünden der Treibladung wurde aber immer noch glühendes Material, ein Zündschwamm oder eine Lunte, benötigt, die von außen zugeführt wurden. Mit dem Radschloss, das im 16. Jahrhundert, und dem Schnappschloss, das im 17. Jahrhundert aufkam, fand man Mittel, den Funken, der die Pulverladung entzündete, in der Waffe selbst zu erzeugen. Allerdings war für die Herstellung solcher Schlösser viel teure Präzisionsarbeit nötig. Rad- oder Schnappschlösser finden sich daher hauptsächlich an den Waffen der Kavallerie, an Pistolen und Kurzgewehren. – Klassische Feuerwaffe der Infanterie im Dreißigjährigen Krieg war die Muskete. Als ihre Heimat gilt das Spanien der zweiten Hälfte des 16. Jahrhunderts. Die Muskete war ein Vorderlader (wie zu dieser Zeit auch sonst alle üblichen Feuerwaffen) mit Luntenschloss, sie besaß einen gekröpften Holzschaft, der zum Schießen an die Schulter gezogen wurde, der Lauf ruhte auf einer Gabel, die in den Boden gesteckt wurde, die Bleikugeln wogen fünfzig Gramm, das Laden war eine umständliche Prozedur (in einem zeitgenössischen Kriegshandbuch werden dem „Musketier" 143 Griffe vorgeschrieben). Die Treffsicherheit betrug bei 75 Metern immerhin noch fünfzig Prozent. 1,80 Meter lang und bis elf Kilo schwer, war die Muskete ein ziemlich sperriges Gerät und wurde punktuell, in der Art eines Geschützes, eingesetzt. Die Waffenfabriken *Gustav Adolfs* entwickelten leichtere Modelle, die ohne Gabel auskamen und mit fertig verpackten Patronen eine höhere Schussfolge ermöglichten. Dadurch konnten die Schützen dann erstmals in größeren Gruppen zusammengefasst und als bewegliche Kampfeinheit im Zusammenwirken mit der Reiterei oder den immer noch mit *Stangenwaffen* ausgerüsteten übrigen Infanterieverbänden eingesetzt werden. In der Reiterei waren neben *Hieb- und Stichwaffen* auch Pistolen in Gebrauch, daneben Gewehre mit kurzem Lauf, die Arkebusen, später Karabiner genannt.

Hatzfeld, Melchior Graf von

* Krottorf (Hessen) 20.10.1593,
† Powitzko (bei Trachenberg, Niederschlesien) 9.1.1658

Ursprünglich hatte er Theologe werden sollen. 1625 aber trat Hatzfeld ins kaiserliche Heer ein und stieg unter *Wallenstein* bis zum Generalfeldzeugmeister auf. Nach der Ermordung des Generalissimus diente er unter *Gallas* und wurde 1635 in den Reichsgrafenstand erhoben. Er verlor 1636 die Schlacht von *Wittstock* gegen *Banér* und siegte 1638 bei *Vlotho* über Pfälzer und Schweden. Erfolgreiche Feldzüge in Westfalen, Sachsen und Böhmen schlossen sich an, im März 1645 aber wurde Hatzfeld bei *Jankau* geschlagen, geriet in schwedische Gefangenschaft, wurde ausgetauscht und nahm 1646 seinen Abschied. Nach dem Dreißigjährigen Krieg beteiligte er sich als kaiserlicher Feldmarschall noch 1657 an einem Hilfsunternehmen für das von Schweden angegriffene Polen. Hatzfeld war ein politisch interessierter Mann, er unterhielt eine umfangreiche Korrespondenz mit Fürsten und Heerführern seiner Zeit.

Heeresversorgung

Die Zeit von 1560 bis 1660 wird von Militärhistorikern als Epoche des Umbruchs angesehen. Erstmals traten in Europa Massenheere auf. Bislang waren Kriege noch mit geringeren Kräften geführt worden, kaum mehr als 10 000 Mann waren bei den Feldzügen unterwegs. Auf die Versorgung, die „Logistik" nach heutigem militärischen Sprachgebrauch, wurde wenig Acht gegeben, die Truppen erledigten alles selbst. Bezeichnend für dieses System war die Art der Entlohnung. Die Heere bestanden aus angeworbenen Söldnern; diese bekamen Löhnung und mussten davon ihren Lebensunterhalt bestreiten, an eine Versorgung durch den Kriegsherrn war nicht gedacht. Der Fuhrpark, der ein Heer begleitete, beförderte den Hausstand der Offiziere, er schleppte Munition und Gerät der Artillerie, Schanzwerkzeug und Belagerungsmaschinen, aber kaum Nahrungsmittel. – In dem Maße, wie sich die Heere im 16. und 17. Jahrhundert vergrößerten, auf 30 000, 50 000 und schließlich 100 000 Mann, wuchsen die Probleme. Kein Staat war imstande, seine bewaffnete Macht zu finanzieren. Die Kosten eines Feldzuges wurden den in Mitleidenschaft gezogenen Städten und Ländern in Form von *Kontributionen*, also Geldzahlungen, auferlegt. Damit aber war die Ernährungsfrage noch nicht gelöst. Die Lebensmittel mussten sofort verfügbar sein. Pro Mann und Tag zwei Pfund Brot, ein Pfund Fleisch und mehrere Liter irgendeines Getränkes und für die Pferde zehn Pfund Heu – diese und ähnliche Zahlen ziehen sich ständig wiederkehrend durch die zeitgenössischen militärischen Quellen. Und wenn das nötige Quantum nicht zu erhalten war, zogen die Armeen dorthin, wo es welches gab. Allenfalls achteten die Armeeführer darauf, dass die Nahrungsbeschaffung speziellen Truppen überlassen blieb, denn direktes, eigenhändiges Requirieren beschädigte Disziplin und Moral der Soldaten. – Ein Paradox: Es war leichter, eine Armee auf dem Marsch zu ernähren als im Stillstand. Man legte die Kampagnen möglichst so, dass man nach der Ernte eintraf; man suchte sich, wenn Belagerungen anstanden, Ziele aus, bei denen gesichert war, dass das Umland liefern konnte, damit nicht die eigenen Truppen eher verhungerten als die auszuhungernde Festung. Ein weiteres Paradox: Die Armeen besaßen kaum rückwärtige Verbindungen, waren also auch nicht „abzuschneiden“, wie es heutige Strategie fordert. Sie hatten alles bei sich, was sie brauchten an Gerät und Munition, ihre Waffen hielten lange, Ersatzteile mussten nicht besorgt werden, der Munitionsverbrauch war gering. Und die Nahrung gewann man, indem man vorwärts schritt. Dabei konnten die militärischen und politischen Ziele ganz aus dem Blickfeld geraten. Am deutlichsten wird das in *Gustav Adolfs* Feldzug in Deutschland seit seiner Landung an der pommerschen Küste im Juli 1630. Der lange Marsch oderaufwärts, durch Brandenburg, Sachsen, ins Frankenland und fast bis zum Bodensee galt über lange Strecken nur dem Gewinn von Versorgungsgebieten, der König „folgte seinem Bauch, beziehungsweise dem seines Pferdes“ (M. v. Creveld).

Heidelberg, Plünderung von

Nachdem die Verbündeten *Friedrichs v. von der Pfalz* entweder geschlagen (*Georg Friedrich von Baden* bei *Wimpfen*) oder abgezogen waren (*Mansfeld* und *Christian von Braunschweig* ins Elsass), ging *Tilly*, der Feldherr der *Liga*, Anfang Juli 1622 an die Belagerung der pfälzischen Hauptstadt Heidelberg. Elf Wochen hielt sich die Stadt, erst am 16. September gelang es den Angreifern, eine Bresche in die Verteidigungsanlagen zu schießen und die Stadt zu stürmen. Am 19. September ergab sich auch die Besatzung des Schlosses. Während diese unter militärischen Ehren abmarschieren durfte, brach über die Bevölkerung eine Orgie der Gewalt herein. Eine zeitgenössische Quelle berichtet, drei Tage lang sei es an ein „Massacrieren, Plündern, Peinigen, Nagelbohren, Sengen an heimlichen Orten, Aufhenken, Brennen an Fußsohlen, mit Schänd- und Wegführung der Frauen und Jungfrauen gegangen“. Nicht nur die Soldaten plünderten, auch Tillys Dienstherr, der Bayernherzog *Maximilian*, machte mit: Er ordnete an, die „Palatina", Europas berühmteste Bibliothek mit mehr als 3500 Handschriften, darunter die Große Heidelberger oder „Manessische" Liederhandschrift, und 5000 wertvollen Drucken aus Heidelberg wegzuschaffen. Er machte sie Papst Gregor XV. zum Geschenk, von dem er finanzielle Unterstützung der Liga und Hilfe bei seinem Projekt, sich die Pfälzer Kurwürde anzueignen, erhoffte. Die Palatina stellte nicht nur ein unersetzliches Hilfsmittel der wissenschaftlichen Arbeit an Deutschlands ältester Universität dar, sie war auch „geistiges Symbol, das über allem Wechsel gethront hatte" (R. Benz). Die Heidelberger Bürger wussten, was die Wegnahme dieses Schatzes für sie bedeutete: Als Maximilians Leute beginnen wollten, die Kisten zu packen, war plötzlich kein Handwerker und auch kein Verpackungsmaterial in der Stadt mehr aufzutreiben. Alles musste von auswärts beschafft werden, erst im Februar 1623 war es so weit, dass 184 Kisten auf fünfzig Frachtwagen gen Italien rumpeln konnten. Zum weiteren Schicksal der Palatina sei angemerkt, dass Napoleon 1797 einen Teil davon aus dem Vatikan wegschleppte, der nach seinem Sturz in die Pfalz zurückgelangte, andere Teile gaben die Päpste nach 1816 zurück.

Heilbronner Bund

Noch zu Lebzeiten *Gustav Adolfs* waren ein Bündnis Schwedens mit den protestantischen Ständen der fränkischen, schwäbischen und rheinischen Reichskreise und die Schaffung eines Gremiums erwogen worden, das die Kriegführung gegen Habsburg koordinieren sollte. Nach dem Tod des Königs in der Schlacht bei *Lützen* im November 1632 ging der nunmehrige Leiter der schwedischen Politik, der Kanzler *Oxenstierna*, daran, die Defensivallianz zu befestigen. In Heilbronn wurde am 23. April 1633 unter Anwesenheit des französischen Gesandten ein Vertrag geschlossen, der die Teilnehmer zu weiterer Kriegführung verpflichtete, bis drei Ziele erreicht wären: Stabilisierung der deutschen *Libertät*, ein „richtiger und sicherer" Friede in religiösen und weltlichen Dingen und „gebührende Satisfaction" für Schweden. Mit Letzterem war das Recht Schwedens auf seine territorialen Gewinne und auf Soldzahlungen für seine Truppen gemeint. Der schwedische Führungsanspruch dokumentiert sich außerdem in der Ernennung Oxenstiernas zum alleinigen Direktor der Liga. Der Heilbronner Bund wurde im folgenden Jahr durch die schwere Niederlage von *Nördlingen* erschüttert und nach dem *Prager Frieden* im Mai 1635 formell aufgelöst.

Hellebarde, Helmbarte

→*Stangenwaffen*

Herberstorff, Adam Graf von

* Schloss Kalsdorf (bei Graz) 15.4.1585,
† Orth (Traunsee) 11.9.1629

Mit seinem Namen verknüpft sich die Erinnerung an das grausig-makabre *Frankenburger Würfelspiel*: Herberstorff, Sohn protestantischer Eltern, aber 1616 zum Katholizismus konvertiert, rückte als Oberst des *Liga*-Heeres in Oberösterreich ein, als das Land 1620 an *Maximilian von Bayern* verpfändet wurde. Er wurde zum Statthalter ernannt und geriet alsbald mit den Landständen aneinander. Massive Rekatholisierung und wachsender Steuerdruck brachten die Landbevölkerung gegen ihn auf. Um den Aufruhr zu ersticken, statuierte er in Frankenburg im Mai 1625 ein blutiges Exempel: Die Wortführer der Rebellion mussten paarweise um ihr Leben würfeln, die Verlierer wurden gehenkt. Im folgenden Jahr brach ein Bauernaufstand los, Herberstorffs Truppen wurden von dem bäuerlichen Aufgebot besiegt, er konnte fliehen und wurde anschließend in Linz belagert. Nach der Niederschlagung des Aufstands durch *Pappenheim* blieb Herberstorff Statthalter, bis Oberösterreich 1628 an den Kaiser übergeben wurde. Danach war er Landeshauptmann.

Herbsthausen, Schlacht von

Im Frühjahrsfeldzug 1645 überschritten die Franzosen mit 11 000 Mann und 15 Geschützen unter *Turenne* den Rhein und rückten bis Rothenburg ob der Tauber vor. Die schwächeren Truppen der *Liga* zogen sich vor ihnen zurück. Als aber die Nachricht kam, dass das französische Heer sich bei Mergentheim weit auseinandergezogen habe, sah der ligistische Befehlshaber *Mercy* seine Chance gekommen: Bei Herbsthausen griff er am 5. Mai 1645 überraschend an und schlug Turenne, dem keine Zeit blieb, seine Truppen zu konzentrieren, in kaum einer Stunde vernichtend. Dessen Verluste allein an Gefangenen betrugen ein Drittel der Armee, dazu büßte er Tross und Artillerie ein. Anschließend verfolgte ihn Mercy noch bis nach Hessen.

Hessisch-Oldendorf, Schlacht von

Zum Entsatz des seit März 1633 von den Schweden, Hessen und Lüneburgern belagerten Hameln rückten aus Westfalen kommende kaiserliche Truppen unter *Gronsfeld* und *Merode* auf die Stadt vor. An der Weser bei Hessisch-Oldendorf stellte sich ihnen am 28. Juni 1633 ein Teil des Belagerungskorps unter Herzog *Georg von Braunschweig-Lüneburg*, dem hessischen General *Holzappel* und dem schwedischen Feldmarschall von Knyphausen entgegen. Die Schlacht, an der insgesamt etwa 30 000 Mann teilnahmen, endete mit einer vernichtenden Niederlage der Kaiserlichen. Ursache dafür war ein zermürbendes Artilleriefeuer, das bereits während der Aufstellungsphase auf sie niederging und ihre Kampfkraft entscheidend schwächte. Auf der Flucht wurden noch zahlreiche Söldner von Bauern erschlagen. Das belagerte Hameln fiel fünf Tage später.

Hexenwahn, Hexenprozesse

Hexenglaube und Hexenverfolgung erlebten in Deutschland ihren Höhepunkt während des Dreißigjährigen Krieges. Die Forschung hat dafür als Ursachen Klimaverschlechterungen, Agrarkrisen, Hungersnöte und Pestwellen ausgemacht, die seit 1586 auftraten und von den Menschen mit der Jagd nach Sündenböcken beantwortet wurden. In den Jahren 1624, 1626 bis 1629 und 1632 bis 1636 lassen sich die Zusammenhänge zwischen Hexenwahn und Natur- und Wirtschaftskatastrophen in einigen deutschen Gebieten direkt nachweisen. Aber nicht zwangsläufig wurde aus dem Glauben an Hexen (den Katholiken mit Protestanten teilten) auch massenhafte Verfolgung mit Mord und Folterjustiz. Es kam auf den Landesherrn und die politische Organisation seines Landes an. So blieben die großen Flächenstaaten mit funktionierender Zentralverwaltung, Sachsen, Brandenburg, Bayern, auch Böhmen und Österreich, weit gehend von der Exzessen der Hexenverfolgung verschont. Auch aus Württemberg, Hessen-Kassel und Hessen-Darmstadt, Kurpfalz, Jülich, Kleve und Berg und den meisten Reichsstädten werden keine großen Hexenverfolgungen gemeldet. Ihre Zentren lagen vielmehr in den schlecht verwalteten Kleinterritorien und in den geistlichen Fürstentümern des Rhein-Main-Moselgebietes. Trier hatte mit Hunderten von Opfern 1585 bis 1593 den Anfang gemacht. Dort wurde auch das juristische Instrumentarium für die Hexenprozesse entwickelt, eine „rationelle Dämonologie" (W. Behringer), nach der eine einzige Denunziation ausreichen konnte, den ganzen Apparat der Verfolgung bis zur Anwendung der Tortur in Gang zu setzen. Damit war der Bespitzelung Tür und Tor geöffnet; die Behörden stützten ihre Anklagen oft genug auf Anzeigen aus der Nachbarschaft. Wenn sich auch die Hexenverfolgung als Werkzeug der militanten Gegenreformation „von oben" einsetzen ließ, ist doch die Mitwirkung der Leute „von unten" ganz unverkennbar. In *Bamberg* wurden zwischen 1616 und 1618 etwa 300 Menschen wegen Hexerei hingerichtet, bei der großen Hexenjagd unter dem Bischof Johann Georg II. Fuchs von Dornheim kamen in den Jahren 1626 bis 1630 etwa 600 „Zauberer" und „Unholde" ums Leben. Höhere Zahlen werden noch aus *Würzburg*, *Mainz* und Köln genannt. Gegen den Kölner Bischof *Ferdinand von Bayern*, dem über 2000 Opfer zugeschrieben werden, richteten sich dann auch die ersten kritischen Stimmen, die ein Umdenken einleiteten. 1631 veröffentlichte der Jesuit Friedrich *Spee* seine Streitschrift „Cautio criminalis oder Rechtliches Bedenken wegen der Hexenprozesse", 1632 rügte das Reichskammergericht die Kölner Folterpraktiken, 1649 wurden in den schwedisch besetzten Gebieten Deutschlands Hexenprozesse verboten. Bis zum Erlöschen des Hexenwahns war es aber noch ein weiter Weg. 1775 wurde in Kempten die letzte Hexenhinrichtung in Deutschland vollzogen.

Hieb- und Stichwaffen

Eine Griffwaffe zum Hauen oder Stechen gehörte zur Grundausstattung des Soldaten im Dreißigjährigen Krieg, gleich welche Waffen (Muskete, Pike) er sonst noch trug. Die historische Waffenkunde unterscheidet bei den Hiebwaffen das Schwert, den Pallasch, den Säbel und das Messer, bei den Stichwaffen den Degen und den Dolch. – Das Schwert, ein uralter Waffentyp, geeignet zu Hieb und Stoß, besaß eine lange, gerade, zweischneidige Klinge sowie Parierstange, Griff und Knauf. Es wurde mit einer Hand geführt; die zweihändige Version, mit der Einzelkämpfer früher die Spieße des Gegners auseinander geschlagen hatten, war nicht mehr in Gebrauch, sie diente allenfalls zu Repräsentationszwecken. Der Pallasch kam um die Wende des 16./17. Jahrhunderts wahrscheinlich aus der Türkei über Ungarn (pallos = Schwert) in den Westen. Es handelte sich um eine Waffe mit gerader, einschneidiger Klinge und korbförmigem Handschutz, die vor allem in der schweren Reiterei (Kürassiere) üblich war. Der Säbel, mit einer mehr oder weniger gekrümmten, einschneidigen Klinge, war die klassische Reiterwaffe. Bei den Reitervölkern des Ostens lange in Gebrauch, war der Säbel seit den Türkenkriegen des 15. Jahrhunderts auch in Europa verbreitet. Das Messer besaß gegenüber den anderen Hiebwaffen eine kürzere Klinge (40–60 Zentimeter). Der Degen, eine Griffwaffe mit langer, schmaler, zweischneidiger Klinge und kunstvoll ausgearbeitetem Handschutz, hatte sich aus dem Stoßschwert des Mittelalters entwickelt. In der Zeit der Renaissance wurde er Modewaffe für Duelle und löste im 16./17. Jahrhundert das Schwert als Symbol gesellschaftlicher Überlegenheit ab. Gleichzeitig hielten aber auch schlichtere Modelle ihren Einzug in die Militärausrüstung. Zierlichere Formen mit kürzerer Klinge wurden Rapier genannt. Zentren der Degenfertigung waren zunächst Toledo und Mailand, später auch Solingen und Vira (Schweden). Der Dolch hatte eine kurze, ein- oder zweischneidige Klinge. Für Zweikämpfe mit Dolch und Degen wurde der so genannte Linkehanddolch mit Parierstange entwickelt.

Höchst, Schlacht von

Im Krieg um die Pfalz plante *Christian von Braunschweig*, mit 12 000 bis 15 000 Mann von Norden kommend, aus den geplünderten Bistümern Westfalens, sich mit *Mansfeld* zu vereinigen, der im Gebiet von Hessen-Darmstadt stand. Dazu musste das protestantische Heer den Main überqueren. Bei Höchst wurde ein Brückenkopf errichtet und eine Brücke über den Fluss geschlagen. Am 20. Juni 1622 erschien jedoch ein überlegenes Heer der *Liga* unter *Tilly* und *Bronckhorst*, das eine verheerende Kanonade auf den Brückenkopf eröffnete und danach zum Sturm überging. Christians Truppen vermochten den Angriffen mehrere Stunden lang standzuhalten, aus dem Flussübergang wurde dann aber doch eine wilde Flucht, auf der engen Brücke kam es zu panischen Szenen, zahlreiche Söldner fielen ins Wasser und ertranken. Christian verlor an dem Tag mehrere Tausend Mann, seinen Tross und seine Artillerie, es gelang ihm aber, seine Reiterei und die – für die weitere Kriegführung höchst wichtige – Kriegskasse zu retten und sich zu Mansfeld durchzuschlagen.

Hoë von Hohenegg, Matthias

* Wien 24.2.1580, † Dresden 4.3.1645

Ein Geistlicher mit bedeutendem politischem Einfluss: Der einem österreichischen Adelsgeschlecht entstammende evangelische Theologe Hoë von Hohenegg wurde 1602 Hofprediger bei Kurfürst *Christian II. von Sachsen*. Er behielt diese Funktion auch unter Christians Nachfolger *Johann Georg I.* Als Gegner des Calvinismus plädierte er für den Anschluss Sachsens an die kaiserliche Partei gegen *Friedrich v. von der Pfalz*. „O wie schad um so viele schöne Länder, daß sie dem Calvinismus in den Rachen sollen gesteckt werden", war sein Urteil in der Auseinandersetzung um die böhmische Königswahl 1619. Nach Erlass des *Restitutionsedikts* 1629 schwenkte er um und fand sich 1631 bei einem in Leipzig parallel zum *Leipziger Konvent* abgehaltenen Kolloquium zum Zusammengehen mit den Reformierten bereit. An der Gestaltung des *Prager Friedens* 1635 war Hoë von Hohenegg maßgeblich beteiligt. Er schaffte es, ansehnliche Reichtümer zu häufen. Neben zahlreichen Schriften gegen die katholische und die reformierte Kirche verfasste er einen Kommentar zur Apokalypse.

Hohenlohe, Georg Friedrich Graf zu
* Neuenstein 5.9.1569,
† Langenburg 7.7.1645
Da die Hohenlohes in ihren zersplitterten kleinen Herrschaften nur geringe Einkünfte hatten, waren ihre Mitglieder häufig gezwungen, fremde Dienste anzunehmen. In den Annalen der europäischen Armeen des 16. bis 18. Jahrhunderts finden sich daher zahlreiche Hohenlohes. Auch im Dreißigjährigen Krieg gab es einen Feldherrn dieses Namens: Georg Friedrich Graf zu Hohenlohe diente zunächst in Frankreich und kämpfte 1595 als Oberst des Fränkischen Kreiskontingents im Türkenkrieg. 1603 wurde er österreichischer Hofkriegsrat, im folgenden Jahr Generalwachtmeister. Durch Heirat mit der Gräfin Eva von Waldstein (1607) gelangte er in den Besitz mehrerer Güter in Böhmen. 1618 wurde er gemeinsam mit *Thurn* zum Oberkommandierenden der böhmischen Truppen ernannt. In der Schlacht vom *Weißen Berg* hatte er die Führung auf dem linken Flügel. Nach dem Zusammenbruch des *Böhmischen Aufstands* wurde Hohenlohe 1621 geächtet. Zwei Jahre später erlangte er nach persönlicher Unterwerfung die Begnadigung. Er schloss sich 1631 den Schweden an und verfiel nach deren Niederlage bei *Nördlingen* 1634 abermals der Reichsacht. Die folgenden Jahre verbrachte er im Exil in Straßburg. 1639 erlaubte ihm Kaiser *Ferdinand III.* die Rückkehr auf den Hohenlohe-Besitz Langenburg an der Jagst.

Holk, Heinrich Graf von
* Fünen 1599,
† Troschenreuth (Vogtland) 9.9.1633
Ein Leben, kurz und voller Krieg: Der aus Dänemark stammende Holk, Sohn eines Offiziers, kämpfte unter *Christian von Braunschweig* bei *Höchst* und *Fleurus*, nahm dann an den Feldzügen des dänischen Königs *Christian IV.* in Norddeutschland teil und geriet 1627 in kaiserliche Gefangenschaft. Nach seiner Entlassung war er an der Verteidigung *Stralsunds* gegen *Wallenstein* beteiligt. Um 1630 wechselte er die Fronten und trat ins Wallensteinsche Heer ein, wo er rasant Karriere machte. Bereits 1632 konnte er sich Generalwachtmeister nennen. Mit seinem im März 1632 aufgestellten Reiterregiment drang er im August 1632 zu einem Verheerungsfeldzug nach Sachsen ein. Die Holkschen Reiter erwarben sich dabei den Ruf besonderer Brutalität, ihren Führer nann-

te die terrorisierte und ausgeplünderte Zivilbevölkerung nur noch „Hol Kuh" (Viehdieb). Der harte Mann befehligte in der Schlacht von *Lützen* im November 1632 den linken kaiserlichen Flügel und wurde im folgenden Jahr in den Grafenstand erhoben und zum Feldmarschall ernannt. Bei einem erneuten Verwüstungsfeldzug in Sachsen, mit dem der sächsische Kurfürst friedensbereit gemacht werden sollte, wurde Holk von der Pest befallen und starb auf dem Rückweg zu Wallensteins Hauptquartier. Sein ehemaliger Dienstherr Christian IV., mit dem er stets Verbindung gehalten hatte, ließ ihn 1634 in Kopenhagen prunkvoll beisetzen.

Holzappel, Peter Melander Graf von
* Hadamar (bei Limburg) 1585,
† Augsburg 17.5.1648

Leute wie er hießen damals „Kinder der Fortuna". Die Glücksgöttin erhob den Landsknechtssohn zum Feldmarschall und Reichsgrafen: Holzappel – der Name stammt von der Grafschaft, die er 1643 erwarb, sein eigentlicher Name war Eppelmann, gräzisiert Melander – begann seine militärische Laufbahn als gemeiner Soldat in den Niederlanden. 1615 verschlug es ihn in die Republik Venedig, 1620 – bereits als Oberst – in die Schweiz. Auch der König von Frankreich hatte ihn in seinem Dienst. 1633 wurde er Generalleutnant in Hessen-Kassel und kämpfte mit wechselndem Erfolg gegen die *Liga*. 1640 legte er den Oberbefehl nieder. Nach diplomatischen Missionen im Auftrag *Wolfgang Wilhelms von Pfalz-Neuburg* wurde er 1641 in den Reichsgrafenstand erhoben. Trotz calvinistischen Bekenntnisses ließ er sich 1642 von den Kaiserlichen anwerben und führte das Reichsheer in den Kämpfen gegen Franzosen und Schweden im Rheinland und in Westfalen, nach *Gallas'* Tod 1647 auch als Oberbefehlshaber. Holzappel fiel in der letzten größeren Schlacht des Dreißigjährigen Krieges bei *Zusmarshausen* im Mai 1648. In seinen letzten Lebensjahren hatte er ein Barvermögen von 700 000 Talern angehäuft.

Horn, Gustav
* Örbyhus (bei Uppsala) 22.10.1592,
† Skara 10.5.1657

Feldmarschall Horn, bis dahin Oberbefehlshaber der schwedisch-finnischen Truppen in Livland, gehörte zum Heer, mit dem *Gustav Adolf* nach seiner Landung an der pommerschen Küste zum Kampf um Deutschland aufbrach. Das Unternehmen wurde für Horn zur persönlichen und familiären Katastrophe: Er hatte seine erst 21 Jahre alte Frau Christina, die Tochter des Kanzlers *Oxenstierna*, mitsamt ihren beiden kleinen Kindern mit nach Deutschland genommen. Die junge Frau infizierte sich an einer pestartigen Krankheit, der Feldherr übernahm ihre Pflege und ließ seine militärischen Geschäfte so lange ruhen. Als sich der Zustand der Kranken überraschend besserte, zog Horn seinem König hinterher. Kurz darauf wurde seine Frau aber von einem erneuten Fieberanfall heimgesucht und starb. Ein finnischer Offizier, der die Familie betreuen sollte, verjuxte das Unterhaltsgeld und sperrte die Kinder in einen Verschlag ein. Eines starb an Auszehrung, das andere, ein Mädchen,

H

überlebte. In einem erschütternden Bericht hat sie später ihre Leidenszeit geschildert. – Horn kämpfte im September 1631 bei *Breitenfeld* und nahm an Gustav Adolfs Feldzug nach Süddeutschland teil. Er blieb dort auch nach dem Tod des Königs in der Schlacht von *Lützen*. Mit dem protestantischen Feldherrn *Bernhard von Weimar*, der den Oberbefehl beanspruchte, stand er dabei nicht auf bestem Fuße. Das unharmonische Zusammenwirken der beiden war wohl einer der Gründe für die fürchterliche Niederlage in der Schlacht von *Nördlingen* im September 1634. Horn geriet in Gefangenschaft. Weil die Regierung in Stockholm nicht bereit war, ihn freizukaufen, dauerte seine Haft acht Jahre. Über Frankreich gelangte er 1642 zurück nach Schweden. Dort wurde er im folgenden Jahr Präsident des Kriegskollegiums und erklomm die militärische Stufenleiter noch bis zum Reichsmarschall (1653).

Ilow, Christian von
* Mark Brandenburg um 1585,
† Eger 25.2.1634
Schiller nennt ihn in seinem „Wallenstein"-Drama „Illo"; er ist der Emporkömmling, der sein Geschick auf Gedeih und Verderb an das des verehrten Feldherrn gebunden hat und weiß, dass er fallen wird, wenn dieser fällt. Der historische Ilow verdiente sich seine ersten militärischen Sporen bei den Kaiserlichen während des *Böhmischen Aufstands* und kämpfte in der Schlacht von *Stadtlohn*. Seine Kriegsgewinne legte er in Gütern in Böhmen an. 1625 wurde er Obrist bei *Wallenstein* und klomm die Sprossenleiter bis zum Feldmarschall hinauf, obendrein wurde er in den Reichsfreiherrenstand erhoben. Seit Ende 1633 versuchte er, Wallenstein zum Abfall vom Kaiser zu bewegen. Er veranlasste den *Pilsener Revers*, wurde am 18. Februar 1634 mit Wallenstein und *Terzka* geächtet und unmittelbar vor der Ermordung des Generalissimus bei einem Bankett im Schloss von Eger mit Terzka, *Kinsky* und Rittmeister Neumann getötet.

Infanterie
In den Heeren des Dreißigjährigen Krieges bildete die Infanterie stets den Hauptbestandteil. Sie war entstanden aus den Gewalthaufen der Schweizerkriege und der Landsknechtszeit (14.–16. Jahrhundert), den spießstarrenden Blöcken, bis fünfzig Mann tief gestaffelt, die der Ära der gepanzerten Ritterheere ein Ende bereitet hatten. Die Einführung der Feuerwaffen auf den Schlachtfeldern zwang zu einer Auflockerung der starren Formationen. In Spanien wurden die so genannten Tercios entwickelt, die, schachbrettartig über das Feld verteilt, an ihren Ecken durch Schützengruppen gedeckt wurden. Bei Beginn des 17. Jahrhunderts waren bereits die Hälfte der Fußtruppen mit *Handfeuerwaffen*, zumeist Musketen, ausgestattet. Die übrigen trugen *Stangenwaffen*, meistens vier bis fünf Meter lange Piken. Die Schützen leiteten den Angriff ein, wobei sie während der Ladepausen von den Pikenieren gegen Reiterangriffe geschützt wurden. Der eigentliche Einbruch in die feindlichen Linien konnte mit Feuerwaffen aber nicht erzielt werden, er blieb Sache der Pikeniere. Ob mit Stangen- oder Handfeuerwaffe ausgerüstet, führte jeder Infanterist noch eine Waffe für den Nahkampf, Schwert, Säbel oder Dolch, mit. Teilweise gab es auch eine Schutzbewaffnung, Helme oder Brustharnische. – *Gustav Adolf* verschob das Verhältnis zwischen Pikenieren und Musketieren weiter zugunsten der Letzteren und erprobte Aufstellungen in kleineren, beweglichen Einheiten. Ihre Feuertaufe – mit anschließendem Triumph – erlebte die Gustavianische Infanterietaktik in der Schlacht von *Breitenfeld* 1631: Auf der einen Seite *Tillys* Soldaten in der herkömmlichen Tercio-Aufstellung, Pikenier-Karrees zu je 1500 Mann, bei fünfzig Mann in der Breite und dreißig Mann in der Tiefe. Auf der Gegenseite die Schweden in aufgelockert verteilten Pikenier-Verbänden, bei denen nicht mehr als fünf Reihen hintereinander standen, dazu aber zahlreiche Musketiere, die zu sechst hintereinander auftraten und dank verbesserter Waffen und eines gründlichen Drills eine

Art Dauerfeuer unterhalten konnten – unterstützt von einer Feldartillerie, die erstmals diesen Namen verdiente, leichten Geschützen, die den Truppenbewegungen folgen konnten. Gustav Adolfs Heeresreform – auf ihn geht auch die Gliederung in Bataillone zu je vier Kompanien und die Zusammenfassung der Bataillone zu Brigaden zurück – wurde maßgeblich für die weitere Entwicklung der Infanterietaktik in den stehenden Heeren, wie sie bald nach dem Dreißigjährigen Krieg in Europa allgemein üblich wurden.

Innozenz x.

* Rom 6.5.1574, † ebd.7.1.1655

Über Giambattista Pamphili, der 1644 zum Papst gewählt wurde und den Namen Innozenz x. annahm, gehen unerfreuliche Geschichten um. Auf der Straße sollen die Kinder vor ihm davongelaufen sein und seine Schwägerin soll ihn für ihre Geschäfte und ihr gesellschaftliches Fortkommen eingespannt haben. In der päpstlichen Geschichte erscheint er als „negative Größe" (C. V. Wedgwood). Eine seiner negativen Handlungen war die Verwünschung des *Westfälischen Friedens* in der Bulle „Zelo Domus Dei" vom November 1648: Hintergrund war die Festlegung des Kongresses auf die Besitzstände des „Normaljahres" 1624; es bedeutete, dass zwei Erzstifte und sechs Fürstbistümer für die katholische Kirche unwiderruflich verloren waren. Auch gegen den spanisch-niederländischen Frieden von 1648 ließ Innozenz x. durch seinen Geandten *Chigi* Protest einlegen, weil durch den Vertrag katholische Landesteile in Nordbrabant und Limburg an die Generalstaaten abgetreten werden sollten und keine Garantien für die Erhaltung des Gottesdienstes in den betroffenen Gebieten vorgesehen waren. Doch blieb der Widerspruch des Heiligen Stuhls bis ins 20. Jahrhundert geheim, um die Lage der niederländischen Katholiken nicht noch zu verschlimmern.

Isabella von Österreich

* Segovia 12.8.1566, † Brüssel 1.12.1633

Isabella Clara Eugenia, die Tochter des spanischen Königs Philipp ii. und Erbin der Niederlande, heiratete 1599 den österreichischen Erzherzog *Albrecht vii.* Nach dessen Tod 1621 übernahm sie die Regierungsgeschäfte in den spanischen Niederlanden. Sie versuchte die Friedenspolitik ihres Mannes gegenüber der Niederländischen Republik fortzusetzen, wurde aber darin durch die übertriebenen Forderungen des Madrider Hofes gehindert. Von hoher wirtschaftlicher Bedeutung war der von ihr veranlasste Bau eines Kanals zwischen Antwerpen und dem Rhein, der „Fossa Eugenia".

Isolano, Johann Ludwig Graf von

* Görz 1586, † Wien März 1640

„Spät kommt Ihr – doch Ihr kommt!" Das viel zitierte Begrüßungswort aus Schillers „Wallenstein" gilt dem Reitergenera Isolano, dem der Dichter in seinem Drama die Rolle des Karrieristen zugedacht hat, der bedenkenlos sein Mäntelchen nach dem Wind hängt und seinen Feldherrn prompt verrät. Das ist nicht Erfindung, auch der historische Isolano hat sich rechtzeitig von *Wallenstein* gelöst. Seit etwa

1600 in kaiserlichen Diensten, kämpfte Isolano ab 1618 in Ungarn und Böhmen und wurde unter Wallenstein Oberst eines leichten Reiterregiments. In der Schlacht an der *Dessauer Brücke* 1626 führte er den entscheidenden Flankenangriff der Reiterei. 1632 wurde er General der gefürchteten kroatischen Reiter. Für seine Leistungen in der Schlacht von *Lützen* belohnte ihn Wallenstein mit reichen Güterschenkungen in Böhmen. Isolanos Unterschrift steht unter dem *Pilsener Revers*, der Treueerklärung der Wallensteinischen Kommandeure, dennoch verstand er es, sich nicht in den geplanten Abfall vom Kaiser hineinziehen zu lassen – was ihm nach Wallensteins Ermordung die Erhebung in den Reichsgrafenstand einbrachte. Die folgenden Jahre sahen Isolano und seine Kroaten auf verschiedenen Kriegsschauplätzen in Frankreich, Hessen, Pommern und am Rhein, wobei militärisch wenig herauskam und die Operationen eher Plünderungs- und Verwüstungszügen glichen.

J

Jankau, Schlacht von

Nach einem zeitgenössischem Bericht soll Kaiser *Ferdinand III.* im Traum die Muttergottes erschienen sein, die „ihm angedeutet, daß, daferne er die Schweden diesmal angreifen täte, er selbige zu Grunde richten würde", worauf er seinen Generälen Order gegeben habe, eine Schlacht zu wagen: Im Frühjahr 1645 marschierten die Schweden unter *Torstensson* in Richtung Prag. Rund 60 Kilometer südöstlich der böhmischen Hauptstadt traten ihnen am 6. März 1645 kaiserliche und bayerische Truppen unter *Hatzfeld* und *Werth* entgegen. Beide Heere zählten je 16 000 Mann. Im unebenen, bewaldeten Gelände vermochten jedoch die Kaiserlichen und Bayern ihren Vorteil, der in einer zahlenmäßig sehr starken Reiterei bestand, nicht auszuspielen. Es kam kaum zu einer richtigen Schlacht, nur zu vielen kleinen Gefechten, in denen die Schweden dank besserer Taktik die Oberhand behielten. Trotz tapfersten Widerstandes musste Werth sich zurückziehen, Hatzfeld geriet in Gefangenschaft, mit ihm 4000 Soldaten, weitere 4000 fielen. Die Schweden hatten angeblich nur 600 Mann Verluste. Die Nachricht von der Niederlage löste in Prag „großen Schrecken und Bestürzung" aus, so die zeitgenössische Quelle. Der Kaiser, der in der Hauptstadt Böhmens weilte, reiste Hals über Kopf ab nach Regensburg, seine Untertanen sprachen von einer „Friedrichsflucht", in Anspielung auf den hektischen Abgang des „Winterkönigs" *Friedrich v. von der Pfalz* vor 25 Jahren. Die befürchteten Folgen traten jedoch nicht ein, das schwedische Heer blieb am nächsten Hindernis, der Stadt Brünn, hängen und zog nach fünf Monaten unverrichteter Dinge wieder aus Böhmen ab.

Jenatsch, Georg

* Samedan (Oberengadin) 1596,
† Chur 24.1.1639

Dem heutigen Publikum ist er fast nur als Romanfigur Conrad Ferdinand Meyers geläufig („Jürg Jenatsch", 1874): Der reformierte Theologe Jenatsch führte 1617 im Veltlin eine Volkserhebung an, die den Spaniern den Zugriff auf die strategisch wichtigen Pässe Graubündens versperren wollte. Mutmaßliche Anhänger eines Bündnisses mit Spanien wurden 1618 beim so genannten Strafgericht von Thusis, an dem auch Jenatsch teilnahm, drakonisch bestraft. Daraufhin organisierten die Spaniensympathisanten 1620 einen Rachefeldzug, den *Veltliner Mord*, dem Jenatsch aber entging. Er unterstützte seitdem aktiv die Bemühungen zur Rückeroberung des Veltlins. Auf sein Konto geht die Ermordung des Führers der spanisch-österreichischen Partei, Pompejus Planta (1621). Jenatsch nahm an den Feldzügen *Mansfelds* bis Juni 1622 teil und kämpfte im Prätigau gegen die österreichischen Rekatholisierungsbestrebungen. Als militärisches und politisches Haupt Graubündens suchte er das Land gegen den Druck von außen abzuschirmen, verstrickte sich aber in eine undurchsichtige Bündnispolitik mit und gegen Spanien, Österreich und Frankreich in deren kompliziertem Verlauf er 1635 sogar zum Katholizismus übertrat. Jenatsch wurde 1639 bei einem Fastnachtsbankett in Chur ermordet. Dabei dürften neben politischen auch persönliche Motive mitgespielt haben: An der Tat war Plantas Sohn Rudolf beteiligt und die Mordwaffe soll das große Beil gewesen sein, mit dem sein Vater erschlagen worden war.

Jesuiten

Wichtigster Träger der *Gegenreformation* war der Jesuitenorden. Die Gesellschaft Jesu, 1534 von dem ehemaligen Offizier Ignatius von Loyola gegründet und aufgebaut wie ein Militärverband, sah ihr Tätigkeitsfeld vor allem in Mission und Schule. Nachdem die katholische Kirche im Tridentiner Konzil (1545–1563) zur Glaubenserneuerung und zur Festigung der päpstlichen Gewalt gefunden hatte, setzte eine massive Ausbreitung des Ordens ein. Gab es 1561 in den Habsburger Ländern gerade vier von Jesuiten betriebene Schulen, waren es fast hundert Jahre später an die fünfzig. Ihre Absolventen prägten das Gesicht des Katholizismus nachhaltig, sie drängten tolerante Elemente zurück, „religiöse Anschauungen wurden zunehmend aggressiver vertreten" (G. Parker). Der Jesuit *Lamormain*, Beichtvater des Kaisers *Ferdinand II.*, behauptete später: „Wenn es nicht die Schulen der Gesellschaft gegeben hätte, die nach dem weisen Ratschluß der Kaiser und Erzherzöge in Wien, Prag, Graz, Olmütz und anderenorts in Deutschland gegründet wurden, dann wäre von der katholischen Religion kaum eine Spur übriggeblieben."

Joachim Ernst von Brandenburg

* Cölln (heute zu Berlin) 22.6.1583,
† Ansbach 7.3.1625

Markgraf Joachim Ernst, der den brandenburgischen Besitz Ansbach verwaltete, ein Bruder des Brandenburgers *Christian*, war profilierter Anhänger der protestantisch-calvinistischen Partei im Reich. Er unterstützte den Freiheitskampf der Niederlande, beteiligte sich 1608 an der Gründung der *Union* und wurde deren militärischer Führer. Seit 1616 sah er die politischen Konflikte als nur noch durch Gewalt lösbar an. Nach dem Zusammenbruch der Union 1621 wandte er sich von seinen bisherigen Verbündeten ab.

Johann Ernst von Sachsen-Weimar

* Altenburg 21.2.1594, † Sankt Martin (heute Martin, Slowakische Republik) 4.12.1626

Ein Feind Habsburgs: Der Weimarer Herzog Johann Ernst, 1615 an die Regierung gelangt, schloss sich sogleich der protestantischen *Union* an. 1620 bot er *Friedrich von der Pfalz* seine Dienste an; die von ihm geworbenen Truppen wurden in der Schlacht am *Weißen Berg* mitgeschlagen. Seitdem gehörte sein ganzes Leben dem Kampf gegen den Kaiser. Zu Hause ließ er sich nur selten sehen, die Regierung führten seine Brüder. Johann Ernst wurde 1625 Reitergeneral im Heer des Dänenkönigs *Christian IV.*, er drang 1626 in Westfalen ein und unterwarf große Teile Schlesiens. Er starb unerwartet bei einem Vorstoß gegen Ungarn.

Johann Georg I. von Sachsen

* Dresden 5.3.1585, † ebd.18.10.1656

„Bierjörge" hieß er bei seinen Zeitgenossen, da er sich gern und häufig betrank: Johann Georg trat 1611 die Nachfolge seines verstorbenen Bruders als Kurfürst von Sachsen an. Er versagte sich dem Werben der pfälzisch geführten antihabsburgischen *Union* der protestantischen Landesfürsten und Reichsstädte; am Dresdner Hof herrschte unter dem Einfluss des Lutheraner Theologen *Hoë von Hohenegg* eine starke Abneigung gegen den Calvinismus, wie ihn die Pfalz repräsentierte. Johann Georg lehnte die ihm 1618 angetragene böhmische Krone ab und blieb nach Ausbruch des Krieges in Böhmen der kaiserlichen Seite treu, was ihm erhebliche territoriale Gewinne (die beiden Lausitzen) einbrachte. Nach Erlass des *Restitutionsedikts* 1629 musste er um den Besitz der sächsischen Hochstifte fürchten und ging auf Distanz zum Kaiser. 1631 versuchte er auf dem *Leipziger Konvent* eine neutrale Kraft zwischen Schweden und Habsburg zu organisieren, doch die Kriegsereignisse rollten darüber weg. Nach *Tillys* Einmarsch in Sachsen schloss sich Johann Georg dem Schwedenkönig *Gustav Adolf* an, löste das Bündnis aber nach der schwedischen Niederlage bei *Nördlingen 1634. Er söhnte sich im Prager Frieden* 1635 mit dem Kaiser aus, die Protestanten nannten ihn darauf „Verräter von Prag". Gleichwohl blieb sein Land Kriegsschauplatz, bis Johann Georg 1645 in Kötzschenbroda mit den Schweden einen Waffenstillstand schloss, dem der Friede von *Eilenburg* folgte. Den alten Hass auf die Calvinisten trug er auch noch in die Verhandlungen des *Westfälischen Friedens* hinein: Johann Georg versuchte die Anerkennung der Reformierten zu hintertreiben.

Johann Philipp von Schönborn

* Eschbach (Westerwald) 6.8.1605,

† Würzburg 12.2.1673

Die Franzosen sorgten dafür, dass er Kurfürst wurde: Johann Philipp, seit 1621 Domherr in Würzburg und seit 1642 dort Bischof, wurde 1647 mit Unterstützung Frankreichs Erzbischof von Mainz und damit Kurfürst und Reichserzkanzler. Er drängte auf einen raschen Abschluss des *Westfälischen Friedens* und zeigte sich kompromissbereiter als die Gruppe der extremen Katholiken um den Nuntius *Chigi*. Der aufgeklärte Fürst, von Lobrednern der „deutsche Salomo" genannt, schaffte als erster geistlicher Landesherr die *Hexenprozesse* ab.

Joseph von Paris

* Paris 4.11.1577,

† Rueil (bei Paris) 18.12.1638

Der Mann hinter den Kulissen: „Eminence grise", Graue Eminenz, nannten ihn die Pariser und seitdem ist der Begriff in der Welt – „Père Joseph", Pater Joseph von Paris, wurde geboren als François Le Clerc du Tremblay. Der Spross eines Adelshauses sollte die militärische Laufbahn beschreiten, er zeichnete sich auch bei der Belagerung von Amiens 1597 aus. Zwei Jahre später aber trat er in den Kapuzinerorden ein und stieg in der geistlichen Hierarchie auf. 1606 gründete er den Orden der Kalvarienschwestern. Zum Hof besaß er die besten Verbindungen, er förderte die Karriere *Richelieus* und wurde dessen Berater und Mitarbeiter. Ein deutscher Zeuge sagte darüber, der Kardinal werde „von dem Pater Josepho in allen Dingen und durch alles einzig guberniert und consequenter das ganze Französische Königreich". In Paris wurde das Verhältnis Richelieus zu seiner „Grauen Eminenz" in zahlreichen Spottgedichten und Schmähschriften glossiert. Der „politisierende Kapuziner" (G. Barudio) gestaltete wesentliche Teile von Richelieus Lebenswerk mit, so die Unterwerfung der Hugenotten und die Unterstützung der protestantischen deutschen Fürsten gegen den Kaiser. Er hatte Anteil an der Absetzung *Wallensteins* auf dem Reichstag in Regensburg 1630 wie auch an den – vergeblichen – Versuchen drei Jahre später, den Generalissimus mit der Krone Böhmens als Köder auf die französische Seite zu ziehen.

Jülich-Klevescher Erbfolgestreit

Im März 1609 starb der geisteskranke Fürst Johann Wilhelm von Kleve. Auf seinen Besitz, die konfessionell gemischten, wirtschaftlich hoch entwickelten und an einem Schnittpunkt der Kräftelinien von Europa gelegenen Herzogtümer Jülich, Kleve und Berg, erhoben seine vier Schwestern und deren Gatten und Nachkommen sowie noch weitere Fürstenfamilien Ansprüche. Die Häuser Brandenburg und Pfalz-Neuburg schritten unmittelbar zur Tat und ließen Truppen einrücken, die sich benahmen, als wären sie in Feindesland. Der Gewaltakt alarmierte die Nachbarstaaten, vor allem die geistlichen Fürstentümer und die spanischen Niederlande. Kaiser *Rudolf II.* entsandte seinen Neffen Erzherzog *Leopold V.* als Kommissar mit dem Auftrag, die Herzogtümer als erledigte Lehen einzuziehen. Die protestantische *Union* nahm sich der Sache an; in einer Denkschrift, die ein Pfälzer Jurist verfasste, wird ein Vergleich zum Zwischenfall von *Donauwörth* gezogen. Angesichts der dort geschehenen Niederlage der protestantischen Sache gehe es jetzt darum, zu beweisen, „daß alle Evangelischen Glieder eines heiligen Leibes sind und daß die Krankheit des einen auch die anderen leicht ergreifen könnte". Im Februar 1610 wurde auf einem Unionstag die militärische Intervention beschlossen, König Heinrich IV. von Frankreich erbot sich, Beistand zu leisten und in den Niederlanden und in Oberitalien so genannte Diversionsangriffe gegen die Spanier zu veranstalten. Damit wurde der Erbstreit vollends zur internationalen Krise. Zwar machte die Ermordung Heinrichs am 14. Mai 1610 die offizielle Einmischung Frankreichs erst einmal gegenstandslos, der Konflikt ging aber in kleinerem Maßstab weiter. Ein gemischtes Kontingent aus französischen, niederländischen, englischen und unionistischen Söldnern vertrieb Erzherzog Leopold aus Jülich. Erst 1614 wurde ein mühseliger Kompromiss gefunden, nachdem auch noch spanische und niederländische Truppen einmarschiert waren. Die Länder wurden aufgeteilt: *Georg Wilhelm von Brandenburg* erhielt Kleve, Mark und Ravensberg mit den Lehen in Babant und Flandern, *Wolfgang Wilhelm von Pfalz-Neuburg* bekam Jülich und Berg. Wie im Gradiskanerkrieg, der 1615 ausbrach, enthüllte sich auch im Jülich-Kleveschen Erbfolgestreit die spannungsgeladene Situation in Europa am Vorabend des Dreißigjährigen Krieges: Ein konfessionelles Bündnis, hier die Union, und Großmächte wie Frankreich, England, die Niederlande und Spanien waren ohne weiteres bereit, für die Lösung eines lokalen Problems zu den Waffen zu greifen.

Julius Echter von Mespelbrunn

* Mespelbrunn (Spessart) 18.3.1545,
† Würzburg 13.9.1617

Ein profilierter Vertreter der *Gegenreformation*: Julius Echter wurde 1575 zum Bischof von *Würzburg* gewählt und sorgte für die Restituierung des Katholizismus in seinem Bistum. Protestantische Beamte und Geistliche wurden entlassen. 1582 gründete er unter Beteiligung der *Jesuiten* die Universität Würzburg. Er ließ mehrere Hundert Kirchen neu errichten oder renovieren; auch in der sozialen Fürsorge war er tätig, auf ihn geht das Juliusspital in Würzburg zurück. 1609 trat er der *Liga* bei.

Kannibalismus

„In den Wäldern und auf den Wegen jagt der Mensch den Menschen wie das Wild", schrieb der englische Reisende Thomas Roe nach einem Besuch in Deutschland 1639. Aus den Jahren nach der Schlacht von *Nördlingen* (1634) stammen die schlimmsten Nachrichten über das Leid der Zivilbevölkerung im Krieg. Um nicht Hungers zu sterben, kochte man Eicheln, Tierhäute und Gras, auf den Märkten wurde Fleisch von Katzen, Hunden und Ratten gehandelt. Selbst Fälle von Kannibalismus sind belegt: Man riss die Leichen der Verbrecher von den Galgen und verzehrte sie, Mütter aßen ihre Kinder, auf den Friedhöfen erschienen die Verzweifelten und baten um frische Leichname.

Kanzleienstreit

Als *Friedrich V. von der Pfalz* nach der Niederlage am *Weißen Berg* im November 1620 Hals über Kopf sein böhmisches Königreich verließ, blieben in der Hauptstadt nicht nur die „galanten" Bücher seiner Gattin zurück, sondern noch weit verfänglichere Papiere: die Akten des Leiters der pfälzischen Politik, *Christian von Anhalt* – Geheimkorrespondenzen, aus denen, wer wollte, hochverräterische Ränke bis hin zu einem Verkauf Europas an die Türken herauslesen konnte. Zwei bayerische Räte, Wilhelm Jocher und Jesaias Leuker, publizierten im Mai 1621 einen Extrakt daraus mit dem Titel „Anhaltische Kanzlei", der rasch in zahlreichen Drucken verbreitet wurde, was den pfälzischen Politiker *Camerarius* zu der Klage veranlasste, der Verlust der Akten sei schlimmer als die militärische Niederlage. – Camerarius hatte allerdings bald darauf die Genugtuung, einen ebenso brisanten Stoß von Akten in die Hand zu bekommen, denn der protestantische Feldherr *Mansfeld* erwischte noch im selben Jahr einen Kurier, der mit Briefen Kaiser *Ferdinands II.* unterwegs war. Aus ihnen gingen die verschiedenen Verfassungsbrüche im Zusammenhang mit der Übertragung der pfälzischen Kur an *Maximilian von Bayern* in wünschenswerter Deutlichkeit hervor. Camerarius veröffentlichte die Dokumente mit einem umfangreichen Kommentar im März 1622, seine „Cancellaria Hispanica" wurde „einer der größten verlegerischen Coups des Jahrhunderts" (G. Parker). In einer durchaus modern anmutenden Weise, in einer Flut von Publikationen, gingen die Enthüllungen und Gegenenthüllungen noch bis 1628 weiter, dann schwiegen angesichts eindeutiger militärischer und politischer Erfolge des Kaisers die ideologischen Waffen; erst durch die schwedische Flugblattpropaganda ab 1630 flammte der publizistische Kampf, nun auf anderem Feld und mit anderen Inhalten, wieder auf.

Karabiner →*Handfeuerwaffen*

Karl IV. von Lothringen

* Nancy 5.4.1604,

† Allenbach (bei Birkenfeld) 18.9.1675

Herzog Karl IV. von Lothringen (nach anderer Zählung auch Karl III.) gelangte 1624 an die Regierung. Neun Jahre später fielen die Franzosen ins Land, der Herzog wurde vertrieben und trat mit dem Rest seines Heeres in kaiserliche, nach dem *Westfäli-*

schen Frieden 1648 auch in spanische Dienste. 1654 war er mit den Spaniern über Kreuz; diese nahmen ihn gefangen und ließen ihn erst im *Pyrenäenfrieden* 1659 frei. 1661 erhielt er sein Land zurück, brach jedoch alle Abmachungen mit Frankreich, dessen Truppen 1670 abermals in Lothringen einrückten. Karl, von neuem verjagt, kämpfte fortan mit dem kaiserlichen Heer gegen Ludwig XIV. von Frankreich.

Karl Emanuel I. von Savoyen

* Schloss Rivoli (bei Turin) 12.1.1562,
† Savigliano (Piemont) 26.7.1630

Nach dem Urteil der Historiker war er stets erfüllt von großen und phantastischen Plänen, sah sich aber auf einen viel zu kleinen Wirkungskreis beschränkt: Savoyens Herzog Karl Emanuel I., auch der Große genannt, bewarb sich 1619 nach dem Tod Kaiser *Matthias'* als Kandidat der protestantischen Partei um den Kaiserthron und unterlag Ferdinand von Steiermark (*Ferdinand II.*). Er kämpfte auf französischer Seite gegen die Spanier im Veltlin. Seine Ansprüche auf Montferrat wurden 1629 von den Franzosen mit einem Einmarsch in Savoyen beantwortet. Eine glücklichere Hand hatte Karl Emanuel als Förderer der zeitgenössischen Dichtkunst, die er auch mit eigenen Werken bereicherte.

Karl Gustav von Schweden

* Nyköping 8.11.1622,
† Göteborg 13.2.1660

Seine Eltern waren Herzog Johann Kasimir von Pfalz-Zweibrücken und *Gustav Adolfs* Schwester Katharina: Karl Gustav kämpfte im Dreißigjährigen Krieg unter *Torstensson* und wurde 1648 Generalissimus der schwedischen Armee in Deutschland. Er leitete gemeinsam mit *Wrangel* auf schwedischer Seite das schwierige Geschäft der *Demobilisierung* nach dem Friedensschluss. Seine Cousine *Christine* bestimmte ihn 1649 zu ihrem Nachfolger. Als sie 1654 abdankte, bestieg er als Karl X. Gustav den schwedischen Thron. Die Linie Pfalz-Zweibrücken regierte in Schweden bis 1720.

Karl Ludwig von der Pfalz

* Heidelberg 22.12.1617, † ebd. 28.8.1680

Im *Westfälischen Frieden* 1648 wurde die Unter- oder Kurpfalz restituiert, d. h. ihren früheren Landesherren zurückgegeben. Die Oberpfalz, 1623 an Bayern gefallen, verblieb dort, ebenso die Kurwürde. Um die Kurpfalz aber nicht leer ausgehen zu lassen, wurde eine zusätzliche achte Kurwürde geschaffen. Karl Ludwig, der Sohn des entthronten „Winterkönigs" *Friedrich V.*, war der Erste, der sich nach der neuen Regelung Kurfürst von der Pfalz nennen konnte. Im Dreißigjährigen Krieg hatte er sich als Feldherr versucht und war mit einem von England bezahlten Heer bei *Vlotho* 1638 fürchterlich geschlagen worden. Nach seinem Regierungsantritt kümmerte er sich erfolgreich um den Wiederaufbau seines zerstörten Landes und enthielt sich jeder antikaiserlichen Politik. Das ging so weit, dass er die Rückkehr seiner Mutter *Elisabeth Stuart* nach Heidelberg verhinderte. Karl Ludwig ließ sich widerstrebend 1674 in den Reichskrieg gegen Frankreich ziehen – was für die Kurpfalz katastrophale Folgen hatte: Truppen unter *Turenne* verwüsteten das Land. Für die Kulturgeschichte wichtig wurde seine Tochter Elisabeth Charlotte (1652–1722). Sie ist die „Liselotte von der Pfalz", die in ihren Briefen vom Versailler Hof ein ungeschminktes Sittenbild der absolutistischen Epoche liefert.

Kartaune →*Artillerie*

Kavallerie →*Reiterei*

Kepler, Johannes
* Weil der Stadt (bei Calw) 27.12.1571,
† Regensburg 15.11.1630

Ursprünglich hatte Kepler Theologe werden sollen, aber der junge Mann beschäftigte sich schon auf dem Stift in Tübingen mit Astronomie. Er erwarb 1591 die Magisterwürde und ging 1594 als Mathematiklehrer nach Graz. 1600 wurde er vom Hofastronomen Tycho Brahe nach Prag geholt. Nach Brahes Tod im folgenden Jahr trat er dessen Nachfolge an, von Kaiser *Rudolf II.* als „Kaiserlicher Mathematicus" mit einem Jahresgehalt von 500 Gulden ausgestattet. Später wurde er Professor in Linz, seit 1628 befand er sich im Dienst *Wallensteins*. Kepler begründete durch die nach ihm benannten Bewegungsgesetze der Planeten die moderne Astronomie. In seinen Schriften „Astronomiae pars optica" (1604) und „Dioptitrice" (1612) entwickelte er die Theorie der Linsen und des Fernrohrs. Krönung seines wissenschaftlichen Werks ist der umfassende „Abriss der kopernikanischen Astronomie" (1618–1622). Zeit seines Lebens trieben Geldnöte den Gelehrten um, dazu der Krieg und die religiöse Unduldsamkeit seiner Zeitgenossen. 1600 traf ihn als Protestanten die Ausweisung aus der Steiermark, wo Erzherzog *Ferdinand* die Rekatholisierung betrieb. 1612 schloss man ihn und seine Familie in der schwäbischen Heimat vom Abendmahl aus, was soziale Deklassierung bedeutete. 1616 wurde Keplers Mutter wegen Hexerei angeklagt, nur mit größter Mühe erlangte er ihre Freilassung. 1620 musste Kepler seine Familie vor bayerischen Söldnern, die auf Protestanten Jagd machten, nach Regensburg in Sicherheit bringen. Inzwischen hatten sich Gehaltsrückstände von 6000 Gulden angesammelt; man stellte ihm Anweisungen auf verschiedene Reichsstädte aus, die Kepler 1624/1625 der Reihe nach abklapperte – zumeist erfolglos. Schließlich sollte Wallenstein zahlen, doch der weigerte sich gleichfalls. 1630 machte Kepler einen letzten Versuch, beim Kurfürstentag in Regensburg sein rückständiges Gehalt – samt Zinsen mittlerweile 11 817 Gulden – einzufordern. Kaiser *Ferdinand II.* ließ ihm per Boten 25 oder 30 Gulden auszahlen. Schon auf der Reise nach Regensburg hatte Kepler eine fiebrige Krankheit ergriffen, der er bald erlag.

Khevenhüller, Franz Christoph Graf von
* 21.2.1588, † 13.6.1650

An Titeln hatte er keinen Mangel: Oberster Erlandstallmeister in Kärnten, General-Oberster der windisch-kraotischen Grenze, Vorschneider, oberster Silberkämmerer, Kammerherr und Geheimer Rat. Der so dekorierte Khevenhüller diente unter den Kaisern *Matthias* und *Ferdinand II.* am Wiener Hof. 1634 erhielt er die

Erlaubnis, Akten aus der kaiserlichen Kanzlei für eine historiographische Darstellung zu benutzen. Diese, „Annales Ferdinandei" genannt und in zwölf Foliobänden postum 1726 erschienen, stellt heute eine wichtige Quelle dar.

Khlesl, Melchior

* Wien 19.2.1553,
† Wiener Neustadt 18.3.1630

Sohn eines Protestanten, trat Khlesl zum Katholizismus über und machte Karriere: Seit 1602 war er Bischof von Wien, seit 1605 Kardinal. Er betrieb massiv die *Gegenreformation* in Niederösterreich. In den Intrigen gegen Kaiser *Rudolf II.*, die als „Bruderzwist in Habsburg" in die Geschichte eingingen, stand Khlesl auf der Seite von Rudolfs Bruder *Matthias*. Nach dessen Sieg und Inthronisation 1612 war er der eigentliche Lenker der kaiserlichen Politik, man bezeichnete ihn als „Vizekaiser". Im Gegensatz zu seiner früher vertretenen Haltung versuchte er nun einen Ausgleich mit den protestantischen Kräften im Reich zu finden, was bei den extremen katholischen Kräften um die Erzherzöge *Ferdinand* und Maximilian auf Misstrauen stieß und seinen Sturz vorbereitete. Ohne Wissen des Kaisers ließen diese im Juli 1618 Khlesl verhaften und nach Georgenberg in Tirol bringen. Er kam erst 1623 wieder frei und erhielt 1627 sein Wiener Bistum zurück, blieb aber ohne politischen Einfluss.

Kinsky, Wilhelm Graf von

* 1574 oder 1582, † Eger 25.2.1634

Aus einer altböhmischen Ritterfamilie stammend, wurde Kinsky im *Böhmischen Aufstand* 1618 einer der dreißig gewählten Direktoren. Er schaffte es, dem Strafgericht nach dem Zusammenbruch des Aufstands zu entgehen und seinen Besitz zu behalten. 1628 wurde er durch Fürsprache des mit ihm verschwägerten *Wallenstein* in den Reichsgrafenstand erhoben. Da er seinem protestantischen Bekenntnis treu bleiben wollte, ging er 1630 ins Exil nach Sachsen und wurde Führer der böhmischen Exulanten in Dresden. Er nahm teil an Wallensteins Verhandlungen über einen Separatfrieden mit Sachsen und Brandenburg und versuchte über den Gesandten *Feuquières* den Generalissimus auf die Seite Frankreichs zu ziehen. Wie *Ilow* und *Terzka* fiel auch Kinsky der Mordaktion gegen Wallenstein im Februar 1634 in Eger zum Opfer.

Kipper und Wipper

Ständig steigender Geldbedarf, gesunkene Silberproduktion und Bargeldabflüsse ins Ausland aufgrund passiver Handelsbilanz des Reiches führten seit der Wende des 16./17. Jahrhunderts zur Bargeldverknappung in Deutschland. Die hohen Ausgaben für die Rüstung am Vorabend des Dreißigjährigen Krieges taten das Ihre dazu. Um 1618 begann ein regelrechter Handel mit Geld. Die „guten" oder „groben" Münzen verschwanden, an ihre Stelle traten „Heckenmünzen", die nur noch die Hälfte des vorgeschriebenen Silbergehaltes aufwiesen, oft auch noch weniger. Die Herstellung von Münzen wurde ein lukratives Gewerbe, an dem sich immer mehr kleine und große Landesherren beteiligten. Gab es 1620 in Braunschweig bereits 17 Münzstätten, waren es drei Jahre später bereits 40, und anderswo ging es ähnlich zu, sogar das ehrwürdige Kloster Amelungsborn verwandelte sich in eine Prägeanstalt mit 300 bis 400 Arbeitern. Agenten der Münzstätten waren unterwegs, um noch die letzten Stücke mit hohem Edelmetallgehalt ihren Besitzern abzuluchsen und sie dafür mit einem Haufen blanker neuer Münzen zuzuschütten, die sich bald darauf als wertlos herausstellten. – Die Münzverschlechterung ging einher mit einer erheblichen Inflation, die Preise fürs tägliche Brot schnellten hoch. Die empörte Bevölkerung fand für die Geldhändler die Bezeichnung Kipper und Wipper; „kippen" hieß an den Rändern beschneiden, „wippen" die Geldwaage manipulieren. Vielerorts kam es zu Aufruhr, Wechselbuden und Münzstätten wurden gestürmt, den „Geld-, Land- und Leutverderbern", der „verdammten Kippers-Rott", ans Leben zu gehen, galt keineswegs als Sünde. Von der Münzverschlechterung war fast das gesamte Reich betroffen, ausgenommen die großen Handelsstädte, in denen schon Formen des bargeldlosen Zahlungsverkehrs und die Festlegung fiktiver Wechselkurse üblich waren. Am schlimmsten waren die Zustände in Böhmen, Mähren und Österreich. Hier wurde nämlich nach der Niederschlagung des *Böhmischen Aufstands* das Kippen und Wippen sozusagen von Staats wegen betrieben: Zur Finanzierung der Kriegskosten verkaufte die Hofkammer das Recht der Münzprägung an ein Konsortium von 15 Personen, die das Land mit Millionen von neuen Talern überschwemmten und die Währung in kürzester Zeit ruinierten. Um Weihnachten 1623 verfügte *Ferdinand II.* eine Abwertung, die den Spuk beendete. Da hatte aber das Konsortium, darunter auch *Wallenstein*, das große Geschäft, nämlich den Ankauf der Güter, die den böhmischen Rebellen gehört hatten, bereits über die Bühne gebracht.

Kleidung →*Uniformen, Kleidung*

Kleiner Krieg
Nach der hergebrachten Kriegslehre galt neben dem *Gehegten Krieg*, dem Streiten regulärer, großer Kampfverbände, der Kleine Krieg als zweite mögliche Form der Kriegführung. Gemeint waren damit Aktionen, die dem Gegner das Leben im Felde ungemütlich machten, ihm den Nachschub abschnitten und Ähnliches. Die Grenzen waren aber fließend, oft genug artete solche Guerillataktik in bloßes Brandschatzen und Marodieren aus, unter dem besonders die Zivilbevölkerung zu leiden hatte.

Kongregation zur Verbreitung des Glaubens
Eines der Werkzeuge, mit denen während des Dreißigjährigen Krieges die *Gegenreformation* in Deutschland vorangetrieben wurde, war die 1622 von Papst Gregor XV. gegründete „Congregatio de propaganda fidei" (Kongregation zur Verbreitung des Glaubens). Es handelte sich bei ihren Missionaren um Italiener, die des Deutschen nicht mächtig waren, aber vorzüglich Latein sprachen und, worauf es dem Papst besonders ankam, „weniger

dem Trunk ergeben" waren als ihre deutschen Amtsbrüder. Ihr massives Auftreten im überwiegend protestantischen Oberösterreich führte zusammen mit der Steuerbedrückung durch die bayerische Verwaltung zum *Bauernaufstand* von 1626.

Königsmarck, Hans Christoff
* Kötzlin (Altmark) 4.3.1600,
† Stockholm 2.3.1663
Ein echter „Sohn der Fortuna", wie man damals die Leute nannte, die im Krieg ihr Glück machten: Königsmarck, aus verarmtem märkischen Adel, trat als einfacher Reiter in das Heer *Wallensteins* ein, wechselte 1630 zu *Gustav Adolf* über und brachte es bis zum General. Im letzten Kriegsjahrzehnt zog er mit seinem „fliegenden Korps" auf Plünderungszügen durch das Reich. Er siegte zusammen mit *Wrangel* und *Turenne* 1648 bei *Zusmarshausen* und eroberte im Juli desselben Jahres die Prager Kleinseite. Nach dem Friedensschluss war er Generalgouverneur von Bremen und Verden. Das im Krieg zusammengeraffte Vermögen, bestehend aus Bargeld, Landgütern und Bankkapital, wurde bei Königsmarcks Tod auf 1,7 Millionen Taler geschätzt.

Konskriptionen
Die Heere des Dreißigjährigen Krieges bestanden zumeist aus Freiwilligen, die um Lohn dienten, jedoch gab es auch schon das System der Konskription, d. h. der zwangsweisen Aushebung von Wehrfähigen. Vor allem in Schweden und Finnland rekrutierte man die Soldaten auf dem Lande nach dieser Weise. Den Gemeinden wurde jeweils vorgegeben, wie viel Soldaten sie zu stellen hätten. Dabei fing man am unteren Ende der sozialen Stufenleiter an, aber bei fortgesetztem Bedarf kamen schließlich auch die Söhne reicher Bauern dran. Ergebnis bei dem jahrzehntelangen militärischen Engagement in Deutschland war eine dauernde Entvölkerung ganzer Landstriche, denn die Quote derer, die heil zurückkehrten, war äußerst gering. In manchen Staaten war es üblich, soziale Probleme mittels Dienstverpflichtung der betreffenden Personen zu lösen. So wurden in Spanien zur Heeresverstärkung regelmäßig die Gefängnisse geleert. Unter den Schotten, die für die Sache des Protestantismus in Deutschland kämpften, befanden sich neben zahlreichen „herrenlosen Männern" (= Arbeitslosen) auch örtliche Radaubrüder, die von den Behörden festgenommen und unter die Fahnen gesteckt worden waren. In Deutschland versuchten mehrere Fürsten, ihre *Bauern* in „Landesdefensionen" zu organisieren, allerdings nur mit geringem Erfolg.

Kontributionen
Dass der Krieg den Krieg ernähren müsse, galt als unumstößlicher Lehrsatz. Soldaten plünderten, raubten, aßen die Vorräte der Bevölkerung auf, verfeuerten deren Brennmaterialien und oft genug blieb in den Landstrichen, durch die die Soldateska gezogen war, buchstäblich nichts Brauchbares übrig. Im Dreißigjährigen Krieg gibt es dafür ausreichend Beispiele. Gleichzeitig aber erwies sich auch, dass die Praxis des Unterhalts nur durch Plündern und Auspressen an ihr Ende kam. Nicht

ethische Gesichtspunkte allein bewogen die Strategen, neue Formen der Finanzierung zu ersinnen, sondern die schiere Unmöglichkeit, die überall angeschwollenen Heeresapparate auf so archaische Weise zu ernähren. Rationale Mittel mussten her, die auf höherem Niveau bei der Steuerkraft eines Landes ansetzten und die materielle Substanz unangetastet ließen. Das neue Mittel hieß Kontribution, von den Militärbefehlshabern in feindlichen oder eroberten Gebieten erhobene Abgaben. Feste Regeln wurden aufgestellt, Grundlage jeder Kontribution war eine Abmachung zwischen den Lokalbehörden und der Militärverwaltung. Für Eintreibung und Verwaltung der Gelder gab es speziell geschultes Personal. Militärische Gewalt blieb selbstverständlich mit im Spiel, sie drohte, wenn nicht ausreichend gezahlt wurde, andererseits versprach sie Schutz gegen Übergriffe des Kriegsgegners. Besonders *Wallenstein* beherrschte dieses Verfahren virtuos, eine „Mischung aus Brachialgewalt und Buchhaltung" (G. Barudio). Kriegsziele konnten durch fiskalische Notwendigkeiten bestimmt sein, Feldzüge nur wegen Kontributionen unternommen werden. Wem Kontributionen auferlegt wurden, meistens waren es Städte, blieb der schwache Trost, dass die erpressten Gelder nicht vollständig verschwanden, sondern teilweise als Gegenleistung für Güter und Dienstleistungen in den lokalen Wirtschaftskreislauf zurückflossen. Das Kontributionssystem wurde in der zweiten Hälfte des 17. Jahrhunderts von der französischen Armee noch vervollkommnet. Der „Sonnenkönig" Ludwig XIV. finanzierte nach Schätzungen von Historikern seine Kriege zu 40 Prozent aus Kontributionen.

Kriegsfolgen

Gustav Freytag hat in seinen „Bildern aus der deutschen Vergangenheit" (1859–1862) das düstere Bild einer Verwüstung Deutschlands durch den Dreißigjährigen Krieg entworfen, wie sie „außer allem Vergleich mit anderen Niederlagen kultivierter Völker" sei, und hat damit für lange Zeit das Urteil der Historiker beeinflusst. Der Mythos von der „alles vernichtenden Raserei des Krieges" lässt sich allerdings nach neueren Forschungen nicht mehr aufrechterhalten. Der Krieg tobte nicht überall, es gab durchaus Landstriche, die verschont blieben, es gab sogar Kriegsgewinnler wie die großen Handelsstädte Bremen und Hamburg. Die *Bevölkerungsverluste* waren geringer, als früher vermutet. Die materiellen Schäden sind nicht mehr erfassbar, auch kaum zu schätzen. Zeitgenössische Aufstellungen, wie etwa die Forderung von kaiserlicher Seite an die Schweden, diese sollten für die Zerstörung von 2000 Schlössern, 18 000 Dörfern und 1500 Städten aufkommen, waren Verhandlungsargumente, aber nicht unbedingt als Statistiken glaubwürdig. Langzeituntersuchungen belegen zwischen 1615 und 1650 einen allgemeinen Niedergang der wirtschaftlichen Tätigkeit in Deutschland; zahlreiche einst begüterte Familien, Korporationen und Regierungen gerieten in tiefe Schulden, die Städte verloren ihre sorgsam gehüteten Finanzpolster. Die ermittelten Wirtschaftsdaten fügen sich aber auch ein

K

in eine bereits vorher festgestellte Krise. Den Menschen des 17. Jahrhunderts war natürlich nichts davon bewusst, sie mussten „mit den Unsicherheiten und Schrecknissen des längsten, kostspieligsten und grausamsten Krieges leben, der bisher auf deutschem Boden ausgetragen wurde" (G. Parker). In der kollektiven Erinnerung blieb der Dreißigjährige Krieg als die Epoche der Not und Drangsal haften; noch 140 Jahre nach dem Abschluss des *Westfälischen Friedens* konnte eine Verlagsanzeige von Schillers „Geschichte des Dreißigjährigen Krieges" mit Fug und Recht behaupten, dies Sujet sei „das merkwürdigste in der Geschichte unseres deutschen Vaterlandes", in jeder Provinz, jeder Stadt und beinah in jedem Dorf spreche man oder höre man davon sprechen.

Kriegsgefangene

Den Kriegführenden des 17. Jahrhunderts fehlten die Möglichkeiten (und auch das Interesse), Gefangene unterzubringen, zu bewachen und zu versorgen. Lager wie im 20. Jahrhundert wird man daher vergeblich suchen. Dabei gerieten in den Schlachten durchaus Tausende auf einen Schlag in Gefangenschaft, aber diese wurden weggeschickt, nachdem man ihnen das Versprechen abgenommen hatte, für eine bestimmte Zeit keine Waffen gegen den Sieger zu erheben, oder sie gingen freiwillig zum Sieger über. So ließen sich nach der Schlacht von *Breitenfeld* 1631 an die 7000 kaiserliche Söldner von *Gustav Adolf* anheuern, der mit ihnen seine Verluste ausglich. Größere Umstände wurden nur mit Offizieren gemacht; man ließ sie gegen bestimmte, nach Rangordnung festgelegte Taxen frei oder hielt sie in ehrenvoller Haft, bis sich Gelegenheit zum Austausch ergab.

Kriegskosten

Die Gesamtsumme der Kosten des Dreißigjährigen Krieges lässt sich nicht beziffern, in den Quellen sind nur Einzelbeträge überliefert. So wurden für ein deutsches Fußregiment, das in Ungarn 1615 eingesetzt war, Unterhaltskosten von jährlich 540 000 Gulden festgelegt. Das sächsische Heer, etwa 10 000 Mann stark, kostete 1,5 Millionen Gulden – eine Zahl aus dem Jahr 1620. Im November 1630 gab der Kaiser eine Art Besoldungsordnung heraus, die sorgsam abgestuft vom Obristen (600 Gulden) bis hinunter zum Fußknecht (6 Gulden 40 Kreuzer) die Monatssaläre angibt. Man hat danach für *Wallensteins* vierzig Regimenter starkes Heer eine jährliche Soldsumme von 20 Millionen Gulden errechnet. Die schwedische Regierung bezifferte im März 1633 den Aufwand für das verbündete deutsch-schwedische Heer (56 1/2 Regimenter und 26 Reiterkompanien) auf jährlich 15 Millionen Gulden. Die Kosten für die *Demobilisierung* nach dem Friedensschluss wurden von den schwedischen Unterhändlern mit 20 Millionen angegeben. – Solche Summen hatte keine der kriegführenden Parteien zur Verfügung. Teilweise griffen ihnen auswärtige Staaten mit so genannten Subsidien unter die Arme; so förderte Spanien die kaiserliche Sache mit bedeutenden Zahlungen, England und Frankreich halfen die Rüstungen der protestantischen Partei zu finanzieren. Ein anderes Mittel waren die *Kontributionen*, die den Ländern oder Städten auferlegt wurden, durch die eine Armee gerade zog. Vielfach aber lebte man auf Pump oder spekulierte darauf, dass der Unterlegene alles zahlen würde. Offizierspatente wurden verkauft, der Obrist machte Schulden bei seinen Leuten, der Landesherr beim Obristen. Klagen über Soldrückstände ziehen sich wie ein roter Faden durch die Quellen zur Geschichte des Krieges. Bereits 1619 hatten die böhmischen Stände kein Geld für die Kriegführung mehr, im September 1620 sollen die Rückstände 4,5 Millionen Gulden betragen haben. Meutereien rissen nicht ab, am Zusammenbruch des *Böhmischen Aufstands* im November 1620 trug nicht nur die Niederlage vom *Weißen Berg* die Schuld, sondern genauso der Umstand, dass die Kasse leer war und der Gegner dank einer Finanzierung durch das Haus Fugger seine Söldner länger bezahlen konnte. Eine weitere Methode, Geld für den Krieg aufzutreiben, war die Münzverschlechterung; das staatlich geförderte Treiben der *Kipper und Wipper* führte besonders in den ersten Jahren des Krieges zu großen Inflationen. Schließlich gab es noch die Abgeltung in Form von Grundbesitz, der anderen weggenommen wurde. Zahlreiche Heerführer kamen so zu ausgedehnten Ländereien, einige von ihnen, etwa *Bernhard von Weimar* oder *Wallenstein*, gar zu Herzogtümern. Am verhängnisvollsten sollten sich dabei die Besitzübertragungen an *Maximilian von Bayern* erweisen. Für seine Militäraktion gegen das aufrührerische *Donauwörth* ließ er sich 1609 vom Kaiser die Stadt als Pfand übergeben – was die Formierung der Protestanten zur *Union* auslöste und zur Bildung der Fronten für den kommenden Krieg beitrug. Und für die 13 Millionen, die er zur Niederschlagung des Böhmischen Aufstands ausgegeben haben wollte, wurde ihm erst Oberösterreich verpachtet, dann die Pfalz, das Land des geächteten „Winterkönigs", vermacht – was als eindeutiger Verfassungsbruch galt und den antihabsburgischen Kräften jahrelang den Grund für die Fortsetzung des Krieges gab. Zu Recht nennt Golo Mann die ominösen 13 Millionen eine „Unglücksschuld"; sie sorgte dafür, dass sich die böhmischen Unruhen zum europäischen Krieg ausweiteten.

Kriegsverbrechen

Von ausnahmslos allen Armeen des Dreißigjährigen Krieges wurden Taten an der Zivilbevölkerung verübt, die man heute als Kriegsverbrechen bezeichnen würde: Morde, Misshandlungen, Plünderungen, Zerstörung der Lebensgrundlagen. Hin und wieder schritten die Befehlshaber dagegen ein, dann griff eine *Militärgerichtsbarkeit* mit ebenso barbarischen Methoden durch, vielfach aber konnten sich die Kommandeure, besonders wenn sie mit den Soldzahlungen im Rückstand waren, gegen ihre Truppen nicht durchsetzen oder wollten es auch gar nicht. So galt z. B. als zulässiger Kriegsbrauch, eine Stadt zu plündern, die sich nicht hatte freiwillig ergeben wollen. Zu nachträglichen Strafverfahren oder sonst einer justiziellen Aufarbeitung des Kriegsgeschehens kam es nicht. Das soll aber nicht heißen, dass man ohne Bewusstsein für diese Dinge gewesen wäre, nur wurden die unteren Chargen, die Söldner und ihre Obersten, nicht weiter behelligt, das Augenmerk richtete sich auf bestimmte Verursacher. An der Diskussion um die Amnestie ist das abzulesen. Führer der protestantischen Sache, wie *Thurn*, *Mansfeld*, *Friedrich v. von der Pfalz*, waren in die Reichsacht erklärt worden und sollten auch zur Strecke gebracht werden. Noch im *Prager Frieden* 1635 wurde von kaiserlicher Seite darauf gedrungen, diejenigen von einer Amnestie auszunehmen, die schuld an den „böhmischen und pfälzischen Sachen und Händeln" seien, und auch eine Reihe weiterer missliebiger Reichsstände wollte die habsburgische Partei damals noch weiter verfolgen dürfen. Dass alle Anklagepunkte ohne Abzüge auch auf die Kläger zutrafen, bedarf kaum der Erwähnung. Erst im *Westfälischen Frieden* war nicht mehr die Rede von Bestrafung. Der Vertragstext von Osnabrück 1648 fordert „immerwährendes Vergessen und Amnestie alles dessen, was seit Anbeginn dieser Unruhen [...] vom einen oder anderen Teil, hüben und drüben, feindlich begangen worden ist". Heutige Beurteiler weisen darauf hin, dass den Friedensunterhändlern daran gelegen gewesen sei, eine Kriminalisierung des Völkerrechts ebenso zu verhindern wie einseitige Schuldzuweisungen. Nicht Auslöschung der Erinnerung war das Ziel, sondern ein Vergessen im Sinne von gegenseitigem Vergeben.

Kriegswirtschaft

Der Krieg als der große Verzehrer und Vernichter von Werten wirkte auf bestimmte Bereiche der Produktion durchaus belebend. Neue Techniken, Strukturen und Ressourcen wurden in raschem Tempo und großer Dimension erprobt. Quer durch Europa waren Kaufleute und Faktoren unterwegs, um für die Kriegführenden Bezugsquellen, Geschäftspartner und Märkte aufzutun. Städte wie Danzig, Hamburg, Bremen, Amsterdam und Frankfurt am Main verdienten am Handel mit den unentbehrlichen Rohstoffen Kupfer, Eisen, Blei, Schwefel, Luntenmaterial und Salpeter. – In Deutschland, ehemals führend in Bergbau, Hüttenwesen und Metallhandwerk, befanden sich zahlreiche industrielle Zentren. Größter Umschlagplatz für Waffen und Ausrüstung scheint *Nürnberg* gewesen zu sein; im Dreißigjährigen Krieg lieferte es in alle Richtungen: Die böhmischen Aufständischen bezogen hier ihr Material ebenso wie der Kurfürst von Sachsen, der Herzog von Württemberg, die Zeugmeister des Kaisers und der Bischof von Bamberg. Ähnliches wird aus den Zentren der Handwaffenerzeugung in Essen und Solingen berichtet. Zwischen 1608 und 1620 stieg die Zahl der Essener Büchsenmeister von 24 auf 54 an, der jährliche Ausstoß betrug 15 000 Gewehre. Hauptsächlich wurden die Waffen an die nahen Niederlande geliefert, aber auch das spanische Regiment Parma schoss mit Gewehren aus Essen, die Söldner des Protestanten *Mansfeld* genauso wie die Truppen des Erzbischofs von Köln. Aus dem Handelszentrum am Rhein wiederum ist ein schriftliches Angebot überliefert, das die Ausmaße des Rüstungsgeschäfts enthüllt. 1628 erbietet sich ein einziger Kölner Großlieferant, 10 000 Kürasse und Harnische, 6000 Stück „Landsknechtswaffen" (Helme und Rüstungsteile sowie Piken), 1000 Musketen samt Zubehör und Munition sowie 1000 Pistolen, zusammen im Wert von 110 000 Talern, innerhalb weniger Monate zu beschaffen. – Wie man ein ganzes Land für die Bedürfnisse des Krieges umstrukturieren kann, demonstrierte *Wallenstein* auf seinen böhmischen Besitzungen. Innerhalb weniger Jahre errichtete er hier einen Musterstaat, ließ Papier- und Pulvermühlen, Sägewerke und Brauereien, Eisenhämmer, Gießereien und Salpeterhütten anlegen, die ausschließlich zur Versorgung seiner Armee arbeiteten. Unablässig waren Wagenzüge und Schiffskonvois mit Waffen, Munition, Schanzzeug, Kleidung, Schuhwerk und Nahrungsmitteln unterwegs, die aus den Wallensteinschen Produktionsstätten stammten. Der Generalissimus legte so den Grund für den späteren industriellen Aufschwung Nordböhmens. – Die Kriegskonjunktur war aber Schwankungen ausgesetzt und konnte jederzeit einbrechen – spätestens dann, wenn der Krieg selbst die Fabriken heimsuchte. 1626 zerstörten Truppen *Christians von Braunschweig* die Hütten von Sankt Andreasberg im Harz. Plünderungen und Brandstiftungen von *Isolanos* Kroaten unterbrachen 1634 die Produktion in den Waffenschmieden von Suhl im Thüringer Wald. Die Fischbacher Hütte in Hessen erlebte mehrmalige Zerstörungen, bis findige Techniker darauf kamen, die Fertigung so umzustellen, dass immer wenn ein Feind sich nahte, die wertvollsten Maschinen abgebaut und in Sicherheit gebracht werden konnten. Ganz und gar ungestört blieb dagegen die Produktion in Schweden, das im Dreißigjährigen Krieg einen beispiellosen industriellen Aufschwung erlebte. In der Kupfergrube von Falun, der größten Europas, waren 1200 Menschen beschäftigt; unter Ausnutzung von Wasserkraft arbeiteten Hammerwerke, Bohr- und Schleifmühlen. Niederländisches Unternehmerkapital finanzierte die Anlagen, Spezialisten aus dem Ausland, Holländer, Deutsche, Wallonen, lieferten das technische Know-how. Allein zwischen November 1629 und Ende 1630 verzeichneten die Metallwerke in Södermanland und Östergotland, in der Mälar-Hjelmare-Region und im Uppland-Eisenfeld einen Ausstoß von 20 000 Musketen, 13 670 Piken und 4700 Sätzen Kavallerieausrüstung für *Gustav Adolfs* Armee in Deutschland; dazu kam noch der Export von Kanonenrohren.

Kunstraub

Bei den zahllosen Plünderungen, von denen der Dreißigjährige Krieg begleitet war, wechselten auch zahllose Kunstgegenstände ihren Besitzer – und der wusste nicht immer passenden Gebrauch davon zu machen, wenn es ihm nicht sowieso nur um Zerstörung und Schändung ging. Schlimmstes Beispiel war hier der Beutezug des *Christian von Braunschweig* im Bistum Paderborn im Januar 1622. Der „tolle Halberstädter" ließ die zusammengerafften goldenen Kruzifixe und Heiligenfiguren einschmelzen und daraus Münzen schlagen, die er dann, mit seinem persönlichen Motto „Gottes Freundt, der Pfaffen Feindt" versehen, unter die Leute brachte.

Es kam aber auch zu mehreren groß angelegten Kunstraubaktionen, bei denen die Täter sehr wohl wussten, was sie mitnahmen, und sich auch pfleglichen Umgang mit den Dingen angelegen sein ließen. Die erste geschah in *Heidelberg* 1622/1623. Auf Anordnung Herzog *Maximilians von Bayern* wurde eine komplette Bibliothek, die „Palatina", mit mehr als 3500 Handschriften und 5000 wertvollen Drucken, eingepackt und nach Rom geschickt – der Bayernherzog verband damit die Hoffnung auf finanzielle und politische Unterstützung durch den Papst. Die Schweden zeigten sich „als Könner und Meister" (H. Langer) darin, Kunstschätze, Bibliotheks- und Archivbestände als Beute heimzuführen. In den zwanziger Jahren des 17. Jahrhunderts machten sie bei den Feldzügen im Baltikum in Jesuitenkollegien, Domkapiteln und Klöstern reiche Beute. Das setzte sich fort beim Marsch durch Deutschland 1631/1632. *Gustav Adolf* ließ nach der Besetzung etwa von *Würzburg* und *Mainz* sofort starke Wachen vor den Bibliotheken und Kollegien aufziehen; das Beutemachen geschah dann systematisch und unter Assistenz von Fachleuten, sozusagen mit wissenschaftlicher Begleitung. Ähnlich verfuhren seine Truppen in Schlesien und Böhmen. – In *Prag* hatte Kaiser *Rudolf II.* seinerzeit die vermutlich reichste Sammlung von Gemälden und Kunstgegenständen, Instrumenten und Kuriositäten in Europa zusammengebracht. Allein die Gemäldegalerie umfasste mehr als 3000 Stücke, darunter zahlreiche Originale von Leonardo da Vinci, Michelangelo, Tizian, Lucas Cranach d. Ä. und Albrecht Dürer. Den ersten Griff in die „Kunstkammer" im Prager Hradschin tat die kaiserliche Familie nach Rudolfs Tod 1612, den nächsten die böhmische Ständeregierung 1619. Danach kamen die Beamtenschaft Kaiser *Ferdinands II.* und die sächsische Besatzung 1632, die die Sammlung weiter dezimierten. Immer noch aber waren imposante Bestände übrig. Diese eigneten sich die Schweden unter *Königsmarck* an, als sie im Juli 1648 die Prager Kleinseite eroberten. Auf einen Wert von sieben Millionen Reichstalern wurde die Beute geschätzt, die die Sieger nach Schweden schafften. Prunkstück ihrer Sammlung war der Codex Argenteus, eine Abschrift der gotischen Bibelübersetzung des Bischofs Ulfilas aus dem 6. Jahrhundert – heute der Stolz der Universitätsbibliothek Uppsala.

Lamboy, Wilhelm Graf von

† Schloss Dimokur (Böhmen) 12.12.1659

Der aus einer ritterlichen Familie in den spanischen Niederlanden stammende Lamboy zeichnete sich als kaiserlicher Oberst in der Schlacht von *Lützen* aus. Nach *Wallensteins* Ermordung wurde er Generalwachtmeister und bekam 1635 die Wallensteinsche Herrschaft Arnau. 1636 belagerte er vergeblich Hanau. Der Abzug seines Heeres wird dort seitdem als Lamboy-Fest gefeiert. In den folgenden Jahren kämpfte er mit wechselndem Erfolg gegen die Schweden. Operationen in Frankreich und den Niederlanden schlossen sich an. 1642 geriet er in französische Gefangenschaft. 1647 freigelassen, wurde er Nachfolger *Holzappels* als Oberkommandierender im Westfälischen Reichskreis. Bis zum Kriegsende waren er und seine Truppen noch an zahllosen Scharmützeln, zuletzt bei der Verteidigung Paderborns, beteiligt. 1649 in den Grafenstand erhoben, zog sich Lamboy auf seine böhmischen Güter zurück.

Lamormain, Wilhelm

* La Moire Mannie (Luxemburg) 29.12.1570, † Wien 22.2.1648

Sein Name ist vom Geburtsort abgeleitet, eigentlich hieß er Germay: Der Jesuit Lamormain, seit 1606 Professor der Theologie, wurde 1624 Beichtvater *Ferdinands II*. In dieser Funktion nahm er maßgeblichen Einfluss auf die kaiserliche Politik. Besonders die harten Maßnahmen gegen die aufständischen Böhmen und das *Restitutionsedikt* tragen seine Handschrift; ebenso wirkte er mit bei der Entlassung *Wallensteins*. Seine politische Rolle am Kaiserhof – Zeitgenossen nannten ihn „Beherrscher des kaiserlichen Willens" – endete mit dem Tod Ferdinands 1637.

Landesdefensionen →*Bauern*

Leipziger Konvent

Am 20. Februar 1631 begann auf Einladung *Johann Georgs von Sachsen* in Leipzig eine Konferenz der protestantischen Reichsstände. Ein zeitgenössisches katholisches Lied spottet: „Ach, die armen lutherischen Hündlein / Halten zu Leipzig ein Konventlein! / Wer war dabei? / Anderthalb Fürstlein." Das Ziel des Gastgebers war sowohl der Protest gegen das 1629 erlassene *Restitutionsedikt*, von dem auch Sachsen Einbußen zu erwarten hatte, als auch die Schaffung einer dritten Partei zwischen dem Kaiser und den im Vorjahr an der deutschen Küste gelandeten Schweden. Die Versammlung dauerte bis in den April, sie beschloss eine Absage an das Restitutionsedikt und die Aufstellung eines 40 000 Mann starken Heeres, das Übergriffen der kaiserlichen Armeen entgegentreten sollte, sowie einen Appell an die katholischen Stände zu gemeinsamen Friedensverhandlungen. Hinter den Kulissen waren schwedische Agenten tätig, denen es aber noch nicht gelang, die Protestanten ins Lager *Gustav Adolfs* zu ziehen. Die Kriegsereignisse machten aber auch so das Werk des Konvents weit gehend gegenstandslos; auf katholischer Seite reagierte niemand auf das Friedensangebot. Im September 1631 schloss sich der sächsische Kurfürst dem Schwedenkönig an.

L

Lens, Schlacht von

Die letzte Schlacht des Dreißigjährigen Krieges: Eine französische Armee unter *Condé* traf am 20. August 1648 auf eine spanisch-österreichische unter Erzherzog *Leopold Wilhelm*. Mit einem vorgetäuschten Rückzug verstand es der Franzose, seine Gegner aus ihrer vorteilhaften Stellung zu locken und die Schlacht für sich zu entscheiden. Die Verluste der Spanier und Österreicher waren beträchtlich: 8000 Mann, der Tross und die gesamte Artillerie.

Leopold v. von Österreich

* Graz 5.10.1586, † Innsbruck 17.9.1632

Ein Bruder *Ferdinands II.*: Leopold v. wurde nach Abschluss seiner theologischen Studien zum Bischof von Passau und 1607 zum Bischof von Straßburg gewählt. Im *Jülich-Kleveschen Erbfolgestreit* trat er 1609 als Kommissar Kaiser *Rudolfs II.* auf, wurde aber bald aus Jülich vertrieben. Daraufhin sammelte er in seinem Bistum ein Heer von rund 12 000 Mann, das „Passauer Kriegsvolk“, das als Landplage berüchtigt wurde. Statt wie vorgesehen in Norddeutschland eingesetzt zu werden, sog die Truppe zunächst das Passauer Gebiet, dann Oberösterreich aus, schließlich marschierte sie 1611 gegen Prag, um in die Auseinandersetzung zwischen dem Kaiser und seinem Bruder *Matthias*, den „Bruderzwist im Hause Habsburg“, einzugreifen. Der wilde Haufen wurde vom Aufgebot der böhmischen Stände auseinander gejagt. 1619 wurde Leopold Regent in Tirol und Vorderösterreich. Er verteidigte 1619 Wien gegen die böhmischen Aufständischen unter *Thurn*, kämpfte 1622 gegen *Jenatsch* in Graubünden und gegen *Mansfeld* im Elsass. 1625 ließ er sich vom Papst von seinen geistlichen Aufgaben entbinden und heiratete im folgenden Jahr Claudia von Medici. 1630 wurde ihm die bis dahin nur vorläufig ausgeübte Herrschaft in Tirol und Vorderösterreich endgültig zuerkannt.

Leopold Wilhelm von Österreich

* Graz 6.1.1614, † Wien 20.11.1662

Eigentlich war Leopold Wilhelm, dem zweiten Sohn Kaiser *Ferdinands II.*, die geistliche Laufbahn zugedacht und er wurde auch bereits mit elf Jahren Bischof von Passau und Straßburg. Bald darauf folgte die Ernennung zum Bischof von Halberstadt und Olmütz und zum „providierten“ (künftigen) Hochmeister des Deutschen Ordens, 1629 dann die zum Erzbischof von Magdeburg und 1641 zum wirklichen Hochmeister des Deutschen Ordens. Das hinderte den jungen Geistlichen aber nicht, auch auf dem Schlachtfeld Meriten zu sammeln. 1639 erhielt er den Oberbefehl über die kaiserliche Armee, 1640 verdrängte er die Schweden aus Böhmen, 1642 aus Schlesien. Nach der Niederlage von *Breitenfeld* im November 1642 verschwand er für einige Zeit aus dem Kriegsgeschehen, wurde aber 1645 wieder mit dem Oberbefehl betraut. Als Statthalter der spanischen Niederlande (1646–1656) brachte Leopold Wilhelm den Frieden mit der Republik der Niederlande zustande, führte aber weiterhin Krieg gegen die Franzosen und unterlag ihnen im August 1648 bei *Lens*. Seine letzten Lebensjahre waren der Kunst gewidmet, die von ihm gesammelten Gemälde und Gobelins bilden den Grundstock des Kunsthistorischen Museums in Wien.

Leslie, Walter Graf

* Schottland 1606, † Wien 2.3.1667

Ein klassischer Glücksritter des Krieges: Der schottische Landedelmann Leslie wusste sein Mäntelchen nach dem Wind zu hängen. 1632 Oberstleutnant im Wallensteinschen Heer, war er in die Verhandlungen des Generalissimus mit den Sachsen und Schweden eingeweiht. *Wallenstein* nahm ihn im Februar 1634 mit auf seinen Marsch nach Eger; hier jedoch vollzog Leslie den Übergang zur anderen Seite und wirkte mit bei der Ermordung von Wallensteins Vertrauten *Ilow*, *Terzka* und *Kinsky*. Zum Dank für die Tat wurde Leslie in den Grafenstand erhoben und kaiserlicher Kammerherr. Er kämpfte 1634 bei *Nördlingen* und wurde in den Jahren danach wiederholt mit diplomatischen Missionen betraut. Er klomm auf der militärischen Stufenleiter noch bis zum Feldmarschall, auf der höfischen bis zum Geheimen Rat empor. Er starb an einer Krankheit, die er sich während einer glanzvollen Gesandtschaftsreise in die Türkei zugezogen hatte.

Libertät

Seit dem 16. Jahrhundert war die „teutsche Libertät" (mitsamt der ihr gegenübergestellten „viehischen spanischen Servitut") als Schlagwort sehr beliebt. Es meinte die verfassungsmäßigen Freiheitsrechte der einzelnen Herrscher des Reiches im Unterschied zur völligen Abhängigkeit der spanischen Granden von der Krone. Es gab im Reich mehr als 2000 solcherart Privilegierte, vom Kurfürsten, der über große Länder mit hohen Einwohnerzahlen gebot, bis hinab zum kleinen Reichsritter, der manchmal nur ein halbes Dorf sein Eigen nennen konnte; auch Reichsstädte und geistliche Fürstentümer hatten solche verbrieften (Vor-)Rechte. In diesem Sinne war die Reichsverfassung „phantasiereicher und großartiger" (G. Mann) als die anderer Nationen und gestaltete das Leben in Deutschland „manchmal erhöhend, manchmal beengend und bedrohend". Die „Libertät" zu respektieren stand unter den Forderungen, die ein Aspirant auf den Kaiserthron zu unterschreiben hatte, ganz vornean. Entsprechend spielte der Begriff im Dreißigjährigen Krieg eine große Rolle; regelmäßig diente er dazu, die Machtansprüche des Kaisers zurückzuweisen. *Maximilian von Bayern* benutzte ihn auf dem Kurfürstentag von Regensburg 1630, um die Entlassung *Wallensteins* durchzusetzen, genauso wie fast zur gleichen Zeit *Gustav Adolf*, um sein Eingreifen in den Krieg zu begründen. In den Beschlüssen des *Leipziger Konvents* 1631 ist er ebenso enthalten wie in denen des französisch inspirierten *Heilbronner Bundes* 1633. Der *Westfälische Friede* schließlich bestätigte das Prinzip der „Libertät" und entschied in der Verfassungsfrage „gegen den kaiserlichen Absolutismus" (H. Lahrkamp).

Liechtenstein, Max Fürst von

* 1587, † 29.4.1645

Der früh in den Hofdienst eingetretene Liechtenstein brachte es unter Kaiser *Matthias* bis zum Kammerherrn und Oberstallmeister. Er kämpfte als Offizier gegen die

Türken, nach Ausbruch des *Böhmischen Aufstandes* auch gegen rebellierende Bauern. Nach der Schlacht am *Weißen Berg* war er kurzfristig Statthalter in Böhmen und organisierte den Kampf gegen *Bethlen Gábor von Iktár*. Es gelang ihm, große Güterkomplexe in Böhmen an sich zu bringen, seinen Titeln fügte er noch die eines Geheimen Rats, Hofkriegsrats und Feldzeugmeisters an, 1623 wurde er in den Fürstenstand erhoben. Im Alter zog er sich in ein Minoritenkloster zurück, wo er als Mönch starb.

Liegnitz, Schlacht von

Im Frühjahr 1634 suchte der sächsische General *Arnim* die Kaiserlichen aus Schlesien zu vertreiben. Er erreichte sein Ziel in der Schlacht von Liegnitz am 13. Mai 1634. Trotz anfänglicher Vorteile des kaiserlichen Heeres unter *Colloredo* entschied ein kühner Reiterangriff unter Arnims Führung den Kampf. Die Verluste auf sächsischer Seite sollen 400 Tote und 200 Verwundete betragen haben. Die Kaiserlichen büßten dagegen 4000 Mann ein, 800 Mann gingen in Gefangenschaft, Tross und gesamtes Geschütz fielen in die Hand des Siegers.

Liga

Als die protestantischen Stände im April 1608 den Reichstag verließen und die *Union* gründeten, war die Antwort der katholischen Reichsstände die Bildung eines Defensivbündnisses, der *Liga*. Sie kam nach langwierigen Verhandlungen am 10. Juli 1609 in München zustande. Ziel des Bundes war die Verteidigung des Landfriedens und der katholischen Religion. Der Liga gehörten zunächst die Bischöfe von Würzburg, Konstanz, Augsburg, Passau und Regensburg, die Prälaten von Kempten und Ellwangen sowie der Kurfürst von Bayern an. Bald darauf schlossen sich fast alle übrigen katholischen süddeutschen Stände sowie die Erzbischöfe von Köln, Mainz und Trier an. Man traf Vereinbarungen über die Aufstellung eines Heeres, Bundesoberst wurde der bayerische Kurfürst. 1616 legte *Maximilian von Bayern* wegen Streitigkeiten über die kaiserliche Einflussnahme das Amt des Bundesobersten nieder, was praktisch zum Auseinanderfallen der Liga führte. Jedoch formierte sie sich 1619 neu, da Kaiser *Ferdinand II.* unter dem Eindruck des *Böhmischen Aufstandes* zu bedeutenden Zugeständnissen an Maximilian als auch zum Verzicht auf ein Mitdirektorium im Bündnis bereit war. Der Würzburger Ligatag vom Dezember 1619 beschloss die Aufstellung eines Heeres von 25 000 Mann unter dem Kommando von *Tilly*; finanziert wurde die Truppe u. a. vom Papst. Gemeinsam mit den Kaiserlichen schlug das Liga-Heer die Böhmen am *Weißen Berg*, eroberte mit spanischer Unterstützung die Pfalz und kämpfte in Norddeutschland. Mit der Bildung einer großen kaiserlichen Armee unter *Wallenstein* seit 1626 verringerte sich das politische Gewicht der Liga. 1632 trat *Aldringen* an die Stelle des gefallenen Tilly. Nach dem *Prager Frieden* von 1635 löste sich die Liga auf; ihr Heer, das zuletzt von Bayern ganz allein unterhalten worden war, trat als eigenes Korps in die neu formierte Reichsarmee ein.

Linzer Friede

Am 13. Dezember 1645 wurde der Krieg im Osten beendet. In Linz schlossen an diesem Tag Fürst *Georg I. Rákóczy* von Siebenbürgen und Kaiser *Ferdinand III.* Frieden. Rákóczy gab seine Eroberungen zurück und verließ das Bündnis mit Schweden und Frankreich. Als Gegenleistung wurden ihm bestimmte Gebiete teils erblich, teils auf Lebenszeit eingeräumt. Die Protestanten in Ungarn erhielten Glaubensfreiheit.

Literarische Gestaltungen

Auf Dichter und Schriftsteller hat der Dreißigjährige Krieg von jeher Faszination ausgeübt. Lyrische Reflexe reichen bis weit ins 19. Jahrhundert. Hier soll es um die epischen und dramatischen Spiegelungen gehen. Die Reihe der großen Gestaltungen dieses Themas beginnt mit *Grimmelshausens* Roman „Der Abentheuerliche Simplicissimus Teutsch" von 1669. Sein Held, Simplex oder Simplicius genannt, tappt unwissend, mit großen staunenden Augen durch die unheilige Welt des Krieges und verstrickt sich in Abenteuer aller Art, aber er ist nicht bloß ein dummer Bub, sondern ein Narr wie Parzival, ein tumber Tor, auf dem die Gnade ruht. Sie bleibt ihm erhalten in allen Fährnissen; als Einsiedler zieht er sich im Alter von der Welt zurück. Grimmelshausen, noch Augenzeuge des Dreißigjährigen Krieges, liefert, in den Worten Thomas Manns, „ein Erzählwerk von unwillkürlicher Großartigkeit, bunt, wild, roh, [...] kochend von Leben, mit Tod und Teufel auf Du und Du, zerknirscht am Ende und gründlich müde einer in Blut, Raub, Wollust sich vergeudenden Welt, aber unsterblich in der elenden Pracht seiner Sünden". Die Zeitgenossen sahen es ähnlich, das Buch wurde ein großer Erfolg, die Erstausgabe war rasch vergriffen, es folgten Nachdrucke, Erweiterungen und jede Menge Raubdrucke und Nachahmungen. Der Autor selbst steuerte „Simplizianische Schriften" bei, in denen die Welt des Dreißigjährigen Krieges abermals beschworen wird: Die „Lebensbeschreibung der Ertzbetrügerin und Landstörtzerin Courasche" (1670) erzählt von einer ehemaligen Geliebten des Simplicius, die der Krieg umherwirft und als Lagerweib enden lässt, „Der seltzame Springinsfeld" (ebenfalls 1670) von einem Kriegskameraden, der zum Bettler herunterkommt. Spätere Generationen konnten mit Grimmelshausens barocker Üppigkeit nichts mehr anfangen, Autor und Werk gerieten in Vergessenheit, erst die Romantiker entdeckten sie wieder. – Friedrich Schiller gestand 1786, dass ihm bei der Lektüre von Geschichtswerken über den Dreißigjährigen Krieg der „Kopf ganz warm" geworden sei: „Daß doch die Epoche des höchsten Nationalelends auch die glänzendste Epoche menschlicher Kraft ist!" Frucht seiner intensiven Beschäftigung mit diesem Thema wurde zunächst eine Darstellung in Prosa, „Geschichte des Dreißigjährigen Krieges", die er 1790 bis 1792 für den „Historischen Kalender für Damen" des Verlegers Georg Joachim Göschen verfasste. Dies Werk kann als Beginn der populären Geschichtsschreibung in Deutschland gelten. Nebenher liefen bereits Überlegungen zu einer dramatischen Gestaltung. In der „Wallenstein"-Trilogie (geschrieben 1796 bis 1799) wurden sie Wirklichkeit. Das Vorspiel, „Wallensteins Lager", entfaltet die Welt des Söldnertums, das dem Feldherrn alles verdankt, wie auch er, „des Glückes abenteuerlicher Sohn", nur aus der militärischen Macht lebt. In den „Piccolomini" setzt die Handlung ein, das Drängen und Zerren der Wallensteinschen Vertrauten, die den Bruch mit dem Kaiser wollen, und die Gegenintrigen der kaisertreuen Offiziere; im letzten Teil, „Wallensteins Tod", dann die Tragödie des Feldherrn, der, gefangen im Netz der eigenen, undeutlichen Politik, sich zum Handeln erst entschließt, als es zu spät ist. – Aus dem 19. Jahrhundert stammt eine weitere große Dramengestaltung. Franz Grillparzer greift mit dem Stück „Ein Bruderzwist in Habsburg" (entstanden 1825 bis 1848, aus dem Nachlass veröffentlicht 1872) in die Vorgeschichte des Krieges: Dem schwachen Kaiser Rudolf wird von seinem Bruder Matthias die Macht aus der Hand gewunden, aber dieser kann damit nichts anfangen und muss am Ende den düsteren Dämon Wallenstein und Erzherzog Ferdinand, den kommenden Herrscher, bei ihren Bürgerkriegsvorbereitungen gewähren lassen. – 1828 bis 1838 schrieb Annette von Droste-Hülshoff das Versepos „Die Schlacht im Loener Bruch" um den Söldnerführer Christian von Braunschweig und dessen Niederlage bei Stadtlohn 1623. In Adalbert Stifters Erzählung „Der Hochwald" (1842) vernichtet der Krieg das Liebesglück eines Mädchens. Wilhelm Raabes Novelle „Else von der Tanne" (1865) spielt in einem Dorf, über das der Kriegsbrand mehrmals hinweggerast ist; nach dem Untergang Magdeburgs hat sich ein Gelehrter hierher gerettet und möchte mit seiner Tochter ein friedliches Leben in einer Waldhütte führen, aber die Dorfleute, die „armen, rohen, unwissenden Seelen", halten den Fremdling für einen Zauberer und das Mädchen für eine Hexe und steinigen sie. Der Hexenwahn des Dreißigjährigen Krieges ist auch Thema der in altertümlichem Chronikstil verfassten „Bernsteinhexe" (1843) von Wilhelm Meinhold. Conrad Ferdinand Meyer hat zweimal den Dreißigjährigen Krieg als Hintergrund eines literarischen Werkes gewählt; sein Roman „Jürg Jenatsch" (1874) erzählt das Leben des Veltliner Prädikanten, der versuchte, Weltpolitik zu treiben. In der Novelle „Gustav Adolfs Page" (1882) gibt ein Mädchen in Mannskleidern sein Leben für den geliebten Schwedenkönig, ohne ihn jedoch vorm Schlachtentod bewahren zu können. – August Strindberg veröffentlichte 1900 sein episches Drama „Gustav Adolf", das den König, fern von allem Heldenpathos, erst als fröhlichen Optimisten, dann, auf dem Weg nach *Lützen*, als Getriebenen, von düsteren Ahnungen Gepeinigten zeigt. Die psychologisierende Sicht fand jedoch weder in Schweden noch in Deutschland viel Beifall beim Publikum, das Stück verschwand für lange Zeit von der Bühne. Weit mehr Erfolg hatte Hermann Löns mit seiner von krassen Gewaltszenen durchsetzten Bauernchronik „Der Wehrwolf" (1910). – 1912 bis 1914 erschien „Der Große Krieg in Deutschland" von Ricarda Huch, nach dem Urteil des Publizisten Friedrich Sieburg eine der größten Leistungen der deutschen Literatur, „die schlechthin alles umfaßt, was das Wesen jenes endlosen Krieges ausmacht", ein riesenhaftes, aus Hunderten von Einzelszenen gebautes Panorama, in dem besonders die Momente ergreifen, da der Blick der Dichterin niedergleitet vom Tun und Treiben der Hohen und Mächtigen auf das Leid und die Verzweiflung der einfachen Menschen. Ähnlich umfangreich, wenn auch nur auf eine bestimmte Epoche und einen bestimmten Figurenkreis konzentriert, ist die zweite epische Gestaltung aus diesen Jahren, Alfred Döblins Roman „Wallenstein" (1920). Die Welt des Dreißigjährigen Krieges wird darin in den grellsten Farben als ein einziges, von dämonischen Kräften aufgewühltes Chaos gezeichnet, darin der Generalissimus, „aus dem böhmischen blasenwerfenden Morast aufgestiegen", als besessener Machtmensch, den die Hölle verschlingt, die er entfesselt hat. Der Roman „Die Magdeburgische Hochzeit" von Gertrud von le Fort (1937) nimmt das in der Publizistik des 17. Jahrhunderts viel zitierte Bild von der „jungfräulichen" Stadt Magdeburg, die sich ihrem „Freier" Tilly nicht ergeben will, auf und setzt den Untergang der Stadt in kunstvoll symbolische Beziehung zum Schicksal eines jungen Paares, das in der umkämpften Stadt Hochzeit halten will. – In Anlehnung an Grimmelshausen hat Bertolt Brecht 1939 sein Bühnenstück „Mutter Courage und ihre Kinder" verfasst. Es geht ihm um das „rein merkantile Wesen des Krieges". Die Marketenderin Anna Fierling, genannt Mutter Courage, lebt vom Krieg und glaubt an den Krieg und merkt nicht, „daß man eine große Schere haben muß, um am Krieg seinen Schnitt zu machen". Am Ende hat sie ihre Kinder und fast alle Habe verloren, spannt sich aber unverdrossen selbst vor ihren zerlumpten Wagen. „Ich muß wieder in'n Handel kommen", sagt sie. – Das vorerst letzte Dichterwort zu diesem Thema stammt von Günter Grass. Seine Erzählung „Das Treffen in Telgte" (1979) schildert (mit gewollten Parallelen zu den Sitzungen der bundesrepublikanischen Schriftsteller-„Gruppe 47") ein fiktives Literatentreffen anno 1647 während der Friedensverhandlungen in Münster und Osnabrück. Man kann das als Germanistenjux ansehen, gedacht für die Freunde barocker Literatur (vor allem zur Entstehungsgeschichte von Grimmelshausens Werken weiß der Autor eine lustige Variante beizutragen). Aber es sind doch auch die alltäglichen (Kriegs-)Verhältnisse der damaligen Zeit mit liebevoller Sorgfalt und großer komischer Kraft imaginiert. Die Tagung soll mit einem Aufruf an die deutsche Nation beendet werden, denn, so sagt der Organisator Simon Dach, nur bei den Schriftstellern „sei ewiglich aufgehoben, was deutsch zu nennen sich lohne". Aber das Manuskript geht bei einem Brand des Tagungshauses verloren, und „so blieb ungesagt, was doch nicht gehört worden wäre".

Longueville, Henri Herzog von

* Rouen 27.4.1595, † ebd. 1.5.1663

Beim Friedenskongress in Münster wurde Frankreich zunächst von den beiden Diplomaten Claude d'Avaux und Abel Servien vertreten. Da diese sich nicht vertrugen, schickte Kardinal *Mazarin* 1645 den Herzog von Longueville, Henri d'Orléans, als Hauptbevollmächtigten hinterher. Longueville war einer der großen Feudalherren der französischen Monarchie, er nannte sich Fürst von Neuchâtel und Valengin und führte die Statthalterschaft in der Normandie. Bei seinem Einzug in Münster wurde er von einem Tross von 114 Personen begleitet, wodurch sich das französische Diplomatenpersonal in Münster auf beinah 350 Mann erhöhte. Damit es ihm in Westfalen nicht an heimischen Getränken fehlte, hatte er fünfzig Wagen mit Wein bereits vorausgesandt. Ein Jahr später holte er seine Frau Anne-Geneviève von Bourbon-Condé (1619–1679) nach – angeblich, um sie vor den Nachstellungen eines Liebhabers am Pariser Hof zu bewahren. Der Einzug der jungen, schönen Frau im Juli 1646 stellte an Prunk alles, was die Münsteraner bis dahin kannten, in den Schatten. Die Herzogin, politisch hoch interessiert, war bis zu ihrer Abreise im April 1647 der Mittelpunkt des gesellschaftlichen Lebens am Kongressort. Nach Paris zurückgekehrt, nahm sie Verbindung zur Adelsopposition gegen Mazarin auf, sie wurde zur Seele der „Fronde", die im Januar 1649 den Aufstand wagte. Sie zog auch ihren Mann ins Komplott hinein, im Februar 1648 verließ er seinen Posten in Münster. Als der Aufstand zusammenbrach, wurde der Herzog verhaftet und unterwarf sich. Seine Frau entging den Häschern. 1653 unterwarf sie sich gleichfalls; als fromme Büßerin soll sie ihr Leben beschlossen haben.

Lübeck, Friede von

Nach der Niederlage von *Wolgast* (September 1628) war *Christian IV. von Dänemark* bereit, mit dem Kaiser Frieden zu schließen. Diesem wiederum wuchsen die Kriegskosten allmählich über den Kopf und sein Feldherr *Wallenstein* hatte nicht vermocht, den ganz großen Durchbruch an der Ostseeküste zu erzielen; *Stralsund* blieb unbezwingbar, der Griff nach der Seemacht erwies sich als Illusion. Darum fielen die Bedingungen, die in Lübeck zur Beendigung des *Dänisch-Niedersächsischen Krieges* ausgehandelt und am 22. Mai 1629 zu Papier gebracht wurden, überaus glimpflich für den Dänenkönig aus. Christian erhielt alle verlorenen Territorien zurück, sein Recht, auf der Elbe Zoll zu erheben, wurde bestätigt, er musste versprechen, sich nicht in die inneren Angelegenheiten des Reiches einzumischen – seine Rechte als Reichsfürst (dadurch, dass er Herzog von Holstein war) blieben ihm jedoch. Auf die norddeutschen Hochstifte, sein eigentliches Kriegsziel, musste der Dänenkönig verzichten. Die Kriegskosten wurden gegeneinander aufgerechnet. Christian hatte anfänglich alles aus eigener Tasche bezahlt und darauf verzichtet, *Kontributionen* zu erheben. Erst 1628 zog der dänische Reichsrat die Finanzierung des Krieges an sich. Historiker schätzen, dass Christians deutsches Abenteuer zwischen sechs und acht Millionen Taler kostete.

Ludwig XIII., König von Frankreich

* Fontainebleau 27.9.1601,
† Saint-Germain-en-Laye 14.5.1643

1610 nominell, 1617 tatsächlich auf den Thron gelangt, berief Ludwig XIII. 1624 *Richelieu* auf den Posten des leitenden Ministers und eröffnete so ein Zeitalter expansiver französischer Außenpolitik. In seine Regierungszeit fällt die Verstrickung Frankreichs in den Dreißigjährigen Krieg. Der König überlebte seinen Chefpolitiker nur wenige Monate, Richelieu starb im Dezember 1642, Ludwig XIII. im Mai 1643, einige Tage vor der Schlacht von *Rocroi*. Dem französischen Kommandierenden *Condé* gelang es, die Todesnachricht so lange zu verheimlichen, bis die Truppen siegreich vom Schlachtfeld kamen.

Lutter am Barenberge, Schlacht von

Für das Jahr 1626 planten die protestantischen Verbündeten einen ehrgeizigen Feldzug. *Mansfeld* sollte elbaufwärts nach Schlesien marschieren und die Vereinigung mit *Bethlen Gábor von Iktár* suchen; erwartet wurde, dass ihm in diesem Falle *Wallenstein* folgen würde. *Christian IV. von Dänemark* sollte südwärts gegen Thüringen ziehen und weiter nach Süddeutschland; Annahme war, dass ihm nach Wallensteins Abzug dort nur noch *Tillys* nicht besonders große Streitmacht gegenüberstünde. Der Plan funktionierte auch so weit, als Wallenstein sich tatsächlich gegen Mansfeld wandte. Allerdings brachte er ihm an der *Dessauer Brücke* im April 1626 eine schwere Niederlage bei und hatte es darauf nicht nötig, mit seinem ganzen Heer hinter Mansfeld herzuziehen. 8000 Mann stellte er Tilly zur Verfügung. Der machte geschickten Gebrauch von der Verstärkung und trieb den Dänenkönig alsbald in die Enge. Christian IV. sah keine andere Möglichkeit, als sich zur Schlacht zu stellen. Bei Lutter am Barenberge (südlich von Salzgitter) erwartete er in relativ günstiger Position am 27. August 1626 den Angriff. Seine Artillerie war gut postiert, die Reiterei zahlenmäßig stärker als die der Kaiserlichen, aber sein Fußvolk in der Minderzahl und dem entschlossenen Angriff von Tillys Scharen nicht gewachsen. Dreimal gelang es dem König, mit Reiterangriffen die durchbrochenen Linien wieder zum Stehen zu bringen, eine zeitgenössische Quelle berichtet, dass „die Dänemärkischen mit beständiger Tapfer- und Männlichkeit darein gesetzt und herzhaft sich erzeigt und gefochten", aber schließlich machte der Verlust der Geschütze jede weitere Hoffnung zunichte. Eine Massenflucht setzte ein, die auch Christian mitriss. Ungefähr 2500 Mann wurden gefangen genommen, etwa 6000 waren gefallen. Der Dänenkönig zog sich nach Stade zurück, seine norddeutschen Verbündeten fielen bis auf die Herzöge von Mecklenburg von ihm ab. Die Katastrophe von Lutter bedeutete das Ende für Christians Pläne und Bestrebungen in Norddeutschland, wenn auch der *Dänisch-Niedersächsische Krieg* noch bis 1629 weiterging.

Lützen, Schlacht von

Im November bezogen gewöhnlich auch im Krieg die Truppen ihre Winterquartiere. Am 14. November 1632 entließ denn auch *Wallenstein*, der sein Hauptquartier in Lützen südwestlich von Leipzig aufgeschlagen hatte, einen Teil seines Heeres unter *Pappenheim* nach Halle ins Winterquartier. Sein Gegner *Gustav Adolf*, so stand zu vermuten, würde, geschwächt noch vom schrecklichen vergeblichen Kampf bei *Fürth* im September, irgendwo ein Gleiches tun. Der Schwedenkönig war jedoch Wallenstein auf den Fersen geblieben, und als er von Gefangenen erfuhr, dass Wallenstein sich anschickte, für dieses Jahr den Feldzug einzustellen, griff er zu. Am Abend des 15. November überraschte er an der Straße von Weißenfels nach Lützen die kaiserlichen Truppen, fand aber wegen Einbruch der Dunkelheit keine Gelegenheit zum Kampf. Wallenstein blieb nur eine Nacht, Gegenmaßnahmen zu treffen. Er jagte Boten hinter Pappenheim her, um ihn zurückzubeordern. Seine Leute brachten in den Obstgärten vor Lützen Artillerie in Stellung, hastig wurden Schanzen aufgeworfen. Die Schweden verbrachten die Nacht auf freiem Feld, in Kälte und Nässe. Am Morgen des 16. November rückten die Armeen östlich von Lützen in ihre Positionen ein, die Protestanten, ungefähr 16500 Mann, in einer ähnlich lockeren und gemischten Aufstellung wie bei *Breitenfeld*, die Kaiserlichen, 12000 bis 15000 Mann, nach klassischer Manier mit dem Fußvolk in der Mitte und der Reiterei auf den Flügeln. Um seine Macht größer erscheinen zu lassen, hatte Wallenstein die Zivilisten, die mit seinem Heer zogen, ebenfalls ins Feld gestellt, die Männer in den ersten Reihen, und hoffte, der Feind würde sie bei dem trüben Wetter für eine starke Reserve halten. Der König begann die Schlacht um acht Uhr morgens mit einem Gebet im Angesicht seiner Truppen, jedoch geschah außer Schießen nichts in den folgenden zwei Stunden; Wallenstein ging auf die Versuche, ihn aus seiner Stellung zu locken, nicht ein. Um zehn Uhr kam Nebel auf, Gustav Adolf, der auf dem rechten Flügel kommandierte, griff die ihm gegenüberstehenden Holkschen Reiter an und trieb sie auf die Zivilisten-„Reserve" zurück, die entsetzt auseinanderstob. Auf dem linken Flügel, den *Bernhard von Weimar* befehligte, gestalteten sich die Dinge anders. Wallenstein ließ Lützen in Brand stecken, der Rauch trieb gegen die Linien der Protestanten, in seinem Schutz griffen kroatische Reiter an. Bernhards Truppen hielten stand und plötzlich erschien unter ihnen der König, um persönlich die Lage zu bereinigen. Dass er bald darauf im Kampf fiel, wurde allerdings im Qualm und Nebel, der über dem Schlachtfeld lag, vorerst nicht bemerkt. Der rechte Flügel der Schweden hatte es inzwischen mit den Reitern Pappenheims zu tun bekommen, die in Eilmärschen zurückgekehrt waren. Pappenheim wurde beim Angriff tödlich verwundet. Gegen Mittag wurde Gustav Adolfs Pferd gesichtet, das herrenlos und blutüberströmt übers Feld jagte, und die Kaiserlichen schrien, der König sei gefallen. Bei den Schweden wurde Kriegsrat gehalten; Bernhard von Weimar setzte sich mit der Forderung durch, den Kampf fortzuführen. Er übernahm den Oberbefehl und bis zum Abend griffen die Truppen, von wilder Wut über den Tod ihres Königs erfüllt, immer wieder an. Die Pappenheimer Reiter wurden in die Flucht geschlagen, die Wallensteinsche Artillerie ging verloren. Die Nacht setzte dem blutigen Ringen ein vorläufiges Ende, ohne dass jemand recht wusste, wie die Schlacht ausgegangen war. Die Männer blieben erschöpft liegen, wo sie sich gerade befanden. Die Schweden machten sich in der Finsternis auf die Suche nach dem Leichnam ihres Königs und fanden ihn schließlich, bis aufs Hemd gefleddert, mit mehreren Schuss- und Stichwunden. – Obwohl inzwischen das pappenheimsche Fußvolk, 4000 Mann stark, bei ihm eingetroffen war, hielt es Wallenstein nach Prüfung seiner Verluste (etwa 6000 Mann) nicht für ratsam, die Schlacht zu erneuern. Noch während der Nacht räumte er das Feld und zog in Richtung Halle. Tross und Geschütze blieben zurück, da Zugpferde nicht aufzutreiben waren. Nach den Vorstellungen der Zeit bedeutete der Abzug das Eingeständnis der Niederlage; den „Siegern" fehlte allerdings zu einer Verfolgung jegliche Kraft. Wallenstein schlug nach Lützen keine Schlacht mehr. Sein Winterquartier nahm er in Böhmen, in den Erblanden. Diese Entschlüsse stießen in Wien auf Unverständnis, herrschte dort doch nach Zeitungsberichten eine unbeschreibliche Freude „wegen der Königlichen Majestät zu Schweden Todesfall". Auch der Armee entfremdete sich der Generalissimus, als er im Februar 1633 in Prag 17 Soldaten (darunter zwölf Offiziere) hinrichten ließ, in denen er die Schuldigen an seiner Niederlage vermutete. Auf protestantischer Seite gab es ebenfalls Vergeltungsmaßnahmen: Der Befehlshaber der Leipziger Zitadelle wurde wegen vorschneller Übergabe hingerichtet.

M

Maastricht, Belagerung von

Im Jahr 1632 wurde für die Spanier auf dem niederländischen Kriegsschauplatz die Lage kritisch. Prinz *Friedrich Heinrich von Oranien*, der „Städtebezwinger", eroberte Venlo, Roermond und Sittard. Am 10. Juni begann er mit der Belagerung der Festung Maastricht, die die Verbindungslinien zwischen den spanischen Niederlanden und den katholischen Fürstentümern am Rhein beherrschte. Friedrich Heinrich ließ um die Stadt einen riesigen Belagerungsring mit Bastionen, Laufgräben und Artilleriestellungen errichten. Entsatzversuche der Spanier schlugen fehl. In dieser Situation richtete die Regentin der spanischen Niederlande, *Isabella*, einen Appell an den kaiserlichen Heerführer *Pappenheim*, der gerade auf eigene Faust in Westfalen Kleinkrieg gegen die Schweden führte. Sie versprach ihm eine halbe Million Reichstaler, falls er Maastricht zu Hilfe komme. Pappenheim brauchte dringend Geld, er nahm das Angebot an und führte seine Scharen, etwa 10 000 Mann, in einem abenteuerlichen Zug bis unter die Feldbefestigungen der Holländer. Dort blieb aber sein Sturmangriff am 17. August stecken. Fünf Tage später kapitulierte die Besatzung von Maastricht; Friedrich Heinrich gewährte ihr ehrenvollen Abzug.

Magdeburg

Magdeburg, Schlüsselfestung der Elbe und eine der reichsten Städte Deutschlands, hatte 1629 *Wallenstein* Trotz geboten und sich auch dem *Restitutionsedikt* widersetzt. 1630 ging die Stadt ein Bündnis mit *Gustav Adolf* ein. Hauptsächlichen Anteil daran hatte der „Administrator" (Verwalter des säkularisierten Erzbistums) *Christian von Brandenburg*, der auf diese Weise seine 1628 erfolgte Absetzung rückgängig machen wollte. Der Anschluss an den Schwedenkönig sollte sich als verhängnisvoll für Magdeburg erweisen, denn die Stadt blieb zunächst der einzige bewaffnete Verbündete Gustav Adolfs; er kam nach seiner Landung im Juli 1630 nur schleppend voran. Statt seiner erschienen kaiserliche Truppen unter *Pappenheim*, die anfingen, die Stadt zu belagern. Im April 1631 schloss sich ihnen *Tilly* mit seinem Heer an. Der Liga-Feldherr befand sich in einer peinlichen Lage. Er saß seit dem Vorjahr auf Wallensteins Posten, aber der geschasste Feldherr hatte die Hand auf den Vorräten und ließ Tilly darben. Wallensteins Herzogtum Mecklenburg lieferte kein Getreide mehr, und genauso wenig kam Nachschub aus dem Herzogtum Friedland. Tillys Armee schmolz gefährlich zusammen. Rettung schien nur noch das reiche Magdeburg zu bieten. Sich in den Besitz der Stadt zu setzen, wurde Tillys Ziel, das er umso grimmiger verfolgte, als er nicht sicher sein konnte, ob der Schwedenkönig nicht doch bald einträfe. Immerhin stand dieser im April 1631 schon bei Frankfurt (Oder), 250 Kilometer von Magdeburg entfernt. – In der Stadt ging das Kommando mehr und mehr auf Dietrich von *Falkenberg* über, einen Militärberater, den Gustav Adolf im August 1630 entsandt hatte. Der Offizier hatte nicht nur mit rein militärischen Fragen alle Hände voll zu tun, er musste zudem auch die Elemente in Schach halten, die sich nicht zu Märtyrern der protestantischen Sache machen lassen wollten. Es gelang ihm noch bis in den Mai hinein, den Glauben an ein unmittelbar bevorstehendes Eingreifen des Schwedenkönigs aufrechtzuerhalten. Auch als vom 17. Mai an die Stadt zwei Tage lang bestürmt wurde, blieb Falkenberg standhaft. Zuletzt ging es nur noch um ein paar Stunden Wartefrist, die er den übergabewilligen Stadtvätern abringen konnte. Da machte ein Angriffsbefehl, den Pappenheim seinen Leuten eigenmächtig erteilte, allem ein Ende. Frühmorgens am 20. Mai drangen die Kaiserlichen in die Stadt ein, überwältigten die wenigen Verteidiger, die auf den Beinen waren, darunter auch Falkenberg, und richteten in der Stadt ein ungeheuerliches Blutbad an. Magdeburg versank in einer Orgie von Gewalt, Zerstörung und Plünderung. Als entsetzte Offiziere Tilly baten, dagegen einzuschreiten, bekamen sie die knappe Antwort: „Der Soldat muß etwas haben für seine Gefahr und Mühsal." Immerhin sorgte der Feldherr dafür, dass den Menschen, die sich in den Dom geflüchtet hatten, nichts geschah. Gegen Mittag fing die Stadt an zu brennen; ob planmäßig Feuer gelegt worden war, womöglich auf Befehl Falkenbergs, hat sich nicht klären lassen. Heftiger Wind trieb die Flammen rasch über die Holzhäuser der Stadt, am Abend lag Magdeburg in Schutt und Asche. 14 Tage lang wurden Leichen zur Elbe hinuntergefahren und ins Wasser gekippt. Mehr als 15 000 Menschen sollen beim Untergang Magdeburgs ihr Leben verloren haben. – Der Fall der Stadt fand in Deutschland und Europa ein gewaltiges Echo. Dass bei den Feldzügen geplündert wurde und Dörfer in Flammen aufgingen, war nach damaliger Auffassung nichts Besonderes. Aber die Vernichtung einer Stadt mit fast allem, was darin lebendig war, sprengte alle Begriffe. Nicht weniger als 20 Zeitungen, 205 Flugschriften und 42 illustrierte Flugblätter erschienen zum Thema „Magdeburg". Die protestantische Sache bekam dadurch gewaltigen Auftrieb. Gustav Adolf erhielt nun vom brandenburgischen Kurfürsten die Unterstützung, die er für seinen weiteren Vormarsch brauchte, aus den Niederlanden begannen Subsidien zu fließen, und als Tilly, den noch die gleichen Nahrungssorgen wie zuvor quälten, auf sächsisches Gebiet auswich, schloss sich auch Kurfürst *Johann Georg von Sachsen* dem Schwedenkönig an.

Mainz

Das Erzbistum Mainz war in der Reichspolitik führend, der Erzbischof war Kurfürst und Reichserzkanzler; sein Territorialbesitz außerhalb der Stadt lag allerdings weit auseinander über das Rhein-Main-Gebiet, den Spessart und die Bergstraße verteilt. Im November 1631 rückte *Gustav Adolf* auf die Stadt vor. Erzbischof Anselm Kasimir von Wambold ließ die Stadt in Verteidigungszustand versetzen und zog sich nach Köln zurück. Die von ihm angeheuerte spanische Besatzung von 2000 Mann schwor, sich bis zum letzten Mann zu wehren und die Stadt einzuäschern, machte sich aber durch „Gewalt und Wiederdrieß", wie ein Zeitgenosse berichtet, erst einmal bei den Bürgern gründlich unbeliebt und ergab sich am 13. Dezember.

Gustav Adolf wählte Mainz als Quartier für den Winter 1631/1632. Die „Schwedenzeit" in Mainz dauerte bis zum Januar 1636. Sie brachte Not und Drangsal, die Stadt verlor etwa ein Viertel ihrer Wohnungen, zwei Fünftel ihrer Einwohner und knapp zwei Drittel ihres Vermögens. Die Bibliothek des Kurfürsten wanderte nach Västeras in Schweden.

Mainzer Akkord

Am 29 Januar 1621 wurde über *Friedrich v. von der Pfalz*, den entthronten „Winterkönig", die Reichsacht verhängt. Nach Auffassung der Fürsten und Städte der protestantischen *Union*, die sich eine Woche später in Heilbronn versammelten, war dies ein Bruch der Verfassung, weit schwerer als der, den Friedrich durch den Griff nach der böhmischen Krone begangen haben mochte. Die Versammlung sandte einen geharnischten Protest an Kaiser *Ferdinand II.* nach Wien, den dieser mit der Aufforderung an die Union beantwortete, ihre Truppen abzurüsten. Gleichzeitig veranstaltete General *Spinola* mit spanischen Truppen drohende Manöver. Eingeschüchtert erklärten sich die Delegierten der Union am 1. April mit der Auflösung ihres Heeres gegen ein Neutralitätsversprechen Spinolas einverstanden. Das Abkommen, Mainzer Akkord genannt, war das letzte schriftliche Lebenszeichen der Union, die Delegierten gingen am 14. Mai 1621 auseinander, um sich nie wieder zu treffen.

Mansfeld, Ernst II. Graf zu

* Luxemburg um 1580, † Rakowiza (bei Sarajevo) 29.11.1626

Der klassische Kondottiere: Mansfeld wurde im Krieg groß und er lebte ausschließlich für den Krieg und vom Krieg. Unehelicher Sohn des kaiserlichen Statthalters von Luxemburg, Peter Ernst I. zu Mansfeld, hatte er, wie eine zeitgenössische Quelle sagt, „sich keiner großen Beförderung getrösten können". Er soll „ein kleines, welkes Männchen" gewesen sein und ausgesehen haben wie ein Hase. Im Jahr 1603 erhielt er sein erstes Kommando über ein Reiterkorps und nahm teil am *Jülich-Kleveschen Erbfolgekrieg* und am *Gradiskanerkrieg*. 1618 stellte er sich mit einem Regiment, das er zuvor für den Herzog von Savoyen geworben hatte, den aufständischen Böhmen zur Verfügung. Er eroberte im November des gleichen Jahres *Pilsen* und wurde im Juni 1619 von *Bucquoy* bei *Záblati* geschlagen. Er wurde in die Reichsacht erklärt, auf seinen Kopf stand ein Preis von 300 000 Talern. Als im September 1620 die Armee der *Liga* in Böhmen einrückte, verlegte sich Mansfeld aufs Verhandeln, im Oktober meldete er sich unter Verweis auf nicht erhaltene Zahlungen beim böhmischen König *Friedrich von der Pfalz* ab, die Entscheidungsschlacht vom *Weißen Berg* fand ohne ihn statt. Im folgenden Winter 1620/1621 wurden er und sein Heer zu einem entscheidenden Faktor für den Fortgang des Krieges. Mansfeld bot überall in Europa seine Dienste an, für ihn war es überlebensnotwendig, dass der Krieg irgendwo weiterging. Schließlich nahm er wieder Dienste beim Pfälzer Friedrich, dem inzwischen Gelder aus den Niederlanden zuflossen, blieb aber beständig mit den Gegnern in Fühlung, um eventuell bessere Angebote zu bekommen. So schlug er eher widerwillig im April 1622 *Tilly* bei *Wiesloch*, trat dann gemeinsam mit *Christian von Braunschweig* in holländische Dienste, siegte bei *Fleurus* über die Spanier, plünderte auf eigene Faust Ostfriesland, heuerte 1623 kurzfristig bei den Franzosen an, löste noch im selben Jahr sein Heer auf und verschwand für einige Zeit nach England. Mit englischem Geld stellte er im Jahr 1624 eine neue Armee auf, mit der er erst in den Niederlanden operierte, dann *Christian IV. von Dänemark* zu Hilfe kam. Im Frühjahrsfeldzug 1626 wurde er von *Wallenstein* an der *Dessauer Brücke* geschlagen. Unverdrossen warb er neue Truppen und zog, immer von Wallenstein verfolgt, durch Böhmen und Ungarn. Bereits von Krankheit gezeichnet, gab er den Oberbefehl über seine abgenutzten Truppen an *Johann Ernst von Weimar* ab und machte sich anschließend mit zwölf Getreuen auf den Weg nach Venedig. Er kam indes nur bis in die Berge Bosniens, dann warf ihn die Krankheit nieder. Sein Ende wusste der Kriegsmann auf schaurige Weise zu inszenieren: Er hielt bei Sonnenaufgang eine pathetische Abschiedsrede an die Genossen, ließ sich dann in seine Rüstung kleiden und starb, von zwei Mann gehalten, aufrecht stehend. „Und also frei gestellt, / Das Schwert in seinen Händen, / Hat er als kühner Held / Auch noch den Tod bestanden", heißt es im Volkslied, das auf Mansfeld gedichtet wurde.

Mantuanischer Erbfolgekrieg

In Italien kam es 1629 zum Kampf Katholiken gegen Katholiken. Grund war die Besetzung des Herzogtums Mantua durch französische Truppen namens des Herzogs von Nevers, der nach dem Ableben des letzten mantuanischen Herzogs die Erbfolge beanspruchte. Dadurch fand Spanien seine Interessen in Oberitalien beeinträchtigt und rief, als eine Militäraktion General Cordovas gegen die Festung Casale scheiterte, Kaiser *Ferdinand II.* zu Hilfe. Im Mai 1629 fielen kaiserliche Truppen unter *Gallas* in Italien ein und eroberten im Juli 1630 Mantua. Frankreich war nun zu Friedensverhandlungen bereit, ließ sie aber fallen, als die Spanier im benachbarten Montferrat Rückschläge erlitten. Der Vormarsch *Gustav Adolfs* erhöhte den Druck auf Kaiser Ferdinand, den mantuanischen Händeln ein Ende zu machen, um Truppen für den Kampf gegen die Schweden freizubekommen. Im April 1631 wurde daher der Friede von *Cherasco* geschlossen, der die mantuanische Erbfolge im Sinne der Franzosen festschrieb. Für die Katholiken bedeutete der Krieg eine bedeutende moralische Niederlage. Papst *Urban VIII.*, der sich gleichfalls gegen das kaiserliche Eingreifen gewandt hatte, klagte 1632, das bisherige Einverständnis der katholischen Fürsten über auswärtige Fragen sei nun dahin.

Marburger Erbfolgestreit

Seit 1604 stritten sich die Linien Hessen-Kassel und Hessen-Darmstadt um das Erbe des kinderlos verstorbenen Landgrafen Ludwig III. von Hessen-Marburg. Die

Auseinandersetzung wurde dadurch noch verschärft, dass die Linie Darmstadt sich 1620 auf die Seite der kaiserlichen Partei schlug, während Kassel es seit 1609 mit der protestantischen *Union* hielt. Hessen wurde so einer der Hauptschauplätze des Dreißigjährigen Krieges mit grauenhaften Folgen für das ganze Land. Der Darmstädter Regent *Georg II.* konnte 1627 im so genannten Hauptakkord sich gegen seinen Kontrahenten *Wilhelm V. von Hessen-Kassel* weit gehend durchsetzen. Dessen Witwe *Amalie Elisabeth* jedoch erzielte durch geschickte Diplomatie 1648 im so genannten Einigkeitsvertrag einen Ausgleich, der ihrem Haus die Hälfte des Marburger Erbes sicherte.

Marketenderwesen

Zum *Tross*, der die Söldnerheere des 17. Jahrhunderts begleitete, gehörten auch Marketender und Marketenderinnen, die mit allem handelten, was der Soldat brauchte, und die auch seine Beute versilberten. Das Wort leitet sich ab vom italienischen „mercato" bzw. „mercatante" (Markt bzw. Händler). Marketender konnten größere Unternehmer mit mehreren Wagen sein, aber auch kleinere, die ihre Waren auf Karren oder einem Packtier beförderten oder sie gar selbst auf dem Buckel trugen. Sie mussten sich zur Ausübung ihres Gewerbes Zulassung durch den Obristen besorgen und wurden durch die für den Tross eingesetzten Befehlsleute kontrolliert, die ihre Ware einschätzten, Höchstpreise festsetzten, Maße und Gewichte überprüften. Neben dem Handel war das Marketenderwesen, jedenfalls in seinem weiblichen Teil, auch für weitere Bedürfnisse des Soldaten zuständig; Marketenderinnen „waren die unverzichtbaren Begleiterinnen der Kriegsleute, Helferinnen, Partnerinnen, Krankenschwestern, dazu häufig auch Prostituierte" (R. Baumann). *Grimmelshausen* hat in seiner „Lebensbeschreibung der Ertzbetrügerin und Landstörtzerin Courasche" (1670) das Porträt einer solchen Frau geliefert, die den Grund ihrer Existenz ausschließlich im Soldatenmilieu sucht.

Marodeure

Den Krieg auf eigene Faust, wie ihn die Söldnerführer des Dreißigjährigen Krieges hin und wieder praktizierten, ahmten kriminelle Elemente oder abgedankte Soldaten, die nicht wussten wohin, auf ihre Weise nach. Vor allem in der zweiten Hälfte des Krieges trieben marodierende Banden ihr Unwesen, die Klagen über „Frey-Beuter, Schnapp-Hahnen und Hecken-Krieger" rissen nicht ab. Teilweise bildeten sich regelrechte Geschäftsriten heraus: Das Vieh aus dem einen Dorf wegzutreiben und es im nächsten Dorf zu geringem Preis zu verkaufen war beliebte Praxis. Marodieren war aber auch dem regulären Militär nicht fremd. Immer wenn Soldzahlungen ins Stocken gerieten, bestand die Gefahr des „Auslaufens", d. h. der Soldat zog umher und plünderte. In der Beschwerde des Pfalzgrafen Johann Kasimir über „das große Landtsverderben, so aus Nichtbezahlung der Soldaten herrühret", ist dieser Zusammenhang klar benannt.

Marradas, Don Balthasar

* Valencia um 1560, † Prag 12.8.1638

Ein Kriegsmann, der es auch ohne große militärische Befähigung weit brachte, so wird Marradas von den Historikern charakterisiert: Der spanische Malteserkomtur kam um 1599 an den kaiserlichen Hof und wurde unter *Rudolf II.* Kriegsrat. Er kämpfte im *Gradiskanerkrieg* 1617 gegen die Venezianer. 1619 zog er mit einem spanischen Reiterregiment in den Krieg um Böhmen. Große Erfolge konnte er nicht erringen, dennoch wurde er 1621 in den Grafenstand erhoben und reichlich mit Landbesitz versehen. 1626 zum Feldmarschall und 1627 zum Generalleutnant ernannt, war er an den Verhandlungen über die Absetzung *Wallensteins* beteiligt. 1631 verlor er Prag an die Sachsen und wurde 1632 nach weiteren Misserfolgen in Schlesien auf Wallensteins Betreiben abberufen. Dessen Sturz 1634 wurde für Marradas zur Grundlage weiteren Aufstiegs. Er starb als Geheimer Rat und Statthalter von Böhmen.

Martinitz, Jaroslaw Graf von

* Smečno (Mittelböhmen) 6.1.1582,
† Prag 21.11.1649

Er machte unfreiwillig Weltgeschichte: Martinitz war einer der beiden kaiserlichen Statthalter, die beim *Prager Fenstersturz* am 23. Mai 1618 aus dem Fenster flogen. Er überlebte genau wie sein Kollege *Slawata* und floh nach München. Nach dem Zusammenbruch des *Böhmischen Aufstands* kehrte er zurück und wurde in den Grafenstand erhoben. Er diente den habsburgischen Kaisern zunächst als Oberlandrichter, dann als Landkämmerer und seit 1638 als Oberburggraf in Böhmen. Bei der Eroberung Prags durch die Schweden geriet er im Sommer 1648 kurzzeitig in schwedische Gefangenschaft.

Matthias

* Wien 24.2.1557, † ebd.20.3.1619

In Spanien erzogen, war Matthias, der dritte Sohn Kaiser Maximilians II., 1578 bis 1581 Generalstatthalter der Niederlande. 1593 wurde er Statthalter im Erzherzogtum Österreich, seit 1599 beraten von Kardinal *Khlesl*. Nachdem bei seinem Bruder, Kaiser *Rudolf*, Anzeichen von Geisteskrankheit festgestellt wurden und Erzherzog Ernst, der mutmaßliche Nachfolger, bereits 1595 gestorben war, betrieb Matthias im Bund mit den übrigen Mitgliedern des Habsburgerhauses Rudolfs Nachfolge. 1606 wurde er in einem Geheimvertrag als Oberhaupt der Familie anerkannt. Im selben Jahr wurde Matthias Statthalter in Ungarn, 1608 fiel er mit militärischer Macht in Böhmen ein. Der „Bruderzwist im Hause Habsburg" trat damit in das Stadium eines offenen Krieges. Rudolf wich zurück und überließ seinem ehrgeizigen Bruder die Herrschaft in Ungarn, Mähren und Österreich. Gegenüber den Protestanten bestätigte Matthias die früheren Religionskonzessionen. Als 1610 das „Passauer Kriegsvolk", eine wilde Söldnerschar, die Erzherzog *Leopold V.* geworben hatte, in Böhmen eindrang, riefen die böhmischen Stände Matthias zu Hilfe. Dieser nutzte die Gelegenheit, seinen Bruder zum Verzicht auf Böhmen, Schlesien und die Lausitz zu zwingen. 1612 starb Rudolf und Matthias war am Ziel; im Juni 1612 wurde er zum Kaiser gewählt. Allerdings waren die Reichsinstitutionen bereits vom Gegensatz zwischen Protestanten und Katholiken lahm gelegt, Versuche von Matthias' Berater Khlesl, einen Ausgleich herbeizuführen, wurden von den katholischen Extremisten unter Ferdinand von Steiermark *(Ferdinand II.)* konterkariert. 1617 musste der immer gebrechlichere Matthias in die Nachfolge Ferdinands als König von Böhmen und Ungarn einwilligen. Dieser sorgte in einer Art von kaltem Staatsstreich im Juli 1618 dafür, dass Khlesl aus Wien verschwand. An den kriegerischen Ereignissen, die auf den *Prager Fenstersturz* folgten, hatte Matthias nur noch wenig Anteil.

Maximilian I. von Bayern

* München 17.4.1573,

† Ingolstadt 27.9.1651

Neben *Johann Georg von Sachsen* halten Historiker Maximilian von Bayern für einen der wenigen, die es hätten verhindern können, dass der Krieg zum Flächenbrand wurde, die eine deutsche Zentralpartei gegen das Ausgreifen Habsburgs hätten bilden und das Eingreifen auswärtiger Mächte hätten unterbinden können – und die doch nichts von alldem taten. Gemeint ist vor allem Maximilians „gefährlicher, verbrecherischer Mißgriff" (C. V. Wegdwood), als Entschädigung für seine Aufwendungen im böhmischen Feldzug 1620 das Land und die Kurwürde des entthronten „Winterkönigs" *Friedrich von der Pfalz* für sich zu fordern – womit er und Kaiser *Ferdinand II.*, der ihm dies zugestand, die Verfassung des Reiches brachen und die Ausweitung des Konflikts zu einer europäischen Auseinandersetzung verschuldeten. Denn mit diesem Vorgehen konnten sich weder die protestantischen Stände in Deutschland noch die meisten auswärtigen Mächte abfinden. – Maximilian, Sohn Herzog Wilhelms V. von Bayern, gelangte 1598 an die Regierung und führte sie über ein halbes Jahrhundert lang. Sein politisches Credo lautete: „Nach Gott und der Liebe des Volkes sind ein tüchtiges Kriegsheer, stets bereite Geldsummen und gute Festungen eines Fürstentums vorzüglichste Stützen" – ein „Kernwort des Absolutismus", wie G. Mann urteilt. Der Landesvater griff vielfältig reglementierend in das Leben seiner Untertanen ein; bis hin zur Vorschrift, wie viel Bier sie täglich trinken dürften, reichte seine Fürsorge. Er hielt seine Beamten unter strenger Kontrolle und ließ über die kleinste Einnahme peinlich Buch führen. Auf diese Weise schaffte er seinem Land eine gesunde finanzielle Basis. Von den Ständen seines Landes konnte er sich weit gehend unabhängig machen; dazu gehörte allerdings auch, dass er die Praxis seiner Vorgänger fortsetzte, Protestanten aus Bayern hinauszudrängen. – Erstmals beim Zwischenfall von *Donauwörth* 1607 wurden die Konturen von Maximilians antiprotestantischer Außenpolitik sichtbar. Er vollstreckte die kaiserliche Acht an der Reichsstadt, ließ sich – als Aufwandsentschädigung – die Herrschaft über Donauwörth übertragen und trat der protestantischen *Union* 1609 mit der Bildung der katholischen *Liga* entgegen. Trotz immer wieder auftretender Differenzen mit Habsburg stellte er sich nach dem Ausbruch des *Böhmischen Aufstands* auf die Seite Kaiser *Ferdinands II.*, wusste aber den Preis für seine Unterstützung hoch zu schrauben: Im Vertrag von *München* vom Oktober 1619 wurden ihm Ersatz seiner Unkosten und die erbliche Übertragung der pfälzischen Kurwürde zugesagt. Nach dem Sieg am *Weißen Berg* erhielt er Oberösterreich als vorläufiges Pfand, 1621 besetzte er die Oberpfalz und 1623 wurde ihm in offizieller Zeremonie die pfälzische Kurstimme zugesprochen. Unter dem Eindruck rasanter Zunahme der kaiserlichen Macht durch das stets anschwellende Heer *Wallensteins* machte sich Maximilian zum Wortführer gegen den habsburgischen Zentralismus, erzwang 1630 die Absetzung Wallensteins und schloss sich 1631 mit Frankreich zusammen (Vertrag von *Fontainebleau*). Gleichwohl wurde sein Land 1632 Opfer des schwedischen Vormarsches. 1639 nahm Maximilian seine Kontakte zu Frankreich wieder auf, ließ sich jedoch in der Endphase des Dreißigjährigen Krieges wieder in einen Kampf mit den Franzosen ein, der seinem Land 1646 und 1648 verheerende Invasionen durch schwedisch-französische Armeen eintrug. Im *Westfälischen Frieden* gelang es ihm, seine Niederlagen diplomatisch wieder wettzumachen, die Oberpfalz und die Kurwürde blieben ihm erhalten.

Mazarin, Jules

* Pescina (Provinz L'Aquila) 14.7.1602,
† Vincennes (bei Paris) 9.3.1661

Eigentlich hieß er Giulio Raimondo Mazzarini; seit 1634 Nuntius in Paris und seit 1640 Mitarbeiter *Richelieus*, änderte der italienische Geistliche seinen Namen in Mazarin. 1641 wurde er Kardinal. Nach Richelieus Tod (1642) rückte er in den Kronrat nach und leitete ab 1643 die gesamte französische Politik. Im Dreißigjährigen Krieg und danach verfolgte er außenpolitisch das Ziel, die beiden Zweige des Habsburgerhauses, den österreichischen und den spanischen, nach Möglichkeit zu schwächen. Innenpolitisch wusste er die Machterweiterung des Königtums gegen die Adelsopposition („Fronde") durchzusetzen. Seine diplomatischen Erfolge im *Westfälischen Frieden* 1648 und im *Pyrenäenfrieden* 1659 legten den Grund für die französische Vormachtstellung in Europa unter Ludwig XIV.

Medizinwesen

Die medizinische Versorgung der Soldaten im Dreißigjährigen Krieg war kümmerlich. Vorsorge gab es nicht. Lazarette oder Militärhospitäler existierten nur bei den spanischen und schwedischen Expeditionstruppen und eine Invalidenrente konnte nur erwarten, wer bei den Generalstaaten angeheuert hatte. Aus *Wallensteins* Feldzügen ist eine bezeichnende Episode überliefert: Der Generalissimus warf den Verwundeten, die in der Schlacht von *Fürth* in Massen herumlagen, Geldmünzen zu – um den Übrigen Mut zu machen. Verletzungen im Feld wurden, wenn überhaupt, von Medizinern zweiter Klasse, Wundärzten und Feldschern, mit den dürftigen Mitteln und im Brachialstil der Zeit behandelt. Ansonsten blieb der Soldat sich selbst oder der Pflege durch die Frauen im *Tross* überlassen. Entsprechend dem Hang zum *Aberglauben*, der unter den Soldaten dieser Zeit verbreitet war, blühte die Quacksalberei. Andererseits waren auch

M

noch Traditionen der Volksmedizin lebendig. Immer wieder wurden die Heere von *Seuchen*, Fleckfieber, Typhus, Ruhr, heimgesucht, gegen die die Medizin machtlos war. Ebenso grassierte die Syphilis, mal „Franzosenkrankheit", mal „lues hungarica" genannt. Auch gegen die Pest, die in den Soldatenlagern umging, wusste man kein Mittel.

Melander →*Holzappel*

Mercy, Franz von

* Longwy (Meurthe-et-Moselle) um 1590, † Alerheim (bei Nördlingen) 13.8.1645

Ein Heerführer mit dem sechsten Sinn; seine französischen Gegner sagten von ihm, er handle immer so, als habe er ihrem Kriegsrat beigewohnt: Mercy, aus lothringischem Adelsgeschlecht stammend, diente von Jugend an im bayerischen und kaiserlichen Heer und kämpfte als Obristwachtmeister 1631 bei *Breitenfeld* und 1634 auf dem südwestdeutschen Kriegsschauplatz. 1640/1641 drängte er *Banér* nach Böhmen ab. 1643 und 1645 erfocht er bei *Tuttlingen* bzw. bei *Herbsthausen* zwei glänzende Siege gegen die Franzosen. Er fiel durch Kopfschuss im Häuserkampf in der Schlacht von *Alerheim*. Seine Mitgliedschaft in der „Fruchtbringenden Gesellschaft", einer Gesellschaft von Literaten, die sich die Pflege der deutschen Sprache aufs Panier geschrieben hatten, beweist, dass Mercy auch Interessen jenseits des Kriegshandwerks besaß.

Mergentheim →*Herbsthausen*

Merian, Matthäus d. Ä.

* Basel 22.9.1593, † Langenschwalbach (= Bad Schwalbach) 19.6.1650

Unser Bild vom Deutschland des 17. Jahrhunderts ist stark durch die Werke Merians geprägt. Der Schweizer Kupferstecher und Buchhändler wirkte zunächst in *Heidelberg*, bis ihn die Kriegsereignisse von dort vertrieben. 1624 übernahm er den Verlag seines Schwiegervaters Johann Theodor de Bry in Frankfurt am Main mit den dazugehörigen Kupferstichwerkstätten. Merian baute den Betrieb zu einem großen Unternehmen aus, das illustrierte Werke zu fast jedem Thema anbot. Auch Militaria waren bei Merian zu bekommen, so *Moritz von Oraniens* „Waffenhandlung", Wallhausens „Soldaten-ABC" und Troupitz' „Kriegskunst". 1633 erschien der erste Band des „Theatrum Europaeum", ein illustriertes Nachrichtenmagazin, das über politische und militärische Ereignisse der Jahre 1629 bis 1632 berichtete und mit dem Merian die „Weltchronik" des Offenbacher Pfarrers Johann Ludwig Gottfried fortsetzte. Bis zu seinem Tod betreute Merian noch vier weitere Bände dieser Reihe, steuerte selbst auch manche Zeichnung bei, u. a. die berühmte Bildfolge von der Ermordung *Wallensteins*. Vom „Theatrum" erschienen bis 1718 insgesamt hundert Folgen. Ein ähnlicher Publikumserfolg wurde auch die „Topographia Germaniae". In der Vorrede zur ersten Lieferung (1642) schreibt Merian: Seine Ansichten von Städten, Klöstern, Schlössern, Dörfern und Herrenhöfen, von Fabrikationsstätten und technischen Anlagen wünschte er nicht in die Hand der Militärs, sondern in die der heranwachsenden Generation, damit sie eine Vorstellung von der großen und friedlichen Vergangenheit des Vaterlandes bekomme und Kraft zum Wiederaufbau des Zerstörten gewinne. Die „Topographia" führte sein Sohn Matthäus d. J. (1621–1687) fort; bis 1688 wuchs das Werk auf dreißig Bände mit rd. 2500 Bildern an – eine einzigartige Quelle für die Kulturgeschichte der vorabsolutistischen Epoche.

Merode, Johann Graf von
* um 1589,
† Hessisch-Oldendorf 8.7.1633
Bei Ausbruch des Dreißigjährigen Krieges stand der aus einem wallonischen Adelsgeschlecht stammende Merode in spanischen Diensten. Er wurde zur Unterstützung *Bucquoys* nach Böhmen entsandt und nahm an der Schlacht am *Weißen Berg* teil. 1622 erhob ihn Kaiser *Ferdinand II.* in den Reichsgrafenstand. 1625 schloss er sich *Wallenstein* an und machte dessen Feldzüge nach Holstein mit. 1629 sicherte er in einem bravourösen Unternehmen den Alpenübergang für die kaiserlichen Truppen, die in den *Mantuanischen Erbfolgekrieg* eingriffen. 1631 zum Generalwachtmeister ernannt, kämpfte er in Westfalen und Niedersachsen und deckte nach der Schlacht von *Lützen* Wallensteins Abzug. Er fiel in der Schlacht von *Hessisch-Oldendorf*.

Meutereien
„Fast untrennbar vom Wesen des Landknechtstums ist die Meuterei." Dieses Urteil Hans Delbrücks ist auch auf die Söldnerheere des 17. Jahrhunderts übertragbar. A und O des Militärhandwerks war der Sold und wenn der ausblieb, lag Meuterei in der Luft. Sie brach allerdings nicht immer aus, den Befehlshabern gelang es erstaunlich oft, die Leute zu vertrösten, sie monate-, wenn nicht gar jahrelang hinzuhalten und teilweise verschaffte sich der Soldat durch wildes oder geduldetes Plündern Ersatz für den ausgebliebenen Lohn. Zu den ersten großen Meutereien des Dreißigjährigen Krieges kam es 1620 im böhmischen Heer. Dort betrug die rückständige Forderung schließlich viereinhalb Millionen Gulden, nach Meinung Gustav Freytags wurde der Krieg in Böhmen „mehr durch Geldmangel als durch die Schlacht am Weißen Berg entschieden". Wegen Soldforderungen, die bis ins Jahr 1627 zurückreichten, meuterte 1633 das protestantische Heer in Süddeutschland und die Kriegsherren mussten den Truppen schließlich gestatten, auf eigene Faust *Kontributionen* im Umland einzutreiben. Im August 1635 nahmen Söldner im Lager von Magdeburg den schwedischen Kanzler *Oxenstierna* gefangen, um die Behörden zur Begleichung der Zahlungsrückstände zu zwingen. General *Banér* musste im selben Jahr melden, dass seine Offiziere Befehle nach eigenem Gutdünken gäben; nach seinem Tod im Mai 1641 ging es in seiner Armee überhaupt drunter und drüber und erst als französische Subsidien eintrafen, war der Haufen wieder zur Räson zu bringen. Aufstände im Heer der „Weimaraner", der Söldnertruppen *Bernhards von Weimar*, lähmten mehrmals, zuletzt im Sommer 1647, die Handlungsfähigkeit der französischen Befehlshaber. Zu den letzten Unruhen kam es – wie immer

wegen Soldrückständen – während der *Demobilisierung* in der bayerischen und in der schwedischen Armee. Von Meutereien aus anderen als finanziellen Beweggründen ist nichts bekannt. Natürlich konnte es geschehen, dass Truppen „versagten", unlustig kämpften oder früher als vorgesehen das Schlachtfeld verließen, aber massenhafte Befehlsverweigerung aus Kriegsmüdigkeit oder aus Protest gegen unzumutbare Lebensbedingungen, wie etwa im Ersten Weltkrieg 1917 in der französischen Armee oder 1918 in der kaiserlichen Hochseeflotte, kamen nicht vor.

Militärgerichtsbarkeit

Der Soldat war der landesherrlichen oder städtischen Justiz entzogen, für ihn galten nur die Normen der „Kriegsartikel" oder „Ordnungen", auf die er den Eid geleistet hatte. Im Dreißigjährigen Krieg wurde das „Malefizgericht" der Landsknechtszeit, bei dem die Knechte noch untereinander Recht gesprochen und vollzogen hatten, abgelöst durch eine organisierte Militärjustiz. Kriegsrichter (Auditoren) fällten die Urteile, und eigens bestallte Profosse oder „Gewaltiger" vollstreckten sie. Das Kriegsrecht schloss auch die Zivilpersonen ein, die zum *Tross* gehörten. Anders als in der bürgerlichen Justiz wurden Delinquenten nicht in den Stock oder ins Gefängnis, sondern in Eisen gelegt und man hängte sie auch nicht am ordinären Galgen auf, sondern an Bäumen oder (in Städten) an extra aufgerichteten „Quartiergalgen". Weitere Strafen waren Arrest, Auspeitschen, zusätzlicher Wachdienst, Prangerstehen. Die Todesstrafe drohte bei Feigheit, Meuterei, Desertion. Auch höher Gestellte blieben nicht verschont, wie *Wallensteins* Strafgericht nach der Schlacht von *Lützen* belegt. Hauptthema kriegsgerichtlicher Verfahren waren Übergriffe gegen die Zivilbevölkerung. Hier „starke disciplina" zu halten, „ohne welche die Kriege nichts anderes sind als Straßenraub", wie es in schöner Aufrichtigkeit in der Instruktion Kaiser *Ferdinands II.* für Wallenstein von 1625 heißt, blieb allerdings in vielen Fällen unerreichbares Ziel.

Mingolsheim →*Wiesloch*

Montecuccoli, Raimondo

* Schloss Montecuccoli (bei Modena) 21.2.1609, † Linz 16.10.1680

In die Annalen der Kriegswissenschaft ist Montecuccoli mit der wenig tief schürfenden, aber umso zutreffenderen Erkenntnis eingegangen, dass es zum Kriegführen Geld, Geld und nochmals Geld brauche. Der spätere Reichsfürst diente sich seit 1625 im kaiserlichen Heer hoch und war bei *Breitenfeld*, *Lützen* und *Nördlingen* dabei. Die Jahre zwischen 1639 und 1642 verbrachte er als Oberst in schwedischer Gefangenschaft; er nutzte sie zu kriegswissenschaftlichen Studien. Nach Kommandos in Schlesien und Oberitalien wurde er 1644 Feldmarschallleutnant und Hofkriegsrat und kämpfte bis zum Friedensschluss noch erfolgreich auf verschiedenen Kriegsschauplätzen. 1648 bis 1657 wurde er von Kaiser *Ferdinand III.* mit diplomatischen Missionen betraut, danach führte er als Oberkommandierender das kaiserliche Heer in den Kriegen mit Schweden (1658–1660), mit den Türken (1661–1664) und mit Frankreich (1672–1675). 1679 wurde er in den Fürstenstand erhoben.

Moritz von Hessen-Kassel

* Kassel 26.5.1572, † Eschwege 15.3.1632

Wegen seiner künstlerischen und wissenschaftlichen Interessen trug der Landgraf den Beinamen „der Gelehrte“: Moritz richtete in Kassel das erste feste Theater in Deutschland ein, in dem er sich auch als Dramaturg betätigte, er gründete eine fürstliche Hofschule und war um die Musikpflege bemüht. Politisch dagegen schlug ihm das meiste, was er anfing, fehl. Mit absolutistischen Bestrebungen brachte er die lutherischen Stände seines Landes gegen sich auf und verschärfte die Auseinandersetzungen noch durch die Einführung des Calvinismus (1605), einen Studentenaufstand schlug er mit Waffengewalt nieder. Im *Marburger Erbfolgestreit* verlor er 1623 Oberhessen an die Konkurrenz in Hessen-Darmstadt. Mitglied der protestantischen *Union*, wurde sein Land im Dreißigjährigen Krieg von kaiserlichen Truppen unter *Tilly* heimgesucht. Der kaiserliche Feldherr zwang ihn 1627 zur faktischen Abdankung. Moritz' Sohn *Wilhelm v.*, der die Regierung übernahm, konnte das Land vor dem drohenden Zerfall bewahren.

Moritz von Oranien

* Dillenburg 14.11.1567,
† Den Haag 23.4.1625

Eine Zentralfigur der Militärgeschichte: Moritz, Graf von Nassau-Dillenburg, Prinz von Oranien, seit 1585 als Statthalter von Holland und Seeland in ständigem Kampf mit den Spaniern, revolutionierte das Kriegswesen. Er ersetzte die 40 bis 50 Mann tief gestaffelten Pikenierformationen des klassischen Landsknechtsheeres durch Reihen von nur zehn Mann Tiefe, stärkte dafür die Musketierverbände und gab ihnen selbstständige taktische Aufgaben. Er ließ drillen wie seit Römerzeiten nicht mehr und sorgte auch dafür, dass die neuesten Erkenntnisse der Ballistik und des Ingenieurwesens Eingang in die Belagerungstechnik fanden. Die „oranische Heeresreform“ wurde bald in Europa zur herrschenden Doktrin, vor allem *Gustav Adolf* wusste sie sich zunutze zu machen. Bis 1593 eroberte Moritz die Nordprovinzen. 1600 schlug er die Spanier entscheidend bei Nieuwport und schuf damit die Voraussetzung für den Waffenstillstand von 1609. Nach Wiederbeginn des Krieges 1621 gelangen ihm keine Erfolge mehr.

Mühlhausen, Kurfürstentage von

Die Reichsstadt Mühlhausen in Thüringen wurde während des Dreißigjährigen Krieges zweimal zum Schauplatz bedeutender Tagungen: Im März 1620 trafen sich hier die Kurfürsten von Mainz, Köln und Sachsen sowie Gesandte Bayerns und Hessen-Darmstadts, um Maßnahmen zur Eindämmung des *Böhmischen Aufstands* zu beraten. Ergebnis der Konferenz war ein Versprechen an die protestantischen Stände des Ober- und des Niedersächsischen Reichskreises, die dort geschehenen Besetzungen von Kirchengütern zu tolerieren, wenn die Stände ihrerseits fest zum Kaiser hielten. Für Sachsen bot die Konferenz sowie die vier Monate später vorgenommene Verpfändung der Lausitz die Voraussetzung, aufseiten des Kaisers in den Krieg gegen Böhmen einzutreten. – Im Oktober 1627 verhandelten *Johann Georg von Sachsen* und der Mainzer Erzbischof Johann Schweikhard von Kronberg mit Delegierten der anderen Kurfürsten in Mühlhausen über den Unterhalt des Wallensteinschen Heeres, die pfälzische Frage, den Frieden mit Dänemark und die Restitution der eingezogenen Kirchengüter. Das meiste blieb jedoch unerledigt liegen. Weder war der Kaiser bereit, den Klagen über *Wallenstein* Gehör zu schenken, noch wollte die Versammlung ihm die Rückerstattung der katholischen Kirchengüter, „die Frucht des Krieges", an der ihm so viel lag, ohne weiteres gestatten. Die Tagung von Mühlhausen wurde nebenbei zu einem Markstein der deutschen Musikgeschichte: Johann Georgs Hofkomponist Heinrich *Schütz* führte hier seine Friedensmotette „Da pacem Domine" auf.

München, Vertrag von

Im Oktober 1619 trafen sich der soeben zum Kaiser gewählte *Ferdinand II.* und Herzog *Maximilian von Bayern* in München, um über ein gemeinsames Vorgehen gegen *Friedrich von der Pfalz* zu beraten, den die Stände Böhmens statt des abgesetzten Ferdinand zum König von Böhmen gewählt hatten. Am 8. Oktober 1619 wurde ein Vertrag geschlossen, der dem Bayernherzog das uneingeschränkte Direktorium über die katholische *Liga* zusagte und ihm Ersatz für alle Unkosten garantierte, die er über seinen Liga-Beitrag hinaus beim Krieg gegen Böhmen haben würde; bis zur endgültigen Abrechnung darüber seien ihm schon „pfandweis" österreichische Länder „einzuantworten" (tatsächlich nahm Maximilian nach der Schlacht vom *Weißen Berg* Oberösterreich in Besitz). Bedeutender war der Vertrag noch durch das, was nicht im Text stand: In einem mündlich gegebenen Versprechen erhielt der bayerische Herzog die Zusage der Ächtung Friedrichs von der Pfalz und die erbliche Übertragung der pfälzischen Kurwürde. Mit dem dürftigen Argument, dass sowohl Friedrich als auch Maximilian dem Hause Wittelsbach angehörten und die Sache sozusagen in der Familie bleibe, trösteten sich die Partner über den glatten Verfassungsbruch hinweg. Der Münchener Vertrag war ein wichtiger Baustein in der Koalition, die Ferdinand zur Wiedererlangung der böhmischen Krone zusammenbrachte. Darüber hinaus bedeutete er mit der verabredeten Ächtung und Enteignung des Pfälzer Kurfürsten eine verhängnisvolle Weichenstellung für die weiteren Auseinandersetzungen.

Münster

Im September 1641 erhielt der Rat der Stadt Münster von Kaiser *Ferdinand III.* die Aufforderung, sich auf die Ankunft „vieler Pottschafften und Gesandten" einzurichten, die in Münster „Friedenstractaten" halten wollten. Der Rat versprach umgehend, für Unterkunft und Lebensmittel „äußerste Versehung und Provision" zu treffen. Mit der Ausrichtung des Friedenskongresses, der den Dreißigjährigen Krieg beendete, rückten Münster und das benachbarte Osnabrück, in dem ein Teil der Verhandlungen des *Westfälischen Friedens* stattfand, für mehrere Jahre in das Rampenlicht der europäischen Öffentlichkeit. Münster, katholisch regiert, zählte ungefähr 12 000 Einwohner. Die Stadt war bisher vom Krieg verschont geblieben, gegen eine im Juni 1634 drohende Belagerung hatte sie sich mit Hilfe des Generals *Geleen* und kaiserlicher Truppen zu schützen gewusst. Osnabrück dagegen befand sich schon seit Jahren in den Händen der Schweden. Es war auch deren Idee gewesen, da es aus protokollarischen Gründen unbedingt ein Städtepaar sein sollte, Münster und Osnabrück zu wählen statt, wie auch vorgeschlagen, Köln–Hamburg, Mainz–Frankfurt oder Worms–Speyer. Münster wurde mit dem Ansturm der Diplomaten und ihres Anhangs, der nach Tausenden zählte, erstaunlich gut fertig. Der vom Kaiser angekündigte „unsägliche finanzielle Nutzen" blieb allerdings aus. Zwar wurde in Münster gut am Kongress verdient und die Erklärung des städtischen Territoriums zur entmilitarisierten Zone (1643) machte das Umland für den Handel sicher, aber die Stadt hatte auch hohe Aufwendungen und der Kaiser zahlte schlecht. Nach Beendigung des Krieges versuchte Münster die politische Aufwertung durch den Kongress auszunutzen, um sich ganz und gar von der Bevormundung durch den bischöflichen Stadtherrn freizumachen. Das scheiterte jedoch blutig; Bischof Christoph Bernhard von Galen antwortete mit einer Militäraktion. 1661 ging die Stadtfreiheit verloren, Münster musste eine ungeheure Kriegsentschädigung zahlen und sank wirtschaftlich und politisch ab.

Münster, Friede von
Am 24. Oktober 1648 schlossen Kaiser Ferdinand III. und seine Verbündeten auf der einen Seite, König Ludwig XIV. und seine Alliierten auf der anderen Seite den Frieden von Münster. Er beendete als Teil des *Westfälischen Friedens* den Dreißigjährigen Krieg in Deutschland. Das Vertragswerk (Instrumentum pacis Caesareo-Gallicum sive Monasteriense) nahm einen Großteil der Bestimmungen des gleichzeitig in *Osnabrück* ausgehandelten Friedensschlusses zwischen dem Kaiser und Schweden auf. Der Friede von Münster wurde am 10. November 1648 vom Kaiser und am 26. November 1648 vom französischen König ratifiziert.

Münzverschlechterungen →*Kipper und Wipper*

Muskete →*Handfeuerwaffen*

Niederlande, Freiheitskampf der

Die Historiker sprechen vom „achtzigjährigen Krieg" der Niederlande. Gemeint sind damit die Auseinandersetzungen seit der Erhebung gegen die spanische Herrschaft im Jahre 1568. In seiner letzten Phase war dieser Kampf verwoben in den Dreißigjährigen Krieg und war ein Teil davon, er endete auch im selben Jahr und am selben Ort wie dieser. Die ursprünglich gemeinsame antispanische Front war 1581 zerfallen, die südlichen (katholischen) Provinzen, bald spanische Niederlande genannt, akzeptierten den König von Spanien als ihren Herrn, die nördlichen (protestantischen) dagegen schlossen sich zur Republik der Vereinigten Niederlande zusammen und setzten den Krieg fort. 1609 kam nach langen Verhandlungen immerhin eine Waffenruhe zustande, gültig für zwölf Jahre. Aber man bereitete sich bereits auf den nächsten Gang vor. Die Republik knüpfte ein ausgedehntes Bündnissystem, zu dem Verträge mit den Türken, mit Algier, mit den deutschen Protestanten, den Hansestädten, mit Schweden, Savoyen und Venedig gehörten. Spanien sicherte sich einen Militärkorridor zwischen seinen Besitzungen in Norditalien und den Niederlanden (das „feindliche" Gebiet der Pfalz, das mitten im Wege lag, konnte im Juli 1620 dank des böhmischen Abenteuers *Friedrichs v. von der Pfalz* besetzt werden). Der Krieg gegen die Spanier flammte wie erwartet 1621 wieder auf. Er wurde zu Lande hauptsächlich als Festungskrieg ausgetragen. Die ersten Jahre sahen die Spanier erfolglos vor Bergen op Zoom (1622) und erfolgreich bei *Breda* (1625). Den Holländern gelang 1628 ein Hauptschlag zur See: Sie kaperten eine spanische Silberflotte in der Karibik. Mit dem Edelmetall konnten sie Heeresanwerbungen finanzieren und gingen nun ihrerseits unter dem Kommando *Friedrich Heinrichs von Oranien*, des „Städtebezwingers", zum Angriff auf Festungen im Grenzgebiet zu den spanischen Niederlanden über. Daneben halfen ihnen die Kriegsereignisse an der Ostseeküste: *Wallensteins* Misserfolg vor *Stralsund* machte allen Plänen einer habsburgischen Marine, die den Holländern hätte gefährlich werden können, ein vorzeitiges Ende. – 1630 nahm zudem ein holländisches Geschwader die spanischen Niederlassungen Pernambuco und Recife an der brasilianischen Küste. Der Oranier eroberte 1632 *Maastricht* und 1637 Breda. 1639 verloren die Spanier die Seeschlacht vor den *Downs*, 1640 wurde ihre Flotte bei Recife besiegt. Obendrein befanden sie sich seit 1635 im Krieg mit Frankreich, der Militärkorridor entlang des Rheins war blockiert, nach dem Verlust von Gravelingen (1644), Hulst (1645) und Dünkirchen (1646), nach Aufständen in Katalonien und Portugal, in Neapel und Sizilien war die Zeit für Friedensgespräche reif. Das ganze Jahr 1646 über wurde in Münster verhandelt. Dabei zeigte sich, dass auf niederländischer Seite inzwischen Handelskompanien, die Ostindische (gegründet 1602) und die Westindische (gegründet 1621), mit ihren Ansprüchen auf Freihandel die Politik bestimmten. Erst im Januar 1647 konnte eine Einigung erzielt werden, die im Januar des folgenden Jahres ratifiziert wurde. Damit war der „Aufstand der Niederlande" beendet. Am 15. Mai 1648 beschworen die spanischen und niederländischen Gesandten im Rathaus von Münster den Frieden. Der Maler Gerard Terborch, der bei der Szene dabei war, hielt das Ereignis in seinem berühmten Gemälde „Der Friedensschwur von Münster" fest.

Niedersächsischer Kreistag

→*Segeberg, Kreistag von*

Nikolsburg, Friede von

Nach der Niederlage am *Weißen Berg* und dem Zusammenbruch der Herrschaft *Friedrichs von der Pfalz* befand sich dessen Verbündeter *Bethlen Gábor von Iktár*, Fürst von Siebenbürgen und König von Ungarn, in der Defensive und suchte um Verhandlungen mit dem Kaiser nach. In Nikolsburg (heute Mikulov) in Südmähren wurde am 31. Dezember 1621 Frieden geschlossen. *Bethlen Gábor* verzichtete auf den ungarischen Königstitel und lieferte die Stephanskrone (Symbol der Herrschaft über Ungarn) aus. Er wurde Reichsfürst der schlesischen Herzogtümer Oppeln und Ratibor und durfte einige Gebiete in Ostungarn behalten, außerdem erhielt er Hilfe gegen die Türken. Die 1606 gewährten Rechte der Stände (u. a. Religionsfreiheit für bestimmte Bevölkerungsgruppen) wurden bestätigt. Der Friede hielt allerdings nicht lange, 1623 begann *Bethlen Gábor* einen neuen Feldzug gegen den Kaiser, der 1624 im Frieden von *Wien* beendet wurde.

Nördlingen, Schlacht von

Im Sommer 1634 bekam die Stadt Nördlingen unversehens zentrale Bedeutung für das Kriegsgeschehen. Das Heer des Kaisersohnes *Ferdinand von Ungarn* hatte die protestantischen Truppen unter *Horn* und *Bernhard von Weimar* ausmanövriert, im Juli/August 1634 Regensburg und Donauwörth erobert und schickte sich an, Nördlingen, das von einer schwedischen Besatzung gehalten wurde, zu belagern. Und nicht nur das: Von Süden her nahte Verstärkung für die Kaiserlichen, ein spanisches Heer unter dem Kardinalinfanten *Ferdinand von Österreich*, einem Vetter des bereits erwähnten Ferdinand. Ungehindert gelangten die Spanier bis nach Nördlingen. Für die Protestanten kam jetzt alles darauf an, wenigstens zu verhindern, dass die Reichsstadt, eine Hochburg des Protestantismus, den Katholiken in die Hände fiel. Bernhard und Horn beschlossen daher den sofortigen Angriff, ohne die Ankunft von Verstärkungen abzuwarten. Ihr Heer zählte etwa 25 000 Mann, davon 9000 Reiter. Die Gegner waren zahlenmäßig stärker, insgesamt verfügten die beiden Habsburger über 33 000 Mann, davon 13 000 zu Pferd, und die spanische Infanterie, die aus Italien gekommen war, galt als die beste ihrer Zeit. – Das hügelige und waldreiche Gelände südwestlich von Nördlingen an der Straße nach Ulm erlaubte keine Aufstellung nach klassischen Mustern. In der Nacht vom 5. auf den 6. September versuchte der rechte Flügel des protestantischen Heeres unter Horn, sich den Albuch, einen beherrschenden Hügel vor der kaiserlichen Schlachtlinie, zu sichern. Aber das Unternehmen schlug fehl, die Kaiserlichen gewannen Zeit, auf dem Hügel Verschanzungen aufzuwerfen. Am Morgen des 6. September begann die Schlacht mit einem Angriff der Schweden gegen eben diese Hügelstellung. Der Angriff gelang, doch herrschte danach bei Horns Truppen solcher Wirrwarr, gesteigert durch die Explosion eines von den geflohenen Spaniern zurückgelassenen Pulvermagazins, dass der Hügel beim ersten Gegenangriff wieder verloren ging. Sieben Stunden lang ließ Horn in immer neuen Angriffen (es sollen 15 gewesen sein) den Hügel bestürmen, ohne jedoch einen greifbaren Erfolg zu erzielen. Währenddessen bombardierte Bernhard von Weimar die Linien vor der Stadt, sah aber angesichts der deutlichen Überlegenheit des Gegners von einem allgemeinen Angriff ab. Zur Krise kam es, als Horn in der heißen Mittagszeit seine zusammengeschmolzenen Verbände zurücknahm, um hinter den Weimaranern eine neue Stellung einzunehmen. Die Kaiserlichen nutzten diese Situation zu einem Generalangriff. Bernhards Truppen wurden zurückgeworfen und prallten den abziehenden Schweden in die Flanke. Chaos brach aus, Bernhard floh, Horn wurde gefangen genommen, mit ihm noch weitere 4000 Mann. Die Kaiserlichen schätzten ihre Verluste auf 2000 Mann, gegenüber 12 000 bei den Protestanten. „In Summa, wir haben einen großen schweren Hauptstreich bekommen", lautet das Resümee einer protestantischen „fürnehmen Person, so mit dabey gewesen". – Die Niederlage von Nördlingen hatte schwer wiegende Folgen. Die Stadt fiel sofort, Bernhard von Weimar zog sich ins Elsass zurück, die Schweden gaben alle Garnisonen südlich des Mains auf. Ihr Nimbus als Schutzmacht des Protestantismus in Deutschland war vorerst dahin, die Mitglieder des *Heilbronner Bundes* wandten sich Frankreich zu, das 1635 offen in den Krieg eintrat.

Nürnberg

Wie Straßburg und Ulm war die Freie Reichsstadt Nürnberg seit 1609 Mitglied der protestantischen *Union*, bremste aber nach Kräften den aggressiven Calvinismus, wie er von den Politikern der Pfalz vertreten wurde. 1621 unterwarf sie sich dem Kaiser. Auf seinem Marsch nach Norden knöpfte *Wallenstein* 1625 den Stadtvätern eine Kontribution von 70 000 Talern ab; dafür verzichtete er darauf, die Stadt zum Werbe- und Musterplatz zu machen, und für weitere 15 000 Taler blieb sie auch vor Einquartierungen bewahrt. 1631 stellte sich Nürnberg unter den Schutz *Gustav Adolfs*, der im folgenden Jahr dafür einen Betrag von 100 000 Talern kassierte und die Befestigungsanlagen der Stadt erweitern ließ, um einen Angriff Wallensteins abzuwehren. Der „Kampf ums Heu", den die Armeen des Schwedenkönigs und des kaiserlichen Generalissimus dann im Sommer 1632 vor Nürnberg führten, brachte die Stadt an den Rand des Ruins. „Vom Feind drei Monat belagert, vom Freund vier Monat ausgefressen", fasste der Nürnberger Patrizier Lukas Behaim die Leidenszeit zusammen. 1635 schloss sich Nürnberg dem *Prager Frieden* an und verschloss künftig seine Tore vor Schweden und Franzosen. Nach Abschluss des *Westfälischen Friedens* fand in Nürnberg 1649 bis 1651 der „Friedens-Exekutionskongress" statt, auf dem die *Demobilisierung* der Armeen beraten wurde. Wenn auch die Kriegsläufte viele evangelische Flüchtlinge mitsamt manchmal beträchtlichen Vermögen in ihre Mauern getrieben hatten, blieb die finanzielle Situation der Stadt noch lange prekär. Es kam auch nicht zu einer gesellschaftlichen und ökonomischen Modernisierung wie etwa in den norddeutschen Handelsstädten. Nürnberg verharrte in mittelalterlichen Verfassungsformen und verlor auf Dauer seinen Glanz als „Königin des Reiches".

O

Ogier, François

† 1670

Der berühmte Pariser Kanzelredner Ogier kam 1645 als „Almosenier" des französischen Gesandten Graf d'Avaux zum Friedenskongress nach Münster. Er bereicherte das gesellschaftliche Leben bei den Verhandlungen des *Westfälischen Friedens* durch selbst verfasste Ballette, in denen allegorische Figuren die Überwindung der Zwietracht durch den Frieden darstellten; sein Tagebuch überliefert zahlreiche Einzelheiten des Kongresses in Münster. Am Karfreitag 1646 hielt er in der Minoritenkirche eine Predigt, in der er seinen Zuhörern – fast das gesamte diplomatische Korps katholischen Glaubens – scharf ins Gewissen redete: Es sei jetzt unwichtig, ob irgendwer noch territoriale Gewinne oder Verluste mache, es komme darauf an, den christlichen Glauben bei den Verhandlungen konkret zu verwirklichen.

Oldenbarnevelt, Johan van

* Amersfoort 14.6.1547,

† Den Haag 13.5.1619

Der Historiker Günter Barudio nennt ihn einen der größten Staatsmänner in der Geschichte Europas: Oldenbarnevelt, ein Mann von liberal-aristokratischer Gesinnung, schloss sich 1586 dem Aufstand der Vereinigten *Niederlande* gegen das habsburgische Regime an und diente seinem nach Unabhängigkeit strebenden Land 32 Jahre lang als Ratspensionär. Der Abschluss des Waffenstillstands von 1609 ist sein Werk; er bedeutete einen großen Schritt auf dem Weg der Niederlande zum souveränen Staat. Allerdings trug er Oldenbarnevelt die Gegnerschaft der Militärpartei um den Statthalter *Moritz von Oranien* ein, der von Verhandlungen nichts wissen wollte. In den konfessionellen Auseinandersetzungen, die die Niederlande am Vorabend des Dreißigjährigen Krieges erschütterten, gehörte Oldenbarnevelt zur gemäßigten Richtung. Das wurde ihm zum Verhängnis, als die Synode von Dordrecht 1619 mit einem Sieg der Radikalen endete. Auf Betreiben von Moritz von Oranien wurde Oldenbarnevelt hingerichtet.

Olivares, Gaspar de Guzmán

* Rom 6.1.1587,

† Toro (Zamora) 22.7.1645

Als Günstling König *Philipps IV.* von Spanien übernahm Olivares 1623 das Amt des leitenden Ministers, das er bis 1643 innehatte. Nach dem Grundsatz, dass „diese beiden Häuser (die spanischen und die österreichischen Habsburger) sich um keinen Preis entzweien lassen" dürften, war seine Politik darauf gerichtet, eine offensive und defensive Militärallianz zwischen Madrid und Wien zu unterhalten. Das bedeutete ein Hineinziehen des Kaisers in spanische Projekte, vor allem in den Kampf gegen die nördlichen Niederlande (dem u. a. der „Ostseeplan", die Schaffung einer spanischen Seebasis an der Ostseeküste, dienen sollte), aber auch in den *Mantuanischen Erbfolgekrieg*. Ihren Höhepunkt erlebte Olivares' Politik 1634 in der Schlacht von *Nördlingen*. Der „größte Sieg in unserer Zeit", wie Olivares triumphierend feststellte, wurde hier von kaiserlichen und spanischen Truppen gemeinsam erfochten.

Oñate-Vertrag

Durch Vermittlung des spanischen Gesandten in Wien, Graf von Oñate († 1658), kam 1617 eine Vereinbarung zustande, durch die der spanische und der österreichische Zweig des Hauses Habsburg die Erbfolge in Ungarn und Böhmen regelten. Kaiser *Matthias* war kinderlos, Ansprüche erhoben Ferdinand von Steiermark (*Ferdinand II.*) und König *Philipp III.* von Spanien. Der Vertrag sah einen Verzicht Philipps vor; als „Recompensation" wurde ihm „eine Provinz in Österreich" in Aussicht gestellt. In einem Geheimabkommen, von dem weder der Kaiser noch die übrigen Mitglieder des Hauses Habsburg Kenntnis hatten, ging Ferdinand über die Zusagen hinaus: Er versprach dem spanischen König die Belehnung mit den Reichslehen Finale und Piombino in Italien und die Herrschaft über das Elsass (genauer: die Landgrafschaft Oberelsass und die Landvogtei Hagenau). Erst dieser Zusatz machte den Oñate-Vertrag vollständig – und gab ihm die Brisanz. Das Elsass war ein Teil des „Militärkorridors", den Spanien brauchte, um Truppen von Norditalien nach den Niederlanden zu verschieben; die Festsetzung Spaniens an der Grenze zu Frankreich musste bei diesem die Angst vor einer spanischen Umklammerung wecken. Der Vertrag wird daher als eine wichtige Weichenstellung für den Ausbruch des Dreißigjährigen Krieges wie auch für die Beteiligung Frankreichs daran beurteilt.

Opitz, Martin

* Bunzlau (Niederschlesien) 23.12.1597,
† Danzig 20.8.1639

In der Literaturgeschichte gilt Opitz als Führer und Lehrer der jungen Dichtergeneration, die im 17. Jahrhundert nach dem Vorbild der westeuropäischen Renaissance die deutschsprachige Kunstdichtung schuf. Programmatische Schrift dieser Bewegung wurde Opitz' „Buch von der deutschen Poeterey" (1624). Leben und Werk des Dichters waren vielfältig vom Dreißigjährigen Krieg bestimmt. Aus einer protestantischen schlesischen Bürgerfamilie stammend, studierte Opitz Philosophie und Jura in Frankfurt (Oder) und, ab 1619, in Heidelberg. Dort geriet er in die politisch aufgeheizte Atmosphäre des kurfürstlichen Hofes, der sich auf die Herausforderung der habsburgischen Macht vorbereitete. Beim Einmarsch der Spanier im folgenden Jahr floh Opitz in die Niederlande und fand bald darauf in Dänemark Aufnahme. In Jütland schrieb er im Winter 1620/1621 unter dem Eindruck seiner Pfälzer Erlebnisse das große „Trostgedicht in den Widerwärtigkeiten des Krieges", mit dem er dem erwachenden deutschen Nationalgefühl Ausdruck gab: „Das edle deutsche Land, mit unerschöpften Gaben / Von Gott und der Natur auf Erden hoch erhaben, / Dem niemand vor der Zeit an Krieges Taten gleich, / Und das viel Jahre her an Friedenskünsten reich, / In voller Blüte stand, ward und ist auch noch heute / Sein Widerpart selbst und fremder Völker Beute." 1622 wurde Opitz Lehrer am Gymnasium in Weißenburg (heute Gyula Fehérvár, Ungarn), einer Gründung *Bethlen Gábors von Iktár*. 1626 im Dienst des Kammerpräsidenten von Schlesien, erlebte Opitz die Drangsal der Rekatholisierung. Er wich ihr an den Hof der Herzöge von Liegnitz und Brieg aus und fand endlich als Hofhistoriograph und Sekretär des polnischen Königs Wladislaw IV. ein ruhiges Auskommen. In Königsberg wurde er 1638 mit einer Festkantate geehrt. Ein Jahr später starb er in Danzig an der Pest.

Osnabrück, Friede von

Am 24. Oktober 1648 schlossen Kaiser *Ferdinand III.* und seine Verbündeten auf der einen Seite, Königin *Christine* von Schweden und ihre Alliierten auf der anderen Seite den Frieden von Osnabrück. Er beendete als Teil des *Westfälischen Friedens* den Dreißigjährigen Krieg in Deutschland. Die Verhandlungen in Osnabrück waren am 8. September desselben Jahres abgeschlossen worden. Die Bestimmungen des Vertragswerks (Instrumentum pacis Caesareo-Suecicum sive Osnabrugense) kehren zu einem Großteil im gleichzeitig in *Münster* ausgehandelten Friedensschluss zwischen dem Kaiser und Frankreich wieder. Der Friede von Osnabrück wurde am 7. November 1648 vom Kaiser und am 28. November 1648 von Königin Christine ratifiziert.

Oxenstierna, Axel Graf

* Gut Fånö (Uppland) 6.7.1583,
† Stockholm 7.9.1654

Die Oxenstierna waren ein altes schwedisches Adelsgeschlecht. Bedeutendster Vertreter wurde Axel, den *Gustav Adolf* 1612 zum Reichskanzler ernannte und der die Tugenden des Königs ideal zu ergänzen und auszubalancieren verstand. Über ihn sagt Golo Mann: „Er besaß den gleichen gesunden Menschenverstand, die gleiche intuitive Sachnähe, auch die plastische Derbheit des Ausdrucks, welche des Königs Sprache bezeichnete; aber mehr Vorsicht, mehr Skeptizismus, die illusionsloseste Menschenkenntnis; unmögliche Pläne seines Herrn wußte er auf das Mögliche zu reduzieren." Oxenstierna handelte die Friedensschlüsse mit Dänemark (1613) und Russland (1617) aus und schuf mit dem Waffenstillstand von *Altmark* (1629), der den Krieg mit Polen beendete, die Voraussetzung für die schwedische Intervention in Deutschland. Nach dem Sieg von *Breitenfeld* (1631) wurde Oxenstierna schwedischer Bevollmächtigter am Rhein. Mit diplomatischem Geschick hielt er die protestantische Koalition auch nach Gustav Adolfs Tod in der Schlacht bei *Lützen* weiter zusammen. Dabei hatte er sich nicht nur um den deutschen Kriegsschauplatz zu kümmern, sondern musste als Vorsitzender der Regentschaftsregierung für die minderjährige Thronerbin *Christine* die schwedische Innenpolitik auch noch gleich mit erledigen. 1633 gelang ihm die Bildung des *Heilbronner Bundes*. Nach der Niederlage von *Nördlingen* im folgenden Jahr schien seine Politik, das „Äquilibrium in Deutschland" zu erhalten, zum Scheitern verurteilt. Oxenstierna sagte später selbst, zweimal in seinem Leben habe er eine schlaflose Nacht gehabt, das eine Mal nach Lützen, das andere Mal nach Nördlingen. Aber ein Bündnis mit Frankreich, das Oxenstierna im Frühjahr 1635 persönlich durch einen Besuch bei *Richelieu* einleitete, rettete seine Sache. 1645 beendete er den zwei Jahre zuvor ausgebrochenen Krieg mit Dänemark im Frieden von *Brömsebro*. Im selben Jahr wurde er in den Grafenstand erhoben. Auf die Verhandlungen des *Westfälischen Friedens* hatte er geringeren Einfluss. Zwar wurde die schwedische Delegation von seinem Sohn Johan *Oxenstierna* angeführt, aber Königin Christine, die inzwischen die Regierung übernommen hatte und dringend daran interessiert war, ihr Land aus dem Krieg herauszubekommen, hatte in Osnabrück ihren Vertrauten *Adler Salvius* platziert, und der zeigte sich geschmeidiger und nachgiebiger, als es Oxenstierna recht sein konnte.

Oxenstierna, Johan Graf
* Stockholm 4.7.1611,
† Wismar 15.12.1657

Ins Rampenlicht der Weltgeschichte trat Johan Oxenstierna, Sohn des schwedischen Kanzlers Axel *Oxenstierna*, als Leiter der schwedischen Delegation bei den Verhandlungen des *Westfälischen Friedens*, allerdings beeindruckte er dort nicht so sehr als Politiker (sein Kollege *Adler Salvius* erledigte da die Hauptarbeit), sondern durch das Getue, das er um seine Person machte. In seinem Quartier in Osnabrück ließ er jedes Mal, wenn er morgens aufstand, wenn er sich mittags zu Tisch setzte und wenn er abends zu Bett ging, Fanfaren blasen, dass man es durch die ganze Stadt hörte. Er gab gewaltige Bankette, fuhr grundsätzlich mit Riesengefolge aus und verlangte, dass seine Frau mit dem von ihm ausgesuchten Titel „Exzellenz" angeredet wurde. Er blieb auch nach Ende des Kongresses in Deutschland, 1655 wurde er Kanzler der Universität Greifswald und Präsident des Wismarer Tribunals.

P

Pallasch →*Hieb- und Stichwaffen*

Pappenheim, Gottfried Heinrich Graf zu

* Treuchtlingen (Fränkische Alb) 29.5.1594, † Leipzig 17.11.1632

Der wegen der vielen Narben in seinem Gesicht auch „Schrammenhans" genannte Pappenheim war ein klassischer Haudegen: Nach seinem Übertritt zur katholischen Kirche Reichshofrat in Prag, danach im militärischen Dienst der *Liga*, holte er sich erste kriegerische Lorbeeren – und wohl auch die ersten seiner angeblich mehr als hundert Verwundungen – im Dienste Polens bei Kämpfen gegen *Gustav Adolf*. 1619 avancierte er zum Oberstleutnant in einem bayerischen Kürassierregiment. In der Schlacht am *Weißen Berg* 1620 wurde er so schwer verwundet, dass er für tot liegen blieb – und um ein Haar wirklich von Plünderern getötet worden wäre. Nur durch das Versprechen einer hohen Belohnung kam er davon. 1623 wurde ihm ein Kürassierregiment zugewiesen, die „Pappenheimer" erwarben sich bald den Ruf einer schneidigen Kavallerietruppe (die ursprünglich anerkennende Nennung wurde im Volksmund ins Negative gewendet: „Ich kenne meine Pappenheimer!"). 1625 kämpfte Pappenheim in Italien, 1626 nahm er an der Niederschlagung des *Bauernaufstands* in Oberösterreich teil, danach unterstützte er *Tilly* bei der Belagerung von Wolfenbüttel und später bei der Belagerung *Magdeburgs*. Die Erstürmung der Stadt am 20. Mai 1631 war mehr oder weniger sein Werk, da er, während der Ligafeldherr noch abwarten wollte, seinen Leuten eigenmächtig den Angriffsbefehl erteilte. Mit dem gleichen Ungestüm verdarb er Tilly die Anlage der Schlacht von *Breitenfeld* im September 1631: Ehe noch alle Verstärkungen eingetroffen waren, schlug sich Pappenheim bereits mit den Schweden herum und zwang Tilly dazu, die Schlacht vorzeitig zu beginnen. In der Folge führte Pappenheim, inzwischen zum Feldmarschall ernannt, auf eigene Faust Kleinkrieg gegen die Schweden in Westfalen und unternahm im Juli 1632 einen Blitzfeldzug zum Entsatz von *Maastricht*, der aber scheiterte. Wallenstein sandte ihn im November 1632 zur Eroberung von Halle – in der irrigen Annahme, dass von *Gustav Adolf* um diese Jahreszeit nichts mehr zu erwarten sei. Die Schlacht von *Lützen*, zu der sich Wallenstein dann doch genötigt sah, begann daher ohne Pappenheim. Eilends herbeigerufen, griff er mit seinen Reitern noch ein – und wurde tödlich verwundet.

Partisane →*Stangenwaffen*

Pasewalk

Im Städtchen Pasewalk in Pommern vollzog sich im September 1630 eine Tragödie, die den Untergang *Magdeburgs* im folgenden Jahr vorwegnahm. Die Bewohner hatten nach der Landung *Gustav Adolfs* im Juli 1630 die schwedischen Vorausabteilungen begrüßt. Doch als Nächstes erschienen kaiserliche Truppen, die die Schweden vertrieben und die Stadt einäscherten. Über die Bürger wurde ein grausames Strafgericht verhängt. Den Racheakt schildert die „Laniena Pasewalcensis", ein „Trawriges Klag-Lied" mit zwei

Dutzend Strophen, das von der schwedischen *Propaganda* in Deutschland verbreitet wurde.

Pauw, Adriaen

* Amsterdam 1.11.1585,

† Den Haag 21.2.1653

Spross einer Amsterdamer Kaufmanns- und Regentenfamilie, war Pauw 1611 bis 1627 Ratspensionär in seiner Heimatstadt und 1631 bis 1636 sowie 1651 bis 1653 Ratspensionär von Holland. In den Verhandlungen des *Westfälischen Friedens* trat er als führender Kopf der Niederländer auf; er verkörperte die patrizisch-administrative Schicht der jungen Republik, die aus Geschäftsinteresse (Pauw war mit der Vereinigten Ostindien-Kompanie verbunden) auf eine rasche Beendigung des Krieges drängte.

Pázmány, Peter

* Großwardein/Oradea 4.10.1570,

† Preßburg 19.3.1637

Aus protestantischem Elternhaus stammend, konvertierte Pázmány früh zum Katholizismus und wurde 1587 in den Jesuitenorden aufgenommen. 1616 zum Erzbischof von Gran (ungarisch Esztergom) gewählt, betrieb er die Gegenreformation in Ungarn. 1618 setzte er die Wahl Ferdinands von der Steiermark (*Ferdinand II.*) zum ungarischen König durch. In der Folgezeit, unterbrochen durch ein Exil in Wien 1620 bis 1622 wegen der Besetzung Ungars durch *Bethlen Gábor von Iktár*, wirkte er als Vorkämpfer der habsburgischen Herrschaft für den erneuten Anschluss Ungarns an Österreich. 1629 wurde er Kardinal. Pázmány hinterließ ein reiches schriftstellerisches Werk; er gilt heute als Begründer der ungarischen Literatursprache.

Peñaranda, Graf Guzmán de

* um 1595, † Madrid 1676

Gaspar de Bracamonte y Guzmán, Graf von Peñaranda, traf im Juli 1645 mit einem Gefolge von 112 Personen in Münster ein. Er vertrat als Prinzipalgesandter das Königreich Spanien bei den Verhandlungen des *Westfälischen Friedens*. Am 30. Januar 1648 unterzeichnete er den Sonderfriedensvertrag mit der Republik der Vereinigten Niederlande. Peñaranda sorgte für den einzigen großen Eklat des Friedenskongresses: Im April 1648 befahl er seinen Leuten, die portugiesische Gesandtschaft anzugreifen, deren Angehörige angeblich Spanien beleidigt hatten. Bei dem Überfall wurden elf Mann verletzt; eine Bestrafung der Täter durch die städtische Justiz wusste der Gesandte zu verhindern.

Père Joseph →*Joseph von Paris*

Pest →*Seuchen*

Philipp III., König von Spanien

* Madrid 14.4.1578, † ebd.31.3.1621

Philipp III. gelangte nach dem Tod seines Vaters Philipp II. 1598 an die Regierung, überließ die Geschäfte jedoch weit gehend seinem Vertrauten Herzog Lerma sowie (nach 1618) dessen Sohn, dem Herzog von Uzeda. Wenn auch Philipp III. die Großmachtpolitik seines Vaters nicht fortzusetzen imstande war, blieb er im Kampf gegen die Republik der Vereinigten *Niederlande* auf dessen Linie. In Philipps III. Regierungszeit fallen noch die strategischen Vorbereitungen für einen erneuten Angriff nach Ablauf des 1609 für zwölf Jahre vereinbarten Waffenstillstands (Schaffung des „Militärkorridors" zwischen Norditalien und den spanischen Niederlanden).

Philipp IV., König von Spanien
* Valladolid 8.4.1605,
† Madrid 17.9.1665
Beim Tod seines Vaters Philipp III. (1621) noch nicht volljährig, kam Philipp IV. erst 1623 an die Regierung. Die von ihm angestrebten Reformen blieben weit gehend aus, da die Politik seines Günstlings *Olivares* das Land in kostspielige militärische Engagements an der Seite der österreichischen Habsburger verstrickte. Im *Westfälischen Frieden* 1648 musste Philipp IV. die Selbstständigkeit der Vereinigten Republik der *Niederlande* anerkennen, der *Pyrenäenfriede* 1659 bedeutete dann das eigentliche Ende der spanischen Weltmacht.

Philipp Christoph, Kurfürst von Trier
→Sötern, Philipp Christoph von

Philippsburg *→Uttenheim*

Piccolomini, Octavio
* Florenz 11.11.1599, † Wien 11.8.1656
In Schillers „Wallenstein" ist er der Gegenspieler des Feldherrn, der Legitimist, der sich auf die Seite der althergebrachten Macht schlägt und den Usurpator Wallenstein verrät – aus edelsten Motiven, um den Bürgerkrieg zu verhindern – und „schmerzvoll zum Himmel blickt", als ihm zur Belohnung der Fürstentitel verliehen wird. Der historische Piccolomini ist so schamhaft nicht gewesen, er hat genommen, was er kriegen konnte, und das war nicht wenig. Bei aller Raffgier war er aber auch ein persönlich furchtloser und umsichtiger Truppenführer. Der Dreißigjährige Krieg war „sein" Krieg, Piccolomini war von Anfang bis Ende dabei. Aus altem toskanischen Geschlecht stammend (einer seiner Vorfahren war der Humanist Aenea Silvio, der spätere Papst Pius II.), begann Piccolomini mit 15 Jahren seine militärische Laufbahn in Italien. 1620 zog er nach Böhmen und kämpfte danach als Obristleutnant im Reiterregiment *Pappenheims*. 1627 wurde er Kommandant der Leibgarde *Wallensteins*, der ihn auch mit diplomatischen Missionen betraute. Piccolomini nahm teil am *Mantuanischen Erbfolgekrieg* und schloss sich nach seiner Rückkehr aus Italien erneut Wallenstein an. In der Schlacht von *Lützen* focht er mit Bravour, drei Pferde wurden ihm unter dem Leib weggeschossen, er erhielt mehrere Streifschüsse. Obwohl Vertrauter Wallensteins und auch einer der Unterzeichner des ersten *Pilsener Reverses*, nahm er an der Verschwörung zum Sturz des Feldherrn teil. Nach Wallensteins Ermordung wurde ihm ein Gut des gleichfalls getöteten *Terzka* übertragen. Zum Feldmarschall ernannt, hatte Piccolomini 1634 Anteil am Sieg von *Nördlingen*, kämpfte danach in den Niederlanden und erhielt von den Spaniern dafür das Herzogtum Amalfi. Nach mehreren Niederlagen gegen die Schweden in den Jahren 1641/1642 legte er den Oberbe-

fehl nieder, zog aber 1644 wieder in den Krieg der Spanier gegen die Niederlande. 1648 wurde er noch einmal kurzfristig Oberbefehlshaber einer kaiserlichen Armee. Als Prinzipalgesandter vertrat er das Reich bei den Verhandlungen, die in Nürnberg nach dem Friedensschluss zur *Demobilisierung* der Armeen geführt wurden. Zwei Jahre vor seinem Tod erhielt Piccolomini noch das Herzogtum Münsterberg und wurde in den Reichsfürstenstand erhoben.

Pike →*Stangenwaffen*

Pilsen, Eroberung von

Der erste große Belagerungskampf des Dreißigjährigen Krieges entspann sich im Herbst 1618 um die Stadt Pilsen, die als bedeutendster Stützpunkt der katholischen Kaisertreuen sich dem *Böhmischen Aufstand* nicht angeschlossen hatte. Mit einem Heer, das er ursprünglich für den Herzog von Savoyen geworben hatte und das von *Friedrich von der Pfalz* finanziert wurde, erschien der Söldnerführer *Mansfeld* vor der Stadt und forderte sie dreimal zur Übergabe auf, was die standhaften Bürger verweigerten. Da Mansfeld wenig Artillerie besaß, verlegte er sich darauf, „durch Minieren einen Eingang zu machen", wie es in einem zeitgenössischen Bericht heißt. Petarden (Hohlminen) rissen die Wälle auf, am 21. November fiel die Stadt nach 15-stündigem schwerem Kampf. Der Sieger ließ einen Galgen errichten, auf „dass die Pilsener der Mansfeldischen eingedenk bleiben sollten". Als Erster hing an dieser neuen Richtstätte der Pilsener Scharfrichter, dem nachgesagt wurde, sich bei der Verteidigung der Stadt als Scharfschütze mit stets treffenden Teufelskugeln betätigt zu haben. Die meisten anderen Verteidiger erhielten freien Abzug und heuerten ohne weiteres bei den Mansfeldischen an. Durch den Fall Pilsens bekam die protestantische Sache in Böhmen großen Auftrieb.

Pilsener Revers

Am 13. Januar 1632 versammelten sich in *Wallensteins* Winterquartier in Pilsen 49 kaiserliche Regimentsführer und Generäle, um über die militärische und politische Lage zu beraten. Hintergrund war die kritische Situation Wallensteins; der Generalissimus brauchte Rückenstärkung für seine Verhandlungen mit den Schweden und Sachsen und gleichzeitig ein Druckmittel gegenüber dem Wiener Hof. Die Veranstaltung stand ganz unter der Regie von Wallensteins Vertrautem *Ilow*, der die Kommandeure dahin brachte, dass sie ein Dokument aufsetzten, in dem sie sich verschworen, bis zum letzten Blutstropfen bei ihrem Feldherrn auszuhalten, wenn dieser seine Abdankungspläne aufgebe und sich entschlösse, „bei der Armada" zu bleiben. Dieser erste Pilsener Revers wurde von sämtlichen Anwesenden unterzeichnet, auch von solchen, die sich kurz darauf aktiv an der Verschwörung gegen Wallenstein beteiligten, wie *Butler* und *Piccolomini*. Dass bei der Unterzeichnung gemogelt wurde, wie es Schiller im „Wallenstein" dramatisch ausmalt (den Offizieren wird „vor Tische" eine Version vorgelegt, die noch einen Treuevorbehalt gegen den Kaiser enthält, im Suff unterschreiben sie nachher eine Fassung ohne die bewusste Klausel), ist Legende. In Wien wurde die Vereinbarung vom 13. Januar zum Anlass genommen, nun endgültig die Absetzung und Ächtung Wallensteins zu betreiben. Es half auch nicht, dass der Generalissimus bei einem erneuten Kriegsrat am 20. Februar – diesmal nur noch in kleinerem Kreise, viele Generäle waren bewusst ferngeblieben – einen zweiten Revers unterschreiben ließ, in dem jede Rebellionsabsicht bestritten wurde. Das Ende Wallensteins war nicht mehr aufzuhalten.

Pirnaer Noteln

Das immer etwas unsichere Bündnis zwischen Schweden und Sachsen zerbrach zehn Wochen nach der Niederlage von *Nördlingen* vollends. In Pirna schloss am 24. November 1634 der sächsische Kurfürst mit den Kaiserlichen ein Abkommen, das als Präliminarvertrag zum *Prager Frieden* im Mai des nächsten Jahres zu sehen ist. Die so genannten Pirnaer Noteln sahen die Bildung einer gemeinsamen sächsischen, bayerischen und kaiserlichen Armee vor. Sachsen erhielt das volle Anrecht auf die Lausitz (die sich seit 1620 als Pfand im Besitz Sachsens befand) und erkannte die Übertragung der pfälzischen Kurwürde auf Bayern an. Wichtigster Punkt war die Festlegung des Stichtages 12. November 1627 für das „Normaljahr". Besitzverhältnisse in den Kirchengütern und konfessionelle Verhältnisse, wie sie zu diesem Zeitpunkt bestanden, sollten unangetastet bleiben. Damit waren die Eroberungen anerkannt, die die Katholiken in den ersten Kriegsjahren im Süden und Südwesten gemacht hatten, die säkularisierten Bistümer in Norddeutschland blieben jedoch ihrem Zugriff entzogen (das *Restitutionsedikt* wurde dazu für vierzig Jahre außer Kraft gesetzt).

Pissek, Schlacht von
→*Záblati, Schlacht von*

Pistole →*Handfeuerwaffen*

Prag

Die „Goldene Stadt" stand mehrere Male im Brennpunkt des Dreißigjährigen Krieges. Residenz der Könige von Böhmen und 1556 bis 1611 unter Maximilian II. und *Rudolf II.* sogar Hauptstadt des deutschen Reiches, war Prag am Vorabend des Krieges eine blühende Metropole, in der humanistische Traditionen und geistige, künstlerische und politische Einflüsse aus Deutschland, aber auch aus Italien mit der tschechischen nationalen Kultur verschmolzen. Ungefähr ein Drittel der Einwohnerschaft bestand aus Deutschen. Von den Spannungen zwischen einem von den Habsburgern geförderten militanten Katholizismus und den verschiedenen in Böhmen heimischen Spielarten des Protestantismus blieb jedoch auch die Hauptstadt nicht frei. Hier kam es am 23. Mai 1618 zum *Prager Fenstersturz*, der den *Böhmischen Aufstand* und damit den Dreißigjährigen Krieg einleitete. Prag wurde im November 1619 Residenz *Friedrichs V. von der Pfalz*, der als „Winterkönig" in die Geschichte einging. Nach seiner Flucht im November des nächsten Jahres brach über die Stadt das Strafgericht der kaiserlichen Sieger herein. „Das Plündern und Morden allhier hat noch kein Ende", heißt es in einem Zeitungsbericht vom 30. November 1620. Im Juni 1621 wurden am *Altstädter Ring* 27 Anführer des Böhmischen Aufstands hingerichtet, Protestanten wurden vertrieben, eine gewaltsame Rekatholisierung setzte ein. Eine 1622 erlassene Stadtverfassung beschnitt die städtische Autonomie. – Nach der Niederlage der Kaiserlichen in der Schlacht von *Breitenfeld* wurde Böhmen Kriegsschauplatz, am 15. November 1631 besetzten die Sachsen Prag, mit ihnen kamen zahlreiche exilierte Protestanten, die gleich darangingen, ihr verlassenes Hab und Gut wieder in Besitz zu nehmen. Das währte allerdings nur kurz; im Mai 1632 wurde Prag von *Wallenstein* zurückerobert. Am 30. Mai 1635 schlossen Kaiser *Ferdinand II.* und Kurfürst *Johann Georg I. von Sachsen* den *Prager Frieden*. Im Sommer 1648 rückte der Krieg noch einmal bis unter die Mauern der Goldenen Stadt. Schwedische Truppen unter *Königsmarck* eroberten am 26. Juli 1648 den links der Moldau gelegenen Stadtteil Kleinseite mit der Burg (Hradschin), wo ihnen nach eigenen Angaben Beute im Wert von sieben Millionen Reichstalern in die Hände fiel. Die Stadtteile rechts der Moldau, Alt- und Neustadt, vermochten sich gegen die schwedischen Angriffe bis Kriegsende zu halten.

Prager Fenstersturz

Die „Defenestration" war eine in Böhmen bekannte Form der Lynchjustiz: Man warf die verhasste Person aus dem Fenster, auf dass sie sich alle Knochen breche und den Hals dazu. So kam es zum ersten Fenstersturz in Prag am 30. Juli 1419, als aufgebrachte Hussiten das Rathaus in der Neustadt stürmten und einen Richter, drei Ratsherren und weitere neun Personen zum Fenster hinauswarfen. Die Tat wurde Fanal für den Ausbruch der Hussitenkriege, die bis 1436 dauerten. In bewusster Anlehnung an den Vorfall von 1419 verabredeten sich im *Böhmischen Aufstand* knapp zweihundert Jahre später die oppositionellen Adligen um den Grafen *Thurn*, mit den kaiserlichen Statthaltern, die ihnen Versammlungsverbot auferlegt hatten, in gleicher Weise zu verfahren. Am 23. Mai 1618 zogen rund hundert Delegierte der protestantischen Stände Böhmens, begleitet von einer ungeheuren Volksmenge, zur Prager Burg, dem Hradschin. Sie trafen die kaiserlichen Räte *Slawata* und *Martinitz* und den Sekretär Fabritius in der Ratskammer an. Nach kurzem heftigen Wortwechsel griffen die Aufrührer mit den Worten „Nun wollen wir uns wider unsere Religionsfeinde rechtschaffen verhalten!" zu. Martinitz, unaufhörlich „Jesus, Maria!" rufend, flog als Erster hinaus. „Wir wollen sehen, ob ihm seine Maria helfen wird", höhnte einer der Adligen hinterher, um dann verblüfft festzustellen, dass der in die Tiefe des Schlossgrabens Gestürzte tatsächlich noch am Leben war. Das Gleiche geschah mit Slawata und dem Sekretär, die ebenfalls hinausgeworfen wurden. Nur gering verletzt, konnten sie sich davonmachen. Hastig hinter ihnen hergesandte Schüsse verfehlten ihr Ziel. In seinen Lebenserinnerungen führt Slawata es auf die

Fürbitte der Jungfrau Maria zurück, dass ihm der Sturz – immerhin 17 Meter tief – „an seiner Gesundheit trotz seines schweren Leibes nichts geschadet hat", nach anderen Zeugen soll es ein Misthaufen gewesen sein, der den Fall gedämpft hat. Aber auch ohne Todesopfer wirkte das Fanal: Die zum Kampf entschlossenen böhmischen Stände setzten ihr Landaufgebot in Bereitschaft, am 9. Juni wurden die Jesuiten als die Vorkämpfer der *Gegenreformation* des Landes verwiesen. Im August überschritt das erste kaiserliche Heer die böhmische Grenze, die Schlacht um Böhmen, die sich zum Dreißigjährigen Krieg auswachsen sollte, begann.

Prager Frieden

Am 30. Mai 1635 schlossen der Kaiser, die katholische Liga und Kursachsen in Prag einen Frieden, dem bald darauf die meisten deutschen Reichsstände beitraten. Den Friedensbestimmungen lagen die so genannten *Pirnaer Noteln* zugrunde: Was vor dem „Normaltag", dem 12. November 1627, katholisch oder evangelisch gewesen, sollte es auch weiterhin bleiben. In Geltung blieb damit auch die Aussetzung des Restitutionsedikts, die Übertragung der pfälzischen Kurwürde auf Bayern, das Anrecht Sachsens auf die Lausitz und die Bildung eines Reichsheeres. Dazu sollten alle sonstigen Bündnisse im Reich, also katholische *Liga* ebenso wie protestantischer *Heilbronner* Bund, aufgelöst werden. Fremde Mächte hatten vom Reichsboden zu verschwinden; an nationalen Tönen und Bekenntnissen zu „unserem lieben Vaterland" fehlt es in dem Vertragstext durchaus nicht. Die gegenseitigen Kriegskosten seit 1630 wurden aufgehoben, eine Amnestie wurde verkündet. Diese sollte aber nicht gelten für die Verursacher der „böhmischen und pfälzischen Händel und Sachen". Auch der „Hauptanfänger und Ursacher alles Unheils", der vor drei Jahren verstorbene *Friedrich v. von der Pfalz*, bekam noch sein Fett weg: Der Kaiser bat sich aus, dass alles, was gegen den „Winterkönig" angeordnet worden sei, auch „allerdings verbleiben" solle. Von einer Restitution des Pfälzer Besitzes war also keine Rede, wie auch *Ferdinand II.* es ablehnte, in seinen Erbländern die Augsburgische Konfession anzuerkennen. – Der Prager Frieden, weniger ein Friedensvertrag als „eine Art von regelwidrig zustande gekommenem Reichs- und Notgesetz" (G. Mann), wurde jedoch nicht der erhoffte Ausgangspunkt einer allgemeinen Befriedung in Deutschland. Das lag daran, dass er von der Fiktion ausging, es gelte einen deutschen Bürgerkrieg zu beenden, und die Beteiligung auswärtiger Mächte an dem Konflikt ausblendete. Schweden nämlich war nicht bereit, sich ohne „Satisfaktion" aus Deutschland zurückzuziehen, und Frankreich blieb entschlossen, die habsburgische Macht vom Rhein wegzudrängen. Dazu passten die gerade geschehene Eroberung Triers durch die Spanier und die Gefangennahme des Erzbischofs Philipp Christoph (*Sötern*), die *Richelieu* zum Anlass genommen hatte, Spanien am 21. Mai 1635 den Krieg zu erklären. Im Prager Frieden vollzog sich also nur eine „Umkehrung der Allianzen" (G. Mann). Die deutschen Stände traten ins österreichisch-spanische

Lager über und hatten fortan Schweden und Franzosen zu Feinden.

Presse →*Zeitungen*

Propaganda

Mehr als andere Kriege zuvor wurde der Dreißigjährige Krieg auch „psychologisch" geführt. Es gab bereits so etwas wie eine öffentliche Meinung, die man beeinflussen wollte, vor der es sich zu rechtfertigen galt; Propaganda diffamierte den Gegner und machte die eigenen Kriegsziele populär. Den ersten „Boom" erlebte die Propaganda gleich in den ersten Kriegsjahren. Der *Böhmische Aufstand* wurde mit einer Flut von Pamphleten aller Art begleitet. Im *Kanzleienstreit*, den sich die ligistische und die pfälzische Diplomatie seit 1621 lieferten, feierte die Praxis, Geheimpapiere des Gegners zu veröffentlichen, Premiere. Eine zweite Blütezeit kam mit dem Eingreifen der Schweden in den Krieg. Zunächst trommelte die königliche Propaganda in Schweden selbst, um die Bevölkerung für den Kampf gegen das „päpstliche Joch" in Deutschland zu gewinnen und sie mit den Truppenaushebungen zu versöhnen. Schon einen Monat vor der Landung *Gustav Adolfs* im Juli 1630 war sein Agent *Adler Salvius* in Norddeutschland unterwegs, um Stimmung für den König zu machen. Nach seiner Landung ließ Gustav Adolf dann eine Verlautbarung an die Bevölkerung und die Herrscher Europas verbreiten, in der er in fünf Sprachen die Gründe seines Eingreifens erläuterte. Diese „Deduktion" erlebte im Jahr 1630 allein zwanzig Auflagen. Der Untergang *Magdeburgs* im folgenden Jahr zog eine Flut von anklagenden Schriften gegen die Brutalität der Kaiserlichen nach sich, das siegreiche Vordringen des Schwedenkönigs nach der Schlacht von *Breitenfeld* wurde mit einem weiteren Propagandaschwall unterstützt. Der Tod Gustav Adolfs bei *Lützen* ließ den „Schwedenjubel" (H. Langer) verstummen, dafür verkündete die Gegenseite 1634 den Sieg von *Nördlingen* in mindestens 54 verschiedenen Blättern und Schriften. In den folgenden Jahren wurden die Beiträge zum Meinungskampf merklich geringer. Das dürfte damit zusammenhängen, dass sich ideologische Motive in der Kriegführung abgenutzt hatten und nicht mehr glaubhaft waren.

Pyrenäenfrieden

Im *Westfälischen Frieden* war ein Teilaspekt des Dreißigjährigen Krieges nicht behandelt worden: die Auseinandersetzung zwischen Frankreich und Spanien. Der Krieg zwischen beiden Staaten ging auch nach 1648 weiter, erst der so genannte Pyrenäenfrieden, den französische und spanische Abgesandte am 7. November 1659 auf der Fasaneninsel im Grenzfluss Bidassoa schlossen, machte auch hier ein Ende. Spanien verzichtete auf die Grafschaft Roussillon, auf Teile des Artois und Flanderns, auf Luxemburg und Pinerolo (in Piemont). Die Herzöge von Lothringen, Savoyen und Modena und der Fürst von Monaco wurden wieder in ihre Herrschaft eingesetzt. Für Frankreich bedeutete der Friedensschluss eine Ruhepause im Kampf gegen Habsburg, für Spanien den Abschied von der Weltmacht.

Questenberg, Gerhard Freiherr von

* Köln um 1580, † Wien 1.7.1644

Friedrich von Schiller gibt ihm in seinem „Wallenstein"-Drama die Rolle des Höflings und Aktenhengstes, der mit seinem engen Beamtenverstand nicht begreifen kann, was in der rauen Welt der Soldaten vor sich geht. Dem historischen Questenberg wird das nicht gerecht; dieser war vielmehr Vertrauter *Wallensteins* am Wiener Hof und benutzte seine Stellung als Kriegsrat in der österreichischen Kriegskanzlei dazu, den Feldherrn mit Nachrichten zu versorgen. Bis zuletzt stand er aufseiten Wallensteins, konnte aber sein Ende nicht verhindern. Questenberg starb als kaiserlicher Geheimer Rat und Vizepräsident des Hofkriegsrats.

Rain, Schlacht von

Im Frühjahr 1632 verließ *Gustav Adolf* sein Winterquartier am Rhein und setzte seinen Vormarsch durch Deutschland fort. Sein Ziel war *Augsburg* und mit der Vereinigung des bayerischen Heeres unter Kurfürst *Maximilian* und den Truppen *Tillys* und *Aldringens*, die am 1. April erfolgte, hatte er den erwünschten Vorwand, in Bayern einzufallen. Mit rund 35 000 Mann überschritt der Schwedenkönig am 7. April die Donau bei Donauwörth und erreichte am 14. April den Lech. Hier hatte Tilly die Brücken abbrechen lassen und jenseits des Flusses beim Dorf Rain mit insgesamt 27 000 Mann eine feste Stellung bezogen. Der König ließ es sich nicht nehmen, persönlich die Feindlage zu erkunden. Bei einem ligistischen Wachtposten, der ihn nicht erkannte, erkundigte er sich übers Wasser hinweg nach dem Wohlergehen des „alten Monsieur Tilly" und forderte den Posten dann auf zu desertieren, ihm werde „gutes Quartier" geboten. In der Nacht schlugen die schwedischen Pioniere eine Pontonbrücke über den Lech und gedeckt von einer Kanonade aus 72 Rohren überquerte Gustav Adolfs Heer am 15. April den Fluss. In der folgenden Schlacht verloren die ligistischen Truppen bald ihre Führung. Erst wurde Tilly verwundet, dann Aldringen. Daraufhin gab Kurfürst Maximilian die noch nicht angegriffene Hauptstellung auf und zog sich auf das stark befestigte Ingolstadt zurück. Dort starb Tilly am 30. April. Der Sieg in der Schlacht von Rain öffnete den Schweden den Weg nach Bayern, am 24. April zog Gustav Adolf in Augsburg ein, Mitte Mai stand er bereits vor den Toren der Hauptstadt München.

Rantzau, Josias von

* 18.10.1609, † Paris 14.9.1650

Mit 13 Jahren lief Rantzau, ein Adelsspross aus Holstein, seinen Eltern davon und schlug sich auf den Schlachtfeldern Europas durch, nacheinander in oranischen, dänischen, kaiserlichen, schwedischen und französischen Diensten. Er war als Draufgänger und Duellant berüchtigt und holte sich angeblich 60 Verwundungen, jedenfalls hatte er zuletzt nur noch ein Auge, ein Ohr, einen Arm und ein Bein. Als Befehlshaber einer französischen Armee erlitt er 1643 bei *Tuttlingen* eine fürchterliche Niederlage und geriet in Gefangenschaft. 1645 trat er zum Katholizismus über und wurde Marschall von Frankreich, später auch Gouverneur von Dünkirchen. Bei *Mazarin* in Ungnade gefallen, beschloss er sein abenteuerliches Leben als Häftling in der Bastille.

Reformationspatente

Auch die Rekatholisierung galt als Reformation, nämlich als Reformation der Reformation. Entsprechend nannte man Erlasse, die gegen den Protestantismus in Österreich gerichtet waren, Reformationspatente. Kardinal *Khlesl* organisierte als „Generalreformator" seit 1590 das katholische Rollback mit Ausweisungen einzelner protestantischer Pfarrer und Verboten des „Auslaufens", d. h. des Gottesdienstbesuches in benachbarten Gemeinden. Unter Kaiser *Ferdinand II.* wurde dann die Konversion durch Waffengewalt erzwungen.

1626 wurde die Wiener Universität von allen protestantischen Professoren „gesäubert". Ein kaiserliches Generalmandat von 1627 setzte den Schlusspunkt unter die Verfolgungspolitik, es befahl die Ausweisung aller evangelischen Prediger und Schulmeister. 1645 wurde überhaupt jeder nichtkatholische Gottesdienst verboten. Bis zum Toleranzpatent Josephs II. von 1781 blieb in Österreich die protestantische Lehre völlig unterdrückt.

Regensburg

Als Handelszentrum hatte Regensburg schon im 14. Jahrhundert gegenüber *Augsburg*, *Nürnberg* und *Wien* an Bedeutung verloren. Dafür erlebte die Reichsstadt als Tagungsort für die Reichstage seit Ende des 16. Jahrhunderts eine neue Blüte. Seit 1552 war die Stadt protestantisch, befand sich damit im Gegensatz zum Bistum Regensburg, das von katholischen Fürsten geführt wurde. Strategisch war Regensburg ein wichtiger Platz im süddeutschen Raum. *Tillys* letztes Wort auf dem Totenbett im belagerten Ingolstadt Ende April 1632 soll „Regensburg" gewesen sein. Im November 1633 wurden Stadt und Bistum von *Bernhard von Weimar* erobert, Bischof Albert von Törring wanderte in schwedische Haft, das Hochstift musste ungeheure *Kontributionen* leisten. Im folgenden Jahr allerdings gewannen die Kaiserlichen Regensburg wieder zurück. Im Januar 1641 standen die Schweden unter *Banér* nach einem Blitzmarsch von Thüringen aus abermals vor den Mauern der Stadt und erschreckten den gerade tagenden Reichstag mit einigen Geschützsalven, mussten sich dann aber wegen schlechten Wetters wieder zurückziehen.

Regensburger Fürstentag

Im Juli 1622 lud Kaiser *Ferdinand II.* die Regenten von Köln, Mainz, Trier, Kursachsen, Brandenburg, Braunschweig-Wolfenbüttel, Pommern, Hessen-Darmstadt, Bayern, Salzburg und Bamberg zu einem Treffen nach Regensburg ein. Absicht war, die Verhältnisse im Reich nach der Niederwerfung des *Böhmischen Aufstands* zu regeln. Da inzwischen die geheime Übertragung der pfälzischen Kurwürde auf Bayern und die Protestantenverfolgungen in Böhmen bekannt geworden waren, lehnten bis auf Hessen-Darmstadt die protestantischen Fürsten eine Teilnahme ab, Sachsen und Brandenburg schickten Delegierte zur Beobachtung. Die Tagung begann am 7. Januar 1623. Gegen Ende, am 25. Februar 1623, wurde die Übertragung der pfälzischen Kurwürde auf *Maximilian von Bayern* offiziell vollzogen; außerdem wurde ihm die Oberpfalz zugesprochen. Die Rheinpfalz kam unter bayerische und spanische Verwaltung. Mit dem Regensburger Fürstentag endete das Bündnis zwischen dem Kaiser und Kursachsen.

Regensburger Kurfürstentag (1630)

Am 3. Juli 1630 eröffnete Kaiser *Ferdinand II.* in Regensburg eine Versammlung der deutschen Kurfürsten, die bis November desselben Jahres dauerte. Absicht Ferdinands war, die Wahl seines Sohnes *Ferdinand (III.)* zum römischen König zu sichern und Hilfe gegen die niederländischen Generalstaaten (die *Friedrich V. von der Pfalz* unterstützten) und *Gustav Adolf* (dessen Landung in Pommern unmittelbar bevorstand) einzufordern. Die Tagung, zu der die katholischen Kurfürsten persönlich erschienen waren, während Brandenburg und Sachsen sich durch Gesandte vertreten ließen, wurde zu einem vollständigen Misserfolg des Kaisers. Die Kurfürsten stutzten seine Machtfülle, die sich im Vorjahr durch den Frieden von *Lübeck* und das *Restitutionsedikt* noch eindrucksvoll dokumentiert hatte. Sie verweigerten die Königswahl Ferdinands, forderten eine Verringerung der kaiserlichen Armee und eine Milderung der Kriegslasten. Der Kaiser musste *Wallenstein*, auf den sich die Beschwerden konzentrierten, entlassen. Dem war das erstaunlicherweise ganz recht, die Kosten seines Heeres überstiegen schon lange die vom Kaiser empfangenen Einkünfte. Drei Viertel der kaiserlichen Armee wurden abgedankt, den Oberbefehl über die geschrumpfte Streitmacht erhielt der Ligafeldherr *Tilly*. Auch zur Unterstützung der spanischen Armeen in den Niederlanden rückten die Versammelten kein Geld heraus. Zwar gelang dem Kaiser immerhin, mit einer französischen Gesandtschaft, die gleichfalls auf der Tagung vertreten war, einen Friedensvertrag zur Beendigung des *Mantuanischen Erbfolgekriegs* auszuhandeln. Dieser wurde jedoch von *Richelieu* nicht anerkannt, erst ein halbes Jahr später kam es in *Cherasco* zu einem – für den Kaiser wesentlich ungünstigeren – Abschluss.

Regensburger Kurfürstentag (1636)

Anders als die Versammlung von 1630 wurde der Kurfürstentag von Regensburg, den Kaiser *Ferdinand II.* am 15. September 1636 eröffnete, zu einer unangefochtenen Demonstration der habsburgischen Macht in Deutschland. Nach dem Frieden von *Prag* (1635) hatte der Kaiser die deutschen Fürsten auf seiner Seite, einstimmig wählten sie seinen Sohn *Ferdinand (III.)* zum römischen König.

Reiterei

Der gepanzerte Reiter als Rückgrat der europäischen Heere des Mittealters hatte durch die Infanterietaktik der Landsknechte und die Einführung der Feuerwaffe seine Bedeutung verloren. Dennoch bestanden auch im Dreißigjährigen Krieg die Heere immer noch zu einem Drittel aus Reitern, nur waren ihnen andere Aufgaben zugewiesen. Als bewegliche Angriffswaffe blieben sie unersetzlich. Die Lanze war im 17. Jahrhundert kaum noch in Gebrauch, nur die polnische schwere Kavallerie, Kosaken oder griechische Stradioten, die auch auf den Schlachtfeldern des Dreißigjährigen Krieges erschienen, führten sie noch. Von der früher üblichen Vollrüstung waren nur noch Helm sowie Brust- und Rückenharnisch übrig (der Kürass, von dem sich die Bezeichnung Kürassiere ableitet). In der Reiterei waren *Handfeuerwaffen* verbreitet, die Pistole wie auch die Arkebuse (später der noch kürzere Karabiner). Wichtiger war jedoch die Griffwaffe für den Hieb: Schwert, Pallasch, Säbel (*Hieb- und Stichwaffen*). Für den Angriff mit der Feuerwaffe wurde eine spezielle

Taktik entwickelt, die so genannte Caracolla: Man ritt in mehreren Linien an, die jeweils feuerten und abschwenkten, danach folgte die Attacke in geschlossener Formation mit blanker Waffe. Gewöhnlich wurden die Reitermassen an den Flügeln aufgestellt, während das Zentrum einer Schlachtordnung von der Infanterie gehalten wurde. *Gustav Adolf* wich als Erster von diesem Prinzip ab, er mischte Musketiergruppen und leichte Artillerie unter die Reiterschwadronen und ließ die Waffengattungen sich gegenseitig unterstützen. Das hieß zwar zeitweilig Geschwindigkeit und Schwung der Kavallerieaktionen dämpfen, erlaubte aber ein besseres Umgehen mit wechselnden Gefechtssituationen. Diese Taktik des Umschaltens von Angriff auf Verteidigung und von Verteidigung auf Angriff, zuerst und mit durchschlagendem Erfolg in der Schlacht von *Breitenfeld* 1631 praktiziert, wurde schon bald von den übrigen Armeen kopiert.

Restitutionsedikt

Bereits auf dem Kurfürstentag von *Mühlhausen* im Herbst 1627 hatte Kaiser *Ferdinand II.* versucht, die deutschen Fürsten auf seine gegenreformatorischen Ziele einzustimmen, allerdings vergeblich. Anderthalb Jahre später, im Frühjahr 1629, hielt er die Zeit für gekommen, den „großen Gewinn und die Frucht des Krieges", so seine Worte, einzubringen. Noch während der Verhandlungen zum Frieden von *Lübeck*, der den Schlussstrich unter das Eingreifen des Dänenkönigs zugunsten der protestantischen Partei zog, erließ er am 6. März 1626 das Restitutionsedikt. An dessen Formulierung war vermutlich Ferdinands Beichtvater *Lamormain* stark beteiligt. Das Edikt entstand in Abstimmung mit den drei geistlichen Kurfürsten von Mainz, Köln und Trier und mit Kurfürst *Maximilian von Bayern* (der seine Verantwortung dafür allerdings noch lange zu verschweigen suchte); der Kaiser sah jedoch davon ab, deswegen einen Reichstag einzuberufen. Das Restitutionsedikt lieferte eine eigenwillige Interpretation des *Augsburger Religionsfriedens*: Es erklärte jede Entfremdung von katholischem Kirchengut nach dem Stichjahr 1552 für unrechtmäßig. Kaiserliche Kommissare sollten dafür sorgen, dass die ursprünglichen Besitzer wieder in ihre Rechte eingesetzt würden und die Reichsstände sollten dabei Hilfestellung leisten. Rund 500 Klöster und Konvente vor allem in Niedersachsen und Württemberg waren davon betroffen, ebenso die Erzbistümer Bremen und Magdeburg sowie zwölf reichsunmittelbare Bistümer in Norddeutschland. Meißen, Merseburg und Naumburg, die mit auf die Liste gehört hätten, wurden dem Kurfürsten von Sachsen aus politischen Rücksichten vorerst überlassen. – Gegen das Restitutionsedikt erhob sich nicht nur bei den protestantischen Reichsständen Protest, auch auf katholischer Seite wurden Bedenken gegen den sich im Edikt manifestierenden kaiserlichen Absolutismus laut. So weigerte sich *Wallenstein*, Truppen für die militärische Durchsetzung der Restitutionen zur Verfügung zu stellen, auch vom Papst und vom spanischen Königshof kamen Warnungen. Auf dem *Regensburger Kurfürstentag* 1630 musste der Kaiser einer

Überprüfung des Edikts zustimmen, im *Prager Frieden* 1635 wurde es für vierzig Jahre ausgesetzt, im *Westfälischen Frieden* 1648 verschwand es ganz.

Rheinfelden, Schlacht von

Im Frühjahr 1638 schlossen Schweden und Frankreich ein neues Bündnis gegen den Kaiser. Daraufhin gab *Bernhard von Weimar*, der seit zwei Jahren mehr oder weniger untätig in seiner Position am Oberrhein verharrt hatte, dem Drängen *Richelieus* nach und eröffnete von Basel aus einen Feldzug gegen die Kaiserlichen. Er wandte sich gegen die Brücke von Rheinfelden und als die Einnahme nicht gelang, schloss er die am linken Ufer des Rheins gelegene Stadt ein und setzte einen Großteil seiner Truppen mit einer Fähre oberhalb des Ortes über, um den Brückenkopf am rechten Ufer anzugreifen. Dabei wurde er am 28. Februar durch kaiserliche Truppen unter Savelli und *Werth* überrascht, die vom Schwarzwald her anmarschierten. Während Bernhards linker Flügel von den Kaiserlichen eingedrückt wurde, blieb sein rechter siegreich, mit der Folge, dass sich die Schlachtordnung um 180 Grad drehte und sich die Kaiserlichen zwischen Bernhard und den Brückenkopf schoben. In dieser misslichen Situation entschied sich der protestantische Feldherr für Rückzug. Er marschierte rheinaufwärts bis Laufenburg, fand dort eine Brücke und zog auf dem linken Ufer wieder nach Rheinfelden. Am 3. März, um sieben Uhr morgens, erschien das Heer, das die Kaiserlichen vernichtet oder zerstreut, auf alle Fälle weit weg wähnten, vor der Stadt. Es jagte die eilig ins Feld geworfenen Verteidiger auseinander, von denen die eine Hälfte floh und die andere sich ergab. Savelli und Werth gerieten in Gefangenschaft. Rheinfelden kapitulierte am 22. März. Mit seinem Heer, das durch 3000 übergetretene kaiserliche Söldner willkommenen Zuwachs erfahren hatte, zog Bernhard rheinabwärts, um *Breisach* zu belagern.

Richelieu, Armand Jean du Plessis, Herzog von

* Paris 9.9.1585, † ebd. 4.12.1642

Nach einer geistlichen Karriere (1606 Bischof von Autun, 1622 Kardinal) lenkte Richelieu als Erster Minister seit 1624 die französische Politik. In blutigen Kämpfen gegen Hugenotten und Adelsopposition festigte er die königliche Macht im Innern und förderte im Sinne des Merkantilismus die französische Wirtschaft. Außenpolitisch suchte er die Vorrangstellung der Habsburger zu brechen. Dabei stellte er die Staatsräson über konfessionelle Interessen. So machte es ihm gar nichts aus, mit Protestanten Bündnisse einzugehen, wenn sie nur Gegner Habsburgs waren. Er ließ 1626 das Veltlin besetzen, griff 1628 in den *Mantuanischen Erbfolgekrieg* ein und finanzierte 1631 *Gustav Adolfs* Feldzug in Deutschland. 1635 erklärte er Spanien den Krieg, danach griffen französische Truppen auch direkt in den Krieg ein und setzten ihre Beteiligung an den Kämpfen auch unter Richelieus Nachfolger *Mazarin* fort. Das von Richelieu entworfene Konzept einer kollektiven Sicherheitsgarantie und einer Friedensordnung unter Einbeziehung aller betroffenen Staaten spielte in den Verhandlungen des *Westfälischen Friedens* eine bedeutende Rolle.

Rocroi, Schlacht von

Im Mai 1643 rückten spanische Truppen unter Francisco de Mello aus den südlichen Niederlanden gegen Paris vor. An der Grenzfestung Rocroi (nordwestlich von Charleville-Mézières) blieb das Heer, 26 000 Mann stark, vorerst hängen. Ihm entgegen zog eine französische Armee unter *Condé*, einem Jüngling von 21 Jahren. Als dieser erfuhr, dass de Mello noch Zuzug von weiteren 6000 Mann erwartete, beschloss er sofort anzugreifen, um vom Kräfteverhältnis her (er verfügte nur über 22 000 Mann) nicht noch weiter ins Hintertreffen zu geraten. Der Zugang zur Stadt führte durch ein Wald- und Sumpfgebiet, das die Spanier vergessen hatten zu sperren. Es gelang Condé, sein Heer bis ans freie Gelände vor der Stadt zu bringen. Dort erwartete ihn de Mellos Heer, 8000 Reiter auf den Flügeln, im Zentrum 18 000 Mann Infanterie, die an Zahl wie an Ausbildung den 15 000 Mann Fußtruppen der Franzosen überlegen waren. Condé wusste jedoch seine 7000 Reiter beim Aufmarsch so geschickt manövrieren zu lassen, dass die Spanier seine Absichten zunächst nicht erkannten. Die Schlacht begann am Morgen des 19. Mai mit einem Angriff der französischen Reiter auf dem rechten Flügel, den Condé persönlich führte. Befehlswidrig rückte auch der Reiterbefehlshaber auf dem linken Flügel vor. Dieser wurde von den Spaniern zurückgeschlagen, während Condé auf seiner Seite Erfolg hatte. Zum Glück gab es links noch eine französische Reserve, die die Spanier eine Weile aufhielt. Als Condé von der kritischen Lage erfuhr, unternahm er ein riskantes Manöver: Er sammelte seine Reiter und stieß „mit genialer Unbekümmertheit" (C. V. Wedgwood) zwischen den Infanterieblöcken der zweiten und dritten Linie der Spanier hindurch auf die andere Seite des Schlachtfeldes und kam den bedrängten Reitern seines linken Flügels zu Hilfe. Danach war keine handlungsfähige spanische Kavallerie mehr auf dem Feld. Es entwickelte sich eine Kesselschlacht, die spanische Infanterie wies mehrere Angriffe ab, fand sich aber, immer weiter zusammengedrängt, wehrlos dem französischen Artilleriefeuer ausgesetzt und bat gegen Abend schließlich um Quartier. Condé erklärte sich bereit, darauf einzugehen, und ritt mit wenigen Begleitern zu den Spaniern hinüber, um die Waffenstillstandsbedingungen auszuhandeln. Das verstanden einige spanische Infanteristen als Beginn eines neuen Angriffs und eröffneten das Feuer. Empört strömten französische Truppen herbei, um ihren Führer zu schützen. Die Kunde von dem Vorfall verbreitete sich sofort über das französische Heer und ohne dass Condé es verhindern konnte, flammte der Kampf von neuem auf; in wilder Wut hieben und schossen die Franzosen nieder, wen sie antrafen. Ihrem jugendlichen Feldherrn gelang es nur eben, einige Feinde zu retten, die sich an seine Steigbügel geklammert hatten. Ansonsten versank alles in grässlichstem Gemetzel. Als die Nacht einbrach, war die spanische Armee beinahe ausgelöscht. 8000 Mann waren gefallen, 7000 gingen in Gefangenschaft. Die gesamte Artillerie war verloren, ebenso der Tross und die Kriegskasse. Die französischen Verluste betrugen etwa 4000 Mann. Der Tag von Rocroi markiert das Ende der spanischen Militärmacht in Mitteleuropa.

Rohan, Henri I., Herzog von

* Blain (bei Nantes) 21.8.1579,
† Königsfelden (Aargau) 13.4.1638

Die Rohans waren ein Adelsgeschlecht aus der Bretagne. Henri I. von Rohan führte die Hugenotten in den Kriegen von 1615/1616 gegen die Regentschaftsregierung Marias von Medici und 1621/1622 sowie 1625 bis 1629 gegen *Richelieu*. Danach diente er der Republik Venedig. 1631 mit Richelieu ausgesöhnt, wurde er 1635 Befehlshaber im Elsass, vertrieb Herzog *Karl IV.* aus Lothringen und erfocht mehrere Siege über Kaiserliche und Spanier in Graubünden, musste sich dann aber vor dem Volksaufstand zurückziehen, den *Jenatsch* gegen die Franzosen entfesselte. 1638 schloss er sich *Bernhard von Weimar* an und wurde in der Schlacht von *Rheinfelden* tödlich verwundet. Rohan hinterließ zahlreiche militärische und politische Schriften. Als ehrlichen Soldaten, der in den Mühlsteinen der Politik zerrieben wird, hat ihn Conrad Ferdinand Meyer in seinem Roman „Jürg Jenatsch" (1874) verewigt.

Rottendorff, Bernhard

* 1594, † 1671

Da die Verhandlungen des *Westfälischen Friedens* zum großen Teil nicht direkt zwischen den Unterhändlern, sondern über neutrale Mittelspersonen geführt wurden, konnten auch fernstehende Persönlichkeiten Einfluss erlangen, sofern sie bei Freund und Feind als gleich vertrauenswürdig galten. Eine davon war der münsterische Stadtarzt Rottendorff, der über sein medizinisches Amt hinausgehende wissenschaftliche und politische Interessen besaß und ausgedehnte Beziehungen zu Gelehrten im Ausland unterhielt. Manche der Delegierten des Friedenskongresses in Münster nutzten den Arzt zur Übermittlung von vertraulichen Nachrichten. Seinerseits drang Rottendorff auf einen raschen Friedensschluss und hatte oft genug Gelegenheit, sein Anliegen vorzubringen, da ihn die Großen des Kongresses, etwa der päpstliche Nuntius *Chigi*, der Osnabrücker Fürstbischof *Franz Wilhelm*, der kaiserliche Gesandte Graf *Trautmannsdorff*, dazu schwedische, spanische und niederländische Diplomaten regelmäßig zur Behandlung ihrer Krankheiten riefen. 1647 veröffentlichte er, zunächst in lateinischer Sprache, dann auch auf Deutsch, einen Aufruf an die Fürsten der Christenheit, „den jämmerlich und Blutstürtzenden innerlichen Krieg" zu beenden, ein bedeutendes Dokument der Friedenssehnsucht in Deutschland.

Rudolf II.

* Wien 18.7.1552, † Prag 20.1.1612

In die Regierungszeit Kaiser Rudolfs (seit 1576), die gegen ihr Ende hin fast nur noch Gewährenlassen war, fielen wichtige Weichenstellungen für den Dreißigjährigen Krieg. Rudolf, in Spanien streng katholisch erzogen, betrieb die *Gegenrefor-*

mation in den habsburgischen Erblanden. 1606 erhoben sich die Protestanten in Siebenbürgen, im Reich bildeten sich nach dem Zwischenfall von *Donauwörth* die konfessionellen Bündnisse der *Union* (1608) und der *Liga* (1609). Im *Jülich-Kleveschen Erbfolgstreit*, in den Rudolf einzugreifen versuchte, gediehen die europäischen Spannungen beinah zum Ausbruch eines allgemeinen Krieges. In Böhmen zwangen ihn die protestantischen Stände zur Unterzeichnung des *Majestätsbriefes*. Sein eigener Bruder *Matthias* verdrängte ihn seit 1608 Schritt für Schritt aus der Herrschaft in Ungarn und Österreich und schließlich (1611) auch in Böhmen.

Ruprecht, Pfalzgraf bei Rhein

* Prag 16.12.1619, London 29.11.1682

Der dritte Sohn des „Winterkönigs" führte ein abenteuerlich-kriegerisches Leben zu Lande und zu Wasser: Ruprecht kam in Prag einen Monat nach dem Einzug seines Vaters *Friedrich v. von der Pfalz* zur Welt. Nach dem Zusammenbruch des böhmischen Königtums wuchs er in den Niederlanden auf und trat 1635 in die Armee der Republik ein. Mit einem pfälzischen Heer, das durch schwedische Truppen verstärkt war, marschierte er 1638 in Westfalen ein, erlitt aber bei *Vlotho* eine vernichtende Niederlage und wanderte in Gefangenschaft. 1641 wurde er, vor allem dank der Fürsprache seines Onkels Karl I. von England, freigelassen. Er trat ins königlich-englische Heer ein und organisierte die Reiterei nach schwedischem Vorbild, verlor aber gleichwohl die Schlachten von Marston Moor und Naseby gegen Cromwell, den Befehlshaber des Parlamentsheeres. Nach der Hinrichtung Karls führte Ruprecht 1649 bis 1653 als Admiral der royalistischen Flotte einen Kaperkrieg gegen die puritanische Republik. 1659/1660 vertauschte er den Dienst der Stuarts mit dem des Kaisers und nahm am Nordischen Krieg teil. Nach der Restauration der Stuarts kehrte er als gefeierter Held nach England zurück und lebte als Gouverneur in Windsor, bis der Krieg gegen die Niederlande ihn 1665 wieder zu den Waffen rief. Als Gouverneur der Hudson's Bay Company beteiligte er sich seit 1670 an der Erschließung Kanadas.

Sablat, Schlacht von →*Záblati, Schlacht von*

Saint-Germain, Vertrag von
Im Frieden von *Prag* (Mai 1635) waren Frankreichs Interessen nicht berücksichtigt worden und mit der dort beschlossenen Auflösung des *Heilbronner Bundes* wurden die Möglichkeiten, auf die Verhältnisse in Deutschland Einfluss zu nehmen, weiter verringert. In dieser Situation schloss König *Ludwig XIII.* von Frankreich mit dem protestantischen Söldnerführer *Bernhard von Weimar* am 27. Oktober 1635 in Saint-Germain-en-Laye einen Vertrag, der entscheidend für die Fortsetzung des Krieges im südwestlichen Deutschland wurde und Frankreich dem offenen Eingreifen einen Schritt näher brachte. Gegen Zahlung von jährlich vier Millionen Livres verpflichtete sich Bernhard, eine Armee von 12 000 Mann Infanterie und 6000 zu Pferd zu unterhalten. Er unterstellte sich der Autorität des französischen Königs und wurde zum Marschall von Frankreich ernannt. In einem geheimen Zusatzartikel wurde ihm die österreichische Landgrafschaft Elsass mit der Landvogtei Hagenau als erbliches Lehen zugesichert, allerdings durfte er die Kirchengüter nicht antasten und musste die katholische Religionsausübung garantieren.

Salvius, Johan →*Adler Salvius, Johan*

Schaffgotsch, Hans Ulrich von
* Schloss Greiffenstein (bei Greiffenberg, Niederschlesien) 28.8.1595, † Regensburg 23.7.1635

Die Schaffgotsch besaßen ausgedehnten Grundbesitz in Schlesien. Ein Mitglied der Familie, Hans Ulrich, wurde 1619 von den schlesischen Ständen zu einem ihrer Defensoren (so der Name der Mitglieder der 1609 eingeführten ständischen Landesregierung) gewählt. Nach dem Zusammenbruch des *Böhmischen Aufstands* unterwarf sich Schaffgotsch 1621 dem Kaiser. Er stieg im kaiserlichen Heer und unter *Wallenstein* bis zum Generalwachtmeister auf. 1634 gehörte er zu den Unterzeichnern des ersten *Pilsener Reverses* und fertigte für Wallenstein auch noch ein Memorial betreffend Schlesien an. Dieses wurde ihm zum Verhängnis, denn obwohl er sich bei Wallensteins Abfall untätig verhielt, wurde er im Zuge der Gewaltaktion gegen den Generalissimus verhaftet und am 31. März 1635 von einem Kriegsgericht in Regensburg wegen des genannten Memorials zum Tode verurteilt. Die Hinrichtung erfolgte vier Monate später durch Enthaupten. Schaffgotschs Herrschaft Trachenberg wurde an den kaisertreuen General *Hatzfeld* übergeben.

Schlick, Heinrich
* 1580, † Wien 5.1.1650
„Als ungewöhnlich gebildeter Feldherr und geschickter Diplomat einer der besten Köpfe seiner Zeit", urteilt der Historiker H. H. Hofmann über Heinrich Schlick. Aus einer anderen Linie der Familie stammend als Joachim Andreas *Schlick*, trat Heinrich schon früh in kaiserlichen Kriegsdienst. 1604 wurde er Rittmeister im Heer der spanischen Niederlande. Danach diente er wechselnden Herren in Deutschland und

Italien. Beim Ausbruch des Dreißigjährigen Krieges war er Befehlshaber eines Fußregiments der mährischen Stände. Er kapitulierte vor dem Kaiser und trat abermals in dessen Dienst. 1627 wurde er Feldmarschall. Als Hofkriegsratspräsident beriet er seit 1631 Kaiser *Ferdinand II.* und später auch *Ferdinand III.* 1648 leitete er noch einmal als Militär- und Zivilgouverneur in Böhmen die letzten Operationen des Krieges und lebte danach hoch dekoriert in Wien.

Schlick, Joachim Andreas

* 1569, † Prag 21.6.1621

Eine charismatische Figur besaß der *Böhmische Aufstand* nicht; der Mann mit dem höchsten Rang und Ansehen war Joachim Andreas Schlick, ein Spross aus alter Familie, intelligent, mutig und gewissenhaft, aber kein mitreißender Führer. Er spielte seit 1603 eine maßgebliche Rolle in der protestantischen böhmischen Opposition, 1609 wurde er zu einem der dreißig Defensoren gewählt, wie die Mitglieder der ständischen Regierung des Landes genannt wurden. Trotz gemäßigter Haltung war er am *Prager Fenstersturz* 1618 beteiligt. Unter König *Friedrich V. von der Pfalz* hatte er die Ämter des Obersten Landrichters und Landvogts in der Oberlausitz inne. Er versuchte nach dem Ende des *Böhmischen Aufstandes* noch für sich mit dem Kaiser Frieden zu machen, wurde jedoch von Sachsen, wo er zu Verhandlungen weilte, ausgeliefert und beim Strafgericht, das Kaiser *Ferdinand II.* 1621 in Prag abhielt, zum Tode verurteilt. Unter den Delinquenten, die auf dem *Altstädter Ring* hingerichtet wurden, hatte er den grässlichsten Tod zu erleiden. Zunächst schlug man ihm die rechte Hand ab, dann wurde er gevierteilt, die Körperteile bekamen die Straßenhunde zum Fraß. Sein Schädel und die abgeschnittene Hand wurden am Altstädter Brückenturm angenagelt und hingen dort, bis Prag 1631 von den Sachsen besetzt wurde.

Schütz, Heinrich

* Köstritz (heute Bad Köstritz bei Gera) 14.10.1585, † Dresden 6.11.1672

In der Musikgeschichte gilt Schütz als der größte deutsche Komponist des 17. Jahrhunderts. In seinem Leben und Werk hinterließ der Dreißigjährige Krieg deutliche Spuren. Nach Studien in Italien wurde Schütz 1613 Hoforganist beim Landgrafen *Moritz von Hessen-Kassel*. 1617 nahm ihn *Johann Georg I. von Sachsen* unter lebenslangen Vertrag. Für den Dresdner Hof komponierte Schütz Tafel-, Kirchen- und Festmusiken, darunter auch die Oper „Dafne" (1627), mit einem von *Opitz* übersetzten Text die erste deutschsprachige Oper. Ebenfalls 1627 wurde beim Kurfürstentreffen in *Mühlhausen* Schütz' bedeutende Friedensmotette „Da pacem Domine" uraufgeführt. Ein weiteres, der Krieg-Frieden-Problematik gewidmetes Chorstück entstand in dieser Zeit: „Teutoniam dudum belli atra pericula molestant" (Deutschland bedrücken seit geraumer Zeit schreckliche Kriegsgefahren). Seit 1630 machten sich Krieg und Kriegsrüstung in Sachsen geltend, die Unterhaltszahlungen blieben aus, die Hofmusik verfiel. Mehrmals, 1633, 1637 und 1642, wich

Schütz vor den „verkehrten martialischen Läufften" an den dänischen Königshof aus, kehrte aber immer wieder zurück, seiner Verantwortung für das deutsche Musikleben bewusst. Unablässig forderte er von den Behörden Mittel für den Unterhalt von Chören und Kapellen. Die „Kleinen geistlichen Konzerte", die er in den dreißiger Jahren komponierte und die wegen ihrer Durchsichtigkeit und Tiefe besonders gerühmt werden, tragen den „widrigen Zeiten" Rechnung: Für Werke in großer Besetzung fanden sich weder Musiker, sie zu spielen, noch Verleger, sie zu publizieren. Seine 29 Motetten umfassende „Geistliche Chormusik" aus dem Jahr 1648 widmete Schütz dem Leipziger Thomanerchor, der erstaunlicherweise alle Kriegsereignisse überlebte.

Schwarzenberg, Adam Graf zu

* Gimborn (Bergisches Land) 26.8.1583,
† Spandau (heute zu Berlin) 14.3.1641

Der westfälische Adlige Schwarzenberg, Mitglied der Landstände im Herzogtum Jülich, kam im Rahmen des *Jülich-Kleveschen Erbfolgestreits* in den Dienst der Brandenburger. Kurfürst Johann Sigismund, einer der Prätendenten auf die Jülicher Herrschaft, machte Schwarzenberg trotz seines katholischen Glaubens 1610 zum Geheimen Rat. Sein Nachfolger *Georg Wilhelm* überließ ihm seit 1620 die politische Führung Brandenburgs. Schwarzenberg arbeitete im Dreißigjährigen Krieg auf den Anschluss des Kurfürstentums an die kaiserliche Partei hin, der 1626 vollzogen wurde. Die Jahre 1630 bis 1632, da *Gustav Adolf* die Geschicke Norddeutschlands bestimmte, verbrachte Schwarzenberg, mehr oder weniger kaltgestellt, am Niederrhein. An den Verhandlungen zum *Prager Frieden* 1635 war er wieder maßgeblich beteiligt. Seine Stellung kam allerdings ins Wanken, als *Friedrich Wilhelm* 1640 die Regierung antrat und daranging, eine selbstständige Politik Brandenburgs zu entwickeln. Schwarzenbergs früher Tod im folgenden Jahr verhinderte, dass aus den Spannungen zwischen Politiker und Landesherrn eine Staatskrise wurde.

Schwedentrunk

„Den Knecht legten sie gebunden auf die Erd, stecketen ihm ein Sperrholz ins Maul und schütteten ihm einen Melkkübel voll garstig Mistlachenwasser in Leib; das nenneten sie ein Schwedischen Trunk, wordurch sie ihn zwungen, eine Partei andernwärts zu führen, allda sie Menschen und Viehe hinwegnahmen" (*Grimmelshausen*, „Simplicissimus"). Die Foltermethode des „Schwedentrunks" (gewaltsames Einflößen von [heißer] Jauche), übrigens keine schwedische Spezialität und womöglich nicht einmal von Schweden erfunden, hat es zu einem hohen Bekanntheitsgrad gebracht. Oft ist sie das Einzige, was aus dem Schulunterricht über den Dreißigjährigen Krieg hängengeblieben ist – als Inbegriff der Gräuel, die vor allem an den *Bauern* verübt wurden.

Schwedisch-Dänischer Krieg

1643, noch während des Dreißigjährigen Krieges, kam es zu einem Waffengang zwischen zwei Staaten, die zuvor an einem Strang gezogen oder wenigstens einen ge-

S

meinsamen Gegner gehabt hatten, nämlich den Kaiser. Schweden griff Dänemark an. Vorausgegangen waren Behinderungen des schwedischen Handels in der Ostsee, die Blockade Hamburgs durch Dänemark und Gerüchte von einem bevorstehenden Bündnis zwischen dem dänischen König *Christian IV.* und Kaiser *Ferdinand III.* Der schwedische General *Königsmarck* fiel in die säkularisierten Bistümer Verden und Bremen ein, sein Kollege *Torstensson* vertrieb den kaiserlichen General *Gallas* aus Holstein. und eroberte Jütland. Die Entscheidung fiel 1644 in der Seeschlacht von *Fehmarn*: Die Niederlage der dänischen Flotte öffnete Dänemarks Inseln einer schwedischen Invasion. Im Frieden von *Brömsebro* (23. August 1645) musste Dänemark den Verlust seiner Vormachtstellung im Ostseeraum anerkennen.

Schwedischer Krieg

(Dreißigjähriger Krieg, Phase 3: 1630–1635; siehe Karte 3 im Anhang)

Schweden war im 16. Jahrhundert protestantisch geworden. Als 1561 der Ordensstaat in Kurland, Livland und Estland aufgelöst worden war, hatte der Wettbewerb um diese Gebiete begonnen. Er machte die Schweden zunächst zu Herren in Estland, unter *Gustav Adolf* (1611–1632) nach Kriegen gegen Russland und Polen auch in Karelien und Ingermanland, in Livland, Memel, Pillau, Elbing und in Teilen des Danziger Werders. 1630 landete Gustav Adolf auf Usedom an der pommerschen Küste. Sein Eingreifen in den Dreißigjährigen Krieg entsprang religiösen wie machtpolitischen Motiven. Er wollte der *Gegenreformation* in Norddeutschland Einhalt gebieten, zugleich aber auch im Sinne des schwedischen Anspruchs auf das *Dominium maris baltici*, die Herrschaft im Ostseeraum, einer Ausdehnung der kaiserlichen Macht bis an die Ostsee entgegentreten. – Zunächst fand Gustav Adolfs Unternehmen wenig Zuspruch in Deutschland. Erst als Frankreich sich im Vertrag von *Bärwalde* verpflichtete, den Feldzug zu finanzieren, kam er in Gang. Aber es mussten erst noch *Magdeburg* untergehen und die Neutralität Sachsens durch *Tilly* verletzt werden, ehe sich Brandenburg und Kursachsen auf die Seite des Schwedenkönigs schlugen. Der Sieg von *Breitenfeld* 1631 öffnete ihm den Weg nach Franken und zum Rhein und nach dem Sieg von *Rain* 1632 konnte er sich als Herr auch über Süddeutschland betrachten. Zur gleichen Zeit eroberten die Sachsen Böhmen. Diese kritische Lage zwang den Kaiser zur erneuten Berufung des 1630 entlassenen *Wallenstein*. Dessen Forderung nach weit gehender militärischer und politischer Handlungsfreiheit musste *Ferdinand II.* wohl oder übel erfüllen. Wallenstein gelang es, die Sachsen zurückzudrängen und auch Gustav Adolf zum Rückzug aus Bayern zu veranlassen. In der Schlacht von *Lützen* im November 1632 litt die kaiserliche Armee jedoch dermaßen, dass der Generalissimus weitere Einsätze für längere Zeit verweigerte. In dieser Schlacht war zwar Gustav Adolf gefallen, sein Kanzler *Oxenstierna* vermochte aber die protestantische Koalition, den *Heilbronner Bund*, noch zusammenzuhalten. Dagegen geriet Wallenstein wegen seiner militärischen

Untätigkeit und den Verhandlungen, die er mit Schweden und Sachsen führte, in den Verdacht, einen Abfall vom Kaiser vorzubereiten. Im Februar 1634 wurde er von kaisertreuen Offizieren ermordet. Im September erlitten die Schweden und ihre Verbündeten bei *Nördlingen* eine schwere Niederlage gegen eine spanisch-kaiserliche Armee. Das protestantische Bündnis fiel auseinander. Im Mai 1635 schlossen der Kaiser und Sachsen den *Prager Frieden*, dem fast alle deutschen Fürsten beitraten.

Schwedisch-Französischer Krieg
(Dreißigjähriger Krieg, Phase 4: 1635–1648; siehe Karte 4 im Anhang)

Der *Prager Frieden*, den der Kaiser und Kurfürst *Johann Georg von Sachsen* im Mai 1635 eingingen und dem sich bald darauf die meisten deutschen Fürsten anschlossen, hatte den in Deutschland tobenden Krieg beenden sollen. Wie bereits beim Frieden von *Lübeck* 1629 war aber auch diesmal außer Acht gelassen worden, auswärtige Mächte mit einzubeziehen. – Frankreich, schon lange Finanzier der antihabsburgischen Kräfte, sah sich genötigt, nun auch mit eigenen Truppen in die Kämpfe einzugreifen, indem es zunächst im Mai 1635 Spanien den Krieg erklärte. Ziel *Richelieus*, des Lenkers der französischen Politik, war, den „Militärkorridor" zwischen den spanischen Besitzungen in Oberitalien und den spanischen Niederlanden zu unterbrechen und die Grenzländer Lothringen und Elsass für Frankreich zu sichern. Der Kaiser ergriff Partei für die Spanier und alsbald war Deutschland wieder Kriegsschauplatz. Der Auseinandersetzung fehlte inzwischen die religiöse Begründung; das katholische Frankreich stand im Bund mit dem protestantischen Schweden und der gleichfalls protestantischen Republik der Vereinigten Niederlande gegen das katholische Habsburg, das wiederum mit dem protestantischen Sachsen liiert war. – Ein rascher Feldzug der Kaiserlichen führte diese 1636 bis fast vor Paris, endete aber in katastrophalem Rückzug. Es folgten schwere Niederlagen bei *Wittstock* im selben Jahr, bei *Rheinfelden* und *Breisach* 1638 und bei *Breitenfeld* 1642. Spaniens Militärmacht wurde durch die Niederlage von *Rocroi* 1643 schwer angeschlagen. Andererseits erlebten auch die Franzosen Rückschläge, so bei *Tuttlingen* 1643 und bei *Herbsthausen* 1645. Nach dem schwedischen Sieg von *Jankau* und dem französischen Erfolg von *Alerheim* (beide 1645) schien die kaiserliche Militärmacht am Ende. Die Kampfhandlungen gingen gleichwohl weiter, immerhin kam aber in die Verhandlungen zum *Westfälischen Frieden*, für die bereits 1641 mit dem *Hamburger Präliminarvertrag* der Grund gelegt worden war, ein neuer Zug: Kaiser *Ferdinand III.* sandte Ende 1645 den Grafen *Trautmannsdorff* zum Kongress in *Münster* und Osnabrück mit einer Instruktion, auf die sich eine dauerhafte Friedensordnung aufbauen ließ. Sachsen hatte bereits 1645 einen Sonderfrieden mit Schweden geschlossen, Bayern schied 1646 aus dem Krieg aus, trat aber im folgenden Jahr wieder ein, was dem Land kurz vor Kriegsende noch die Niederlage von *Zusmarshausen* und furchtbarste Verwüstungen eintrug. Am 24. Oktober 1648 unterzeichneten die Unterhändler in Münster den Friedensvertrag, der den Dreißigjährigen Krieg beendete. Die Abdankung der Truppen wurde auf dem so genannten Friedens-Exekutionskongress in *Nürnberg* 1649/1650 geregelt.

Schwedisch-Polnischer Krieg

Sigismund III. aus dem Hauses Wasa, seit 1587 König von Polen, wurde 1592 auch König von Schweden. Sein Onkel Karl zettelte gegen ihn eine Verschwörung an und bestieg 1599 als Karl IX. den schwedischen Thron. 1611 ging die Königswürde an Karls Sohn *Gustav Adolf* über. Die Ansprüche Sigismunds auf die schwedische Krone aber blieben bestehen. Um hier reinen Tisch zu machen und um auch die schwedische Machtstellung im Ostseeraum zu sichern, begann Gustav Adolf 1617 einen Krieg gegen den polnischen König auf dessen eigenem Territorium. Schwedische Truppen, fielen, von Russland kommend, im polnischen Livland ein. Im Herbst 1618 wurde ein Waffenstillstand für zwei Jahre geschlossen, nach dessen Ablauf der Krieg sich erneuerte. Bei den Kämpfen um Riga erprobte Gustav Adolf neue Kriegstechniken, vor allem bei der Koordinierung des Artilleriefeuers, die in der militärischen Welt Aufsehen erregten. Nach dem Fall Rigas wurde 1622 abermals für mehrere Jahre Waffenruhe vereinbart. 1625 brachte Gustav Adolf ganz Livland in seinen Besitz und griff das polnische Preußen an. Es gelang ihm aber nicht, von der Ostseeküste wegzukommen, da der polnische Adel, seit es um Kernlande Polens ging, seinem König einsatzfreudiger folgte als bisher. Zudem mischte sich Kaiser *Ferdinand II.*, Schwager Sigismunds, ein. 12 000 Söldner aus *Wallensteins* Heer, das seit dem Ende des dänischen Krieges nicht mehr gebraucht wurde, verstärkten in der Schlacht auf der Stuhmer Heide am 27. Juni 1629 das polnische Heer und brachten Gustav Adolf eine empfindliche Niederlage bei. Der Krieg endete am 5. Oktober 1629 mit dem Waffenstillstand von *Altmark*. Treibende Kraft bei den Verhandlungen war *Richelieus* Abgesandter Hercule de Charnacé, der dafür sorgen sollte, dass der Schwedenkönig Kräfte für einen Kampf auf deutschem Boden freibekam.

Schweizer Eidgenossenschaft

Bereits nach dem Scheitern des letzten habsburgischen Unterwerfungsversuchs im „Schwabenkrieg" 1499 war die Eidgenossenschaft kaum noch als Teil des Reiches anzusehen. In den Dreißigjährigen Krieg mischte sie sich nicht ein. Lediglich in Graubünden, das damals dem Helvetischen Bund noch nicht angehörte, und dem benachbarten „Untertanenland" Veltlin kam es zu kriegerischen Auseinandersetzungen, da diese Gebiete strategisch wichtige Teile des „Militärkorridors" oder der „spanischen Straße" zwischen der spanischen Lombardei und dem habsburgischen Tirol waren. 1639 gewann auch Graubünden seine Unabhängigkeit zurück. Bei den Verhandlungen des *Westfälischen Friedens* erschien nur der Basler Bürgermeister *Wettstein*. Sein Auftrag lautete lediglich, im Namen der evangelischen Kantone Beschwerden über das Reichskammergericht vorzubringen. Wettstein konnte jedoch ein Votum des Kongresses zur gesamten Eidgenossenschaft erzielen, das der Schweiz die volle Souveränitat bestätigte und festlegte, „daß die Stadt Basel und die übrigen Orte der Eidgenossen im Besitz voller Freiheit und Exemtion vom Reiche und in keiner Weise den Gerichtshöfen und Gerichten desselben Reiches unterstellt sind".

Segeberg, Kreistag von

In seiner Eigenschaft als Herzog von Holstein berief König *Christian IV. von Dänemark* im Februar 1621 eine Tagung des Niedersächsischen Reichskreises nach Segeberg ein. Er wollte zur Unterstützung des aus Böhmen geflohenen „Winterkönigs" *Friedrich V. von der Pfalz* eine nord- und westeuropäische Koalition zusammenzubringen. Das scheiterte an der Weigerung Englands, sich militärisch zu engagieren. Christian ließ es daraufhin mit finanziellen Zuwendungen für den Pfälzer (300 000 Taler) und andere protestantische Führer in Deutschland (insgesamt eine Million Taler) bewenden.

Seni, Giovanni Batista

* Padua 1600, † Genua 1656

Der Astrologe Seni hatte *Wallenstein* 1629 die „Nativität", also das Geburtshoroskop, gestellt. Als Helfer und Berater in Fragen der Sterndeutung folgte er dem Generalissimus bis in sein letztes Quartier in Eger. Nach Wallensteins Ermordung wurde er verhaftet, jedoch bald wieder freigelassen. Neueren Forschungen zufolge soll er nicht bloß von Wallenstein, sondern auch von seinen Gegnern bezahlt worden sein, die ihn veranlassten, Informationen zu liefern oder sogar verkehrte, den Feldherrn verwirrende Horoskope zu erstellen.

Seuchen

Wie alle Notzeiten war auch die Zeit des Dreißigjährigen Krieges eine Zeit der massenhaften Ausbreitung von Krankheiten. Wirtschaftliche Not, Hunger, mangelnde Hygiene und das Fehlen jeglicher Vorsorge waren die Voraussetzungen, Menschenansammlungen auf engem Raum ideale Brutstätten. Besonders galt das natürlich für die militärischen Gemeinschaften, für Lager und Heereszüge. Gegenmaßnahmen waren selten erfolgreich, es blieb im Grunde nur übrig, was schon immer praktiziert wurde: die Isolierung der Befallenen, bis hin zur Sperrung ganzer Städte für Durchreisende. Es waren nicht immer dieselben Seuchen, von denen die Menschen in Mitteleuropa heimgesucht wurden, einige konnten auch für Jahrzehnte oder Jahrhunderte verschwinden. So spielte während des Dreißigjährigen Kriegs die Lepra, eine Geißel des Mittelalters, keine Rolle mehr, ebenso wenig der Englische Schweiß, eine grippeähnliche Krankheit, die Luther noch erlebt hatte. Dagegen stand die große Zeit der Pocken noch bevor, genau wie die der Cholera. Hauptsächlich grassierten Grippe, Fleckfieber, Ruhr, Unterleibstyphus und Beulenpest. – Seuchen konnten über ganze Feldzüge entscheiden: So verdarb im Mittelalter die Malaria manches Italienunternehmen der deutschen Kaiser. Im Dreißigjährigen Krieg war das nicht anders. Das böhmische Heer verlor im Winter 1618/1619 vor Budweis zwei Drittel seines Bestandes durch Krankheiten, im Heer des Dänenkönigs *Christian IV.* wütete 1625 die Rote Ruhr. 1631 erlitten die an der Oder stationierten Schotten durch Pest und Typhus wöchentlich 200 Mann Verluste. Im selben Jahr klagte der Statthalter von Spanisch-Mailand, die Bevölkerung sei durch eine Pestepidemie so dezimiert, dass es unmöglich sei, Söldner anzuwerben. Im Sommer 1633 ruinierte die Pest den Feldzug Feldmarschall *Holks* in Sachsen und raffte den Feldherr selbst dahin. In den Winterquartieren, die die Kaiserlichen 1634/1635 nach ihrem Sieg bei *Nördlingen* bezogen, schrumpfte ihre Zahl durch Krankheiten beträchtlich. In München hinterließen spanische Truppen eine Seuche, die in vier Monaten 10 000 Todesopfer forderte. Aus Prag wurde 1638 gemeldet, dass „die Pestilentz und andere giftige Schwachheiten heftig zu grassieren angefangen". Im August 1644 floh das Kaiserpaar vor der Pest und der Roten Ruhr aus Wien. Ein Chronist berichtet, dass die Seuchen auch „unter der kaiserlichen Armee ziemlichen Schaden getan". Die Gesamtzahl der Opfer lässt sich schwer schätzen. Es dürften aber im Dreißigjährigen Krieg mehr Soldaten und Zivilisten durch die Begleiter des Krieges, Seuchen und Mangelkrankheiten, zu Tode gekommen sein als durch direkte Kriegseinwirkung.

Sigismund III., König von Polen und Schweden

* Schloss Gripsholm (Södermanland) 20.6.1569, † Warschau 30.4.1632

Vater des späteren Schwedenkönigs Sigismund III. war König Johann III. aus der schwedischen Dynastie der Wasa, Mutter eine Schwester König Sigismunds II. August von Polen. Sigismund III., katholisch erzogen, bestieg zunächst (1587) den polnischen Königsthron und verfolgte die Protestanten. Nach dem Tod seines Vaters (1592) wurde er auch in Schweden gekrönt, konnte sich aber dort nicht lange halten. Er verlor den Thron an Karl IX., der dafür sorgte, dass *Gustav Adolf* 1611 zur Herrschaft kam. Da Sigismund seine Ansprüche auf Schweden nicht aufgab, überzog ihn Gustav Adolf mit Krieg. Im Frieden von *Altmark* musste Sigismund in die Abtretung Livlands einwilligen und seine schwedischen Ansprüche aufgeben.

Slawata, Wilhelm Graf von

* Böhmisch-Kosteletz 1.12.1572, † Neuhaus 19.1.1652

„Es will sich gebühren, daß ich hier etwas weitläufiger beschreibe, wie die Auswerfung aus dem Fenster geschehen und wie Gott der Allmächtige diese zwei Grafen wunderbarer Weise beschützet hat." Mit diesen Worten beginnt der Bericht Slawatas über den *Prager Fenstersturz*. Der Verfasser hat allen Grund zur Weitläufigkeit, denn neben *Martinitz* war er der andere der beiden Grafen, die am 23. Mai 1618 aus dem Fenster der Prager Burg geworfen wurden und damit unfreiwillig Weltgeschichte machten. Slawata, 1600 als Kämmerer in die Dienste Kaiser *Rudolfs II.* eingetreten, wurde bald Landrichter in Böhmen und Burggraf zu Karlstein. Er riet von Konzessionen an die Protestanten ab und gehörte zu den Gegnern des *Böhmischen Majestätsbriefes*. Nach der Krönung

Ferdinands II. zum König von Böhmen wurde er einer der königlichen Statthalter und betrieb energisch die *Gegenreformation*. Damit zog er sich den Hass der böhmischen Adelsopposition zu. Nach dem Prager Fenstersturz, den er leicht verletzt überlebte, wurde Slawata unter Hausarrest gestellt. 1620 ging er nach Passau. Der Zusammenbruch des *Böhmischen Aufstands* erlaubte ihm 1621 die Rückkehr, er wurde zum Kammerpräsidenten für Böhmen ernannt und in den Grafenstand erhoben. Er diente den Habsburgern bei verschiedenen diplomatischen Missionen, seit 1628 als wirklicher Geheimer Rat und Oberkanzler von Böhmen.

Söldnertum

Das Söldnerwesen, bestimmend auf den Schlachtfeldern des 15. und 16. Jahrhunderts, hatte im Dreißigjährigen Krieg noch einmal seine große Zeit. Danach schufen sich die Staaten ihre stehenden Heere und der freie Kriegsmann, der sein Handwerk in einem Vertragsverhältnis ausübte, verschwand aus der Geschichte, tauchte in Europa allenfalls noch als bizarre Einzelfigur auf. Die Freiheit des Söldners war größtenteils Illusion. Zwar durfte er Waffen tragen, was sonst jedem verboten war, und die bürgerliche Justiz hatte keinen Zugriff auf ihn. Auch boten sich ihm gewisse Aufstiegschancen innerhalb des Militärapparats und in Einzelfällen winkte gar ein Adelstitel. Aber einmal unter die Fahnen getreten, war der Soldat den Kriegsordnungen und einer scharfen *Militärgerichtsbarkeit* unterworfen. Er musste es erleben, dass seine Vertragspartner ihn hereinlegten, den Sold unpünktlich oder gar nicht zahlten, es gab keine Alterssicherung, nicht einmal medizinische Versorgung war garantiert. Und wenn ein Feldzug zu Ende war, wurde der Soldat abgedankt und niemand kümmerte sich mehr um ihn. Mochte er unter seinesgleichen geachtet sein und sich in der soldatischen Gemeinschaft mit ihrer eigenen Sprache und ihren eigenen Bräuchen gleich wie ein zünftlerischer Handwerker aufgehoben fühlen, so war doch sein gesellschaftliches Prestige nicht besonders hoch und litt während des Krieges weiter. – Ein Motiv, Kriegsdienste zu leisten, war sicherlich Abenteuerlust; es gibt dazu zahlreiche Zeugnisse. Häufiger dürfte aber wirtschaftliche Not der Anlass gewesen sein. Dazu kam in bestimmten Regionen auch die Flucht vor religiöser Verfolgung. So ist überliefert, dass *Wallenstein*, dem Bekenntnisfragen gleichgültig waren, mit seiner Werbung in Oberösterreich besonders erfolgreich war; zu Tausenden meldeten sich bei ihm Protestanten, die unter der *Gegenreformation* litten. Bauern, die damals noch 90 Prozent der Bevölkerung ausmachten, fanden sich in den Söldnerheeren nicht in gleichem Maße repräsentiert, mindestens zur Hälfte bestanden diese aus Stadtbewohnern. In der spanischen Armee dienten sogar Angehörige des niederen Adels als gewöhnliche Infanteristen. Eine nationale Bindung fehlte; in einem bayerischen Regiment wurden 1644 bei einer Musterung 16 verschiedene Nationalitäten festgestellt. Eine Ausnahme stellte nur das Heer dar, mit dem *Gustav Adolf* 1630 in Deutschland landete; es bestand tatsächlich nur aus

Schweden und Finnen. Schon bald aber verlor es seine nationale Prägung durch Söldnerwerbung innerhalb Deutschlands. Auch die religiöse Bindung wurde schwächer. Während *Tilly* oder Gustav Adolf „rein" katholische bzw. protestantische Heere führten, nahmen es andere Kriegsherren damit so wenig genau wie Wallenstein. – Die Anwerbung von Söldnern war Sache der höchsten staatlichen Gewalt. Kaiser, Fürsten oder Städte beauftragten einen Obersten oder Hauptmann, eine militärische Formation bestimmter Größe aufzustellen. Dazu erhielt er ein Offizierspatent, einen „Bestallungsbrief", der die Anzahl der Soldaten, die Besoldung und den Sammelplatz festlegte, und einen „Artikelsbrief", der die Rechtsverhältnisse regelte. Der Inhaber des Patents schoss zumeist das Geld für Werbung und Formierung vor, was den Kriegsherrn zum Schuldner des Militärs machte. Der geworbene Söldner bekam „Laufgeld" und musste sich unverzüglich zum Musterplatz begeben. Dort wurden die Einheiten formiert und juristisch belehrt und dort geschah die Eidesleistung auf die *Fahne*. Der Werbebetrieb brachte sofort Händler und bestimmte, auf die Bedürfnisse des Militärs spezialisierte Handwerker auf die Beine, die dem Söldner verkauften, was er brauchte, denn Kleidung und Verpflegung war ganz seine Sache, Ausrüstung und Waffen musste er zuweilen auch noch stellen. Binnen kurzem aber pflegten sich solche Musterplätze dank der Gewaltbereitschaft des Militärs zum Schrecken ganzer Landstriche zu entwickeln, sodass die lokalen Behörden meistens froh waren, wenn das Kriegsvolk sich auf den Marsch machte. Es verschwand dann nämlich auch das zivile Anhängsel, der *Tross*, der sich um jeden Militärverband herum bildete, diesen in der Regel an Größe noch übertraf und auch irgendwie ernährt und untergebracht werden wollte. – Taktische Einheit des Söldnerheeres war das Fähnlein, nach der Idealvorstellung 300 Mann stark. Je zehn Fähnlein waren zu einem Regiment verbunden. Ein kaiserliches Mandat von 1630 kann als Anhaltspunkt für die verschiedenen Dienstränge und Besoldungen unter den Fußtruppen dienen: Ein Fußknecht sollte im Monat 6 Gulden 40 Kreuzer erhalten, ein Gefreiter 7 Gulden 30 Kreuzer, ein Korporal 12, ein Feldwebel 21 Gulden. Ein Fähnrich war dann schon viel besser gestellt, er bekam 50 Gulden, ein Leutnant 60 und ein Hauptmann als Chef eines Fähnleins 160 Gulden. Dem Obristen als Regimentsinhaber standen dann 500 Gulden zu (oder 600, wenn es sich um eine berittene Truppe handelte). Nominell jedenfalls, denn nicht selten blieb der Sold aus und die Truppe hielt sich dann an der wehrlosen Bevölkerung schadlos. Und Sachwerte zusammenzuraffen war nach Kriegsbrauch in bestimmtem Ausmaß sogar gestattet (z. B. wenn eine belagerte Stadt die Übergabe verweigerte). Der Hochgestellte eignete sich in den eroberten Städten oder Residenzen Kunstsammlungen, Bibliotheken, Antiquitäten und Preziosen an, die unteren Chargen schleppten aus den Bürgerhäusern und Bauernstuben weg, was sie tragen konnten. Beutegier verdarb manches Schlachtkonzept; plündernde Truppen vergaßen, weiter anzugreifen oder fielen womöglich über den eigenen Fuhrpark her. – Zur Beherrschung der Schusswaffen und zur koordinierten Bewegung der Truppenteile auf dem Gefechtsfeld war eine gewisse Ausbildungszeit erforderlich. Bereits im Dreißigjährigen Krieg wurde gedrillt, wie es später in den stehenden Heeren des Absolutismus üblich werden sollte. Technisch und taktisch am vollkomensten waren zunächst die spanischen Truppen, von ihnen lernten die Holländer, von diesen wiederum die Schweden. Die Heere des Kaisers und der deutschen Landesfürsten dagegen brachten es nie zu Geschlossenheit und einheitlichem Ausbildungsstand.

Sötern, Philipp Christoph, von

* Kastellaun (bei Boppard) 11.12.1567, † Trier 7.2.1652

Der Jesuitenzögling von Sötern, seit 1610 Bischof von Speyer, war eifriger Parteigänger der katholischen *Liga*. Er sanierte erfolgreich die Finanzen seines abgewirtschafteten Bistums, stieß aber mit seinen gegenreformatorischen Maßnahmen bei der weit gehend protestantischen Bevölkerung auf wenig Gegenliebe. 1623 wurde er zum Erzbischof von Trier gewählt und war damit einer der Kurfürsten des Reiches. Nach Streitigkeiten mit seinem Domkapitel stellte er sich 1631 unter den Schutz Frankreichs und überließ diesem die Festungen Philippsburg (*Uttenheim*) und Ehrenbreitstein, die zuvor großzügig ausgebaut worden waren. Philipp Christoph wurde 1635 von spanischen Truppen in Trier gefangen. Das nahm Frankreich zum Anlass, offen in den Dreißigjährigen Krieg einzugreifen. Bei den darauf folgenden Kämpfen wurden Söterns Besitzungen schwer in Mitleidenschaft gezogen. Er selbst verbrachte lange Jahre in Haft in den Niederlanden und in Wien. 1645 erfolgte seine Restitution mit der Bedingung, sich eng an den Kaiser zu binden. Sötern knüpfte jedoch gleich wieder Verhandlungen mit Frankreich an und entzweite sich abermals mit dem Domkapitel, das 1649 Truppen gegen ihn warb. 1650 wurden die Differenzen auf dem Verhandlungswege beigelegt.

Spee von Langenfeld, Friedrich

* Kaiserswerth (heute zu Düsseldorf) 25.2.1591, † Trier 7.8.1635

Der Jesuit Spee, in Paderborn und Köln tätig als Seelsorger und Professor für Theologie und Philosophie, ging mit seiner Sammlung mystisch-geistlicher Lieder „Trutz-Nachtigall" in die deutsche Literaturgeschichte ein. Als Beichtvater verurteilter Hexen kam er mit dem *Hexenwahn* in Berührung. 1631 publizierte er anonym seine Streitschrift „Cautio criminalis" gegen die mörderische Prozesspraxis und leitete damit einen Umschwung in der öffentlichen Meinung zugunsten der Opfer von Hexenverfolgungen ein.

Spinola, Ambrosio

* Genua 1569, † Castelnuovo de Serivia (Piemont) 25.9.1630

Diego Velázquez' Gemälde „Die Übergabe von Breda" porträtiert Spinola auf dem Höhepunkt seiner militärischen Laufbahn: Der General legt dem Bürgermeister, der ihm die Schlüssel der Stadt auslie-

S

fern muss, in ritterlich-tröstender Geste die Hand auf die Schulter. Spinola trat 1599 in spanische Dienste. Er unterstützte 1602 bis 1604 mit selbst geworbenen Truppen Erzherzog *Albrecht* bei der Belagerung von Ostende und kämpfte seit 1605 als Befehlshaber des spanischen Heeres gegen *Moritz von Oranien* in Flandern. Im August 1620 rückte er mit 23 000 Mann in die Pfalz ein. Seit 1621 führte er wieder Krieg gegen die Niederlande, er eroberte 1622 Jülich und 1625 nach langer Belagerung *Breda*. Im *Mantuanischen Erbfolgekrieg* kämpfte er 1629/1630 gegen die Franzosen in Montferrat und starb während der Belagerung der Festung Casale.

Sporck, Johann Graf von

* Westerlohe (bei Paderborn) 1601,
† Schloss Hermanmestetz (Ostböhmen) 6.8.1679

Eine Karriere, wie sie wohl vielen vorschwebte, die sich als Söldner verdingten: Sporck kam von ganz unten, er war der Sohn leibeigener westfälischer Bauern und endete als hoch dekorierter Heerführer und reicher Gutsbesitzer. In der bayerischen Armee diente er 1631 noch als Kornett (jüngster Offizier einer Schwadron), 1636 aber bereits als Obristwachtmeister. Seit 1640 führte er ein eigenes Reiterregiment, er kämpfte 1643 bei *Tuttlingen* und 1645 bei *Jankau*. Zwar verscherzte er sich 1647 nach Bayerns Kriegsaustritt die Gunst seines Kurfürsten, als er zusammen mit seinem Kollegen *Werth* versuchte, das bayerische Heer dem Kaiser zuzuführen. Aber bei *Ferdinand III.* konnte Sporck seinen Aufstieg fortsetzen: 1647/1648 kommandierte er als Feldmarschallleutnant kaiserliche Truppen in Böhmen, wurde in den Reichsfreiherrenstand erhoben und erhielt die Herrschaft Lissa. Nach dem Dreißigjährigen Krieg nahm er noch an Feldzügen in Polen, Siebenbürgen und Ungarn, am Oberrhein und in Belgien teil. Er brachte es noch bis zum Feldmarschall und zum Grafentitel und hinterließ bei seinem Tod Besitztümer im Wert von drei Millionen Gulden.

Stadtlohn, Schlacht von

Im Sommer 1623 scheiterte der von *Friedrich V. von der Pfalz* engagierte Söldnerführer *Christian von Braunschweig* mit seinem Versuch, im Namen der „Teutschen *Libertät*" den Niedersächsischen Reichskreis zur Basis einer Erhebung gegen den Kaiser zu machen. Nicht einmal Christians Kollege *Mansfeld*, der Quartiere bei Münster bezogen hatte, war bereit, ihm beizustehen. In dieser Situation entschloss sich Christian, mit seinen 15 000 Mann in die Dienste der Niederlande zu treten. Ein Heer der *Liga* unter *Tilly* stellte ihn jedoch 15 Kilometer vor der niederländischen Grenze am Morgen des 6. August zur Schlacht. Beim Dorf Stadtlohn bezog Christian daraufhin Stellung auf einem Hügel, der auf beiden Seiten durch einen Sumpf vor Flankenangriffen geschützt war. Gegen die zahlenmäßig überlegenen und besser ausgerüsteten und trainierten Ligatruppen hatten seine Leute dann aber doch keine Chance. Wie ein Augenzeuge berichtet, war besonders das Fußvolk „mehrenteils neu geworben und des Durcheinander Schießens in Feldschlachten noch nicht gewohnt". Es floh und ein „jämmerlich Massakrieren und Metzeln" hob an, „darinnen sich die Krabaten [Kroaten] sonderlich mit ihren Säbeln gebraucht und weder alt noch jung verschont". Tilly hatte es besonders erbittert, in der Schlacht Feldzeichen mit der Aufschrift „Alles für Gott und für sie" zu erblicken. „Sie" stand für die von Christian hoch verehrte böhmische Königin *Elisabeth Stuart*, die in den Augen des frommen Feldherrn nur ein „Sack irdischer Verderbtheit" war. Doch ließ er sich schließlich dazu bewegen, dem Totschlagen ein Ende zu machen. Zwei Drittel der braunschweigischen Söldnerarmee blieben tot auf dem Schlachtfeld oder wurden gefangen genommen. In der Nacht überschritt der geschlagene Christian mit noch ungefähr 5000 Mann ohne schwere Waffen und Ausrüstung die niederländische Grenze.

Stangenwaffen

Seit dem Spätmittelalter und noch bis ins 17. Jahrhundert hinein, bis sie von Handfeuerwaffen verdrängt wurden, waren Stangenwaffen die klassischen Waffen der *Infanterie*. Die historische Waffenkunde unterscheidet dabei solche zum Hieb (Axt), zum Hieb oder Stoß (Hellebarde, Kriegssense), zum Stoß (Spieß, Pike, Partisane) und zum Schlag (Streitkolben, Morgenstern, Kriegsflegel). – Die Axt war eine Waffe mit kurzem Schaft, dem ein Blatt mit konvexer Schneide aufgesetzt war. Zur Zeit des Dreißigjährigen Krieges war sie nur noch im Osten Europas, in Ungarn, Polen, Russland, in militärischem Gebrauch. Die Kriegssense war aus dem Arbeitsinstrument des Bauern entstanden, nur stand ihr Blatt nicht rechtwinklig zum Schaft, sondern in gleicher Richtung als dessen Verlängerung zu einem Riesenmesser. Die Kriegssense wurde von den bäuerlichen Aufgeboten als Notwaffe benutzt. Eine ähnliche Bauweise wiesen die Couse und die Gleve auf, die aber nur als Repräsentativwaffen (z. B. bei den Hartschieren, der österreichischen Palastwache) noch in Gebrauch waren. Die Hellebarde oder Helmbarte hatte einen Kopf, der sowohl ein Beil (zum Hieb) als auch eine Klinge (zum Stoß) und einen Haken (zum Niederreißen) enthielt. Der Kopf war aus einem Stück geschmiedet und mit Hülsen oder einer Tülle auf dem Schaft befestigt. Als Heimat der Hellebarde gilt die Schweiz des 14. Jahrhunderts, in den Kämpfen der Eidgenossenschaft gegen die Ritterheere hatte diese Waffe ihren Nutzen erwiesen. Nach 1600 verschwand sie schrittweise aus den Heeren und wurde nur noch zu repräsentativen Zwecken gebraucht (noch heute bei der Schweizergarde im Vatikan). Der Spieß trug eine messerartige Spitze, die mit einer Tülle auf den Schaft aufgesetzt war. Als Reiterwaffe (so genannter Reisspieß) gab es ihn im 17. Jahrhundert nur noch in Polen und in der Ukraine. Die längere und schwerere Version, die Pike, mit einem Schaft von 4 bis 5 Meter Länge, war seit dem 15. Jahrhundert Standardwaffe der Infanterieblöcke. Sie ist auch auf den zeitgenössischen Darstellungen der Schlachten des Dreißigjährigen Krieges stets als gezackter Wald über den Fußtruppen-Karrees zu sehen. Die Partisane war ein kürzerer Spieß mit einer langen, zungenartigen

Klinge. Sie stammte aus dem Italien des 15. Jahrhunderts. Wie die Hellebarde hielt sie sich in späterer Zeit nur noch als Waffe der Hofwachen und – in der Form des so genannten Spontons – als Abzeichen der Offiziere. Der Streitkolben, eine kurzstielige Waffe mit Schlagblättern am Kopf, war bei den Reitern aus dem östlichen Europa in Gebrauch. Der Morgenstern war als Volkswaffe überall verbreitet. Er hatte auf kurzem Schaft einen Kopf, der zu Kugel- oder Birnenform verdickt und mit Stacheln gespickt war. Davon abgeleitet war der Kettenmorgenstern, eine improvisierte Waffe, bei der das stachelbesetzte Schlagstück mit dem Schaft durch eine Kette verbunden war. Ähnlich, nur mit längerem Schaft für beidhändigen Gebrauch, der Kriegsflegel – wie die vorigen eine Waffe der bäuerlichen Aufgebote.

Steinau, Schlacht von

Steinau in Niederschlesien, an der Oder gelegen, war schon einmal Schlachtort gewesen: 1474 erfocht hier Matthias von Ungarn einen Sieg über Kasimir IV. von Polen. Im Dreißigjährigen Krieg kam es bei Steinau im Oktober 1633 zu einem Angriff des Wallensteinschen Heeres auf ein schwedisches Kontingent unter Führung des böhmischen Adligen *Thurn*. Die Schweden, zahlenmäßig unterlegen, streckten die Waffen. Thurn wurde gefangen genommen, gewann aber seine Freiheit wieder gegen die Zusage, alle von böhmischen Vertriebenen gehaltenen Städte in Schlesien herauszugeben. Wallenstein nutzte den militärischen Erfolg, um Sachsen und Brandenburg ein Friedensangebot zu machen. Deren Bündnisse mit Schweden waren jedoch vorerst nicht zu erschüttern.

Stralsund, Belagerung von

Im „Ostseeplan" *Wallensteins* spielte Stralsund eine bedeutende Rolle. Die Stadt an der pommerschen Küste gegenüber der Insel Rügen besaß einen natürlich geschützten Hafen, den der kaiserliche Befehlshaber als Basis einer künftigen habsburgischen Seemacht nutzen wollte. Herzog *Bogislaw XIV. von Pommern* hatte sich 1627 bereits verpflichten müssen, eine kaiserliche Garnison in Stralsund aufzunehmen, aber die Stadt weigerte sich, dem Folge zu leisten. Stattdessen holte sie sich schwedische Ingenieure für den Bau neuer Befestigungsanlagen und verstärkte die Bürgerwehr auf knapp 5000 Mann. Im Mai 1628 begannen Wallensteinsche Truppen unter *Arnim* mit der Belagerung. In seltener Einigkeit sandten Schweden und Dänemark über See Söldnertruppen in die Stadt. Die Einwohner schickten Frauen und Kinder samt Wertsachen weg und behielten nur, wie ein Chronist erzählt, die alten Weiber zurück, „zum Kochen und Waschen, heiß Wasser, Pech und andere Sachen zum Sturm zu bereiten". Die Kämpfe waren fürchterlich, von einem schottischen Regiment wird berichtet, dass die Männer sechs Wochen lang ihre Posten nicht verlassen durften, am Ende waren von 900 Mann 500 gefallen und 300 verwundet. Den Belagerern ging es kaum besser, schwere Regenfälle ließen ihre Gräben absaufen. Nachdem Ende Juni ein Großangriff gescheitert war, erschien am 6. Juli Wallenstein selber vor Stralsund. Bürgermeister und Räte der Stadt lehnten jedoch eine Kapitulation ab. Darauf soll ihnen der Feldherr zugerufen haben, er werde die Stadt erobern und wenn sie mit Ketten an den Himmel geschmiedet wäre. Eine genauere Ortsbesichtigung und Meldungen über Verstärkungen, die Stralsund weiterhin auf dem Seewege erhielt, ließen Wallenstein dann doch ratsam erschienen, die Belagerung abzubrechen. Ende Juli zogen sich die Kaiserlichen zurück. „Adler können nicht schwimmen", spotteten die protestantischen Pamphletisten hinter ihnen her.

Strategie

„Mit das wichtigste Ziel aller Strategie war, sich gute Winterquartiere zu sichern." Dieses Urteil Golo Manns ist vielleicht überspitzt formuliert, hat aber doch einige Berechtigung. Die militärischen Ereignisse folgten im 17. Jahrhundert einer anderen Logik als heute. Die Armeen waren immer erst einmal mit der Sorge um sich selbst beschäftigt. Die Soldaten zu ernähren, ihnen Unterkunft und Löhnung zu verschaffen, bereitete den Kriegsherren schon die größte Mühe. Truppenbewegungen hatten oft keinen anderen Anlass, als neue Räume für die *Heeresversorgung* zu finden, wenn die alten leergefressen waren. Dabei konnte allein schon das Besetzen solcher Räume Kriegführung sein; mit *Kontributionen*, die man erhob, und mit der Vertilgung von Lebensmitteln wurde eine Landschaft genug geschwächt. Eine Armee setzte man nicht leichtfertig aufs Spiel, dafür war sie zu kostbar. Den Feind auszumanövrieren galt als das A und O der Kriegführung. Man gab seine Truppen auch nach Möglichkeit nicht vorzeitig aus der Hand. Die beschäftigungslose Armee, deren bloße Existenz ein politisches Problem darstellt, ist ein Charakteristikum des Dreißigjährigen Krieges. So sorgte *Mansfelds* Söldnerheer, das der deutsche Kondottiere 1620/1621 heil aus dem Strudel des *Böhmischen Aufstands* herausgebracht hatte und das nun auf Beschäftigung wartete, selbst dafür, dass der Krieg an anderer Stelle fortgesetzt wurde. Ähnlich *Wallensteins* Riesenarmee, die zeitweilig sogar von der eigenen Partei als Bedrohung angesehen wurde. Oder das Heer der „Weimarer", die Söldnertruppe des *Bernhard von Weimar*, die nach dem Tod ihres Schöpfers sich weigerte, auseinander zu gehen. Oder die schwedischen Heere, deren Daseinszweck in Deutschland sich mehr und mehr auf das Einkassieren einer „Satisfaktion" hin verengte. – Der Kriegsschauplatz selbst trug viel dazu bei, dass das Geschehen im Dreißigjährigen Krieg so verwirrend erscheint. Die Kämpfe tobten vornehmlich in Deutschland, aber es stand nicht ein Staat gegen den anderen und es war auch kein Bürgerkrieg zwischen zwei Parteien. Die jeweils Kriegführenden waren vielmehr Koalitionen, deren Zusammensetzung sich immer wieder änderte und deren Mitglieder, Fürstentümer, Städte verstreut waren über das ganze Land. Zwischen ihnen lagen obendrein noch Herrschaften, die neutral bleiben wollten und deren Gebietshoheit respektiert wurde oder auch nicht. Dazu kamen dann noch die auswärtigen Mächte, die sich bis hin zu massivem Militäreinsatz einmischten. Das begünstigte einen strategischen

Trick, den die zeitgenössische Militärdoktrin „Diversion", Ablenkung, nannte. Man griff den Gegner nicht direkt an, sondern an ganz entlegener Stelle und nötigte ihn so, seine Dispositionen zu ändern. Eine solche Diversion war der Angriff *Bernhards von Weimar* auf *Regensburg* im Oktober 1633; er zwang Wallenstein, der sich in der Lausitz in aussichtsreicher Position, gegen Schweden und Sachsen befand, dazu, alles aufzugeben und gegen den Eindringling Front zu machen. Diversionen wurden gern in allergrößtem Maßstab geplant; Politiker und Militärs der Zeit dachten in weiten Räumen, man kann durchaus von Geostrategie sprechen. Ein Beispiel dafür ist der Einmarsch von 20 000 Söldnern unter *Spinola* aus den spanischen Niederlanden in die Pfalz im Frühjahr 1620. Er sollte dafür sorgen, dass am anderen Ende des Reiches die Belagerung von Wien durch böhmische und Siebenbürger Truppen aufhörte. So gab es auch einen Zusammenhang zwischen dem *Mantuanischen Erbfolgekrieg*, den die Franzosen gegen Kaiser *Ferdinand II.* führten, und der schwedischen Invasion an der Ostseeküste 1630; diese wurde von den Franzosen diplomatisch vorbereitet und bald auch finanziert, u.a. um die kaiserlichen Truppen aus Oberitalien wegzubringen. So führte 1644 ein von Schweden und Frankreich angestifteter Angriff *Georg Rákóczys* in Ungarn dazu, dass die kaiserliche Armee aus Dänemark abgezogen werden musste. Auch der Feldzug, den die protestantischen Verbündeten im Frühjahr 1626 in Norddeutschland begannen, hatte internationalen Zuschnitt; in einer „gigantischen Zangenbewegung" (G. Parker) sollten die habsburgischen Erblande umfasst werden, *Bethlen Gábor von Iktár* mit seinem Siebenbürger Heer und die aufständischen Bauern in Oberösterreich waren ins Konzept einbezogen. Das Auftauchen einer Wallensteinschen Armee, von der niemand gewusst hatte, verdarb dann allerdings die Offensive. Auch dies ist charakteristisch für den Dreißigjährigen Krieg: Es gab immer noch einen Gegner mehr, als man dachte. Selbst nach „Entscheidungsschlachten", selbst nach Friedensschlüssen formierten sich neue Allianzen, fand der Unterlegene Bundesgenossen, die dafür sorgten, dass der Krieg weiterging. Keine Partei vermochte sich endgültig durchzusetzen.

Streiff

1631 kaufte *Gustav Adolf* von dem Obristen Johann Streiff von Lauenstein für tausend Taler ein Pferd, das er nach seinem früheren Besitzer „Streiff" nannte. Der Schwedenkönig ritt auf diesem Pferd am 16. November 1632 in die Schlacht von *Lützen*, wo er den Tod fand. Streiff konnte von den schwedischen Soldaten eingefangen werden, starb aber, vermutlich an den in der Schlacht erlittenen Verletzungen, einige Wochen später. Die Haut des Tieres wurde abgezogen und nach Stockholm gesandt. Dort spannte man sie über ein Pferdemodell aus Holz und stellte die Figur im königlichen Schloss aus. Da steht sie noch heute. Nach einer schwedischen Sage soll das Pferd, herrenlos und blutbefleckt durch die Lüfte jagend, am Tag der Schlacht von Lützen in Gustav Adolfs Heimat vielen Menschen erschienen sein.

Stuhmsdorf, Vertrag von

Im Krieg zwischen Schweden und Polen war 1629 in *Altmark* ein Waffenstillstand auf sechs Jahre vereinbart worden. Nach Ablauf dieser Frist kam es auf Drängen Frankreichs, dem sehr daran gelegen war, Schweden weiterhin als kriegführende Partei gegen den Kaiser in Deutschland zu halten, zu einem neuerlichen Vertrag zwischen Polen und Schweden. Er wurde am 20. September 1635 in Stuhmsdorf (in Pomesanien, einem Gebiet östlich der unteren Weichsel) abgeschlossen und sah vor, dass Schweden seine Eroberungen im königlichen Preußen an Polen zurückgeben, dafür aber Livland behalten sollte. Auch die von *Gustav Adolf* eroberten Teile Preußens, die den Brandenburgern gehörten, wurden bis auf die Marienburg zurückerstattet.

T

Taktik

Nach einem Lehrsatz der Kriegsgeschichte ist es stets der Unterlegene, der die Kriegstechnik voranbringt; er muss sich etwas einfallen lassen, um die Überlegenheit seines Gegners wettzumachen. Für die Revolution der Kriegstechnik, die am Ende des 16. Jahrhunderts einsetzte, werden die Niederländer verantwortlich gemacht, die sich gegen die Übermacht der spanischen „Tercios", der geballt und massiv auftretenden *Infanterie*blöcke, wehren mussten. *Moritz von Nassau* entwickelte, gestützt auf antike Vorbilder, ein neues Konzept. Den bis zu fünfzig Gliedern tiefen spanischen Pikenierformationen gegenüber stellte er seine Truppen nur zehn Mann tief auf. Seine Formationen waren kleiner und beweglicher und ihre Kampfstärke bezogen sie aus der Feuerkraft; während auf der Gegenseite die Schützen nur eine Art Begleitung der Pikenträger darstellten, machten sie in Moritz' Heer glatt die Hälfte der Kämpfer aus. Eine größere Ausdehnung der Schlachtlinie in die Breite brachte zwangsläufig mehr Soldaten in Kampfkontakt mit dem Feind als zuvor. Das erforderte vom Einzelnen mehr Mut und Einsatzbereitschaft, eine gründlichere Ausbildung an der Waffe und eine genauere Abstimmung mit seinen Nachbarleuten. Die niederländische Armee erprobte die Technik der „Salve", bei der jede Reihe der Schützen gleichzeitig feuerte, um sich danach zum Laden zurückzuziehen und der nächsten feuerbereiten Reihe Platz zu machen. Solche Manöver im Angesicht des Feindes auszuführen und dabei die Ruhe nicht zu verlieren, bedeutete, in jedem Moment seiner Waffe Herr zu sein und seinen Platz im Geschehen zu kennen. Das wurde durch pausenloses Exerzieren erreicht. – In rascher Folge erschienen militärwissenschaftliche Schriften, die die Erfahrungen der Niederländer weitertrugen. Moritz' Vetter Johann von Nassau eröffnete 1616 eine Militärakademie in Siegen; als einen der ersten Lehrer verpflichtete er Johann Jakob von Wallhausen, dessen Schriften Standardwerke der Kriegskunst in Deutschland wurden. Niederländische Militärberater wurden von den Fürsten Deutschlands als Truppenausbilder engagiert. Auch *Gustav Adolf* machte sich die neue Lehre zu Eigen und entwickelte sie weiter. Er verringerte die Infanterielinien bis auf sechs Mann Tiefe und ließ die Musketierverbände nicht bloß mit den Pikenierformationen, sondern auch im Zusammenwirken mit der *Reiterei* auftreten, die er als Angriffswaffe wie auch in der Denfensive einzusetzen wusste. Vor allem machte er neuartigen Gebrauch von der *Artillerie*. Die war bisher nur in festen Stellungen benutzt worden und fiel auf diese Weise oft genug der feindlichen Partei in die Hände. In der schwedischen Armee nun hielten leichte Kanonen Einzug, die von einem Pferd oder ein paar Mann zu bewegen waren und so den Truppenbewegungen auf dem Gefechtsfeld folgen konnten. Die revolutionäre Gefechtstaktik der Schweden feierte 1631 bei *Breitenfeld* ihren ersten Triumph. Fortan versuchten alle europäischen Armeen, das „Gustavianische System" nach Möglichkeit zu kopieren. Am gründlichsten geschah das in Frankreich, das in der zweiten Hälfte des

17. Jahrhunderts führend in der Militärtheorie wurde. Es wurden jedoch nicht alle Schlachten des Dreißigjährigen Krieges nach wissenschaftlichen Grundsätzen geschlagen. Die theoretischen Erkenntnisse drangen nicht immer durch, nicht alle Feldherrn lasen Bücher, einige konnten überhaupt nicht lesen – einzige Lehrmeisterin blieb in solchem Fall die praktische Erfahrung.

Terzka, Adam Erdmann Graf von

* um 1599, † Eger 25.2.1634

In Schillers „Wallenstein"-Drama ist er „Terzky", der Glücksritter, der sein Wohl und Wehe vom Feldherrn abhängig weiß und diesen ständig drängt, mit dem Abfall vom Kaiser Ernst zu machen. Golo Mann nennt ihn einen „törichten, habgierigen Mann", der für seine Rolle als intimster Berater und Faktotum *Wallensteins* nicht geeignet gewesen sei: Terzka (auch Třcka, Trczka), ein böhmischer Edelmann, wurde durch seine Heirat mit Maximiliana von Harrach Schwager Wallensteins. Er führte im Namen des Generalissimus 1631 die Verhandlungen mit *Arnim* über einen Separatfrieden mit Sachsen. Während des Feldzuges 1632 geriet er vorübergehend in schwedische Gefangenschaft. Er nahm an der Schlacht von *Lützen* teil und verhandelte 1633 abermals mit Arnim und dem Grafen *Thurn*. Die Mordaktion der Offiziere gegen Wallenstein in Eger am 25. Februar 1634 traf ihn wie auch *Ilow* und *Kinsky*: Nach wütender Gegenwehr wurde Terzka von *Butlers* Dragonern, die ihn für „gefroren" hielten, d. h. gegen Schuss und Stich gefeit, mit Gewehrkolben erschlagen.

Teutsche Libertät →*Libertät*

Theatrum Europaeum

→*Merian, Matthäus*

Thurn (von Valsassina), Heinrich Matthias

* Schloss Lipnitz / Lipnice nad Sázavou (Ostböhmen) 24.2.1567, † Pernau (Estland) 28.1.1640

Die Historienmalerei des 19. Jahrhunderts porträtierte ihn gerne als denjenigen, der beim *Prager Fenstersturz* gebieterisch zum offenen Fenster weist: Hinaus mit ihnen! Es ist der Moment, da der Angehörige eines aus Italien eingewanderten Adelsgeschlechtes ins Licht der Weltgeschichte tritt. Thurn, ursprünglich kaiserlicher Offizier und Beamter, schloss sich in Böhmen der oppositionellen Adelspartei an, sympathisierte sogar mit tschechisch-nationalistischen Forderungen, obwohl er nicht einmal die Landessprache beherrschte, und war maßgeblich am Zustandekommen des *Böhmischen Majestätsbriefes* (1609) beteiligt. Als er sich 1617 der Wahl Ferdinands von Steiermark (*Ferdinand II.*) zum böhmischen König widersetzte, verlor er sein Burggrafenamt auf dem Karlstein. Beim *Böhmischen Aufstand* war er treibende Kraft, verzichtete aber darauf, politische Leitungsfunktionen zu übernehmen. Er stellte sich vielmehr an die Spitze der böhmischen Truppen, mit denen er zwei Märsche auf Wien unternahm. Nach der Katastrophe vom *Weißen Berg* (1620) floh Thurn nach Siebenbürgen; er verfiel der kaiserlichen Acht und wurde in Abwesenheit zum Tod verurteilt. Im Heer *Gustav*

T

Adolfs bekam Thurn wieder ein militärisches Kommando. *Wallenstein* nahm ihn 1633 in Schlesien gefangen, ließ ihn aber aus politischen Rücksichten wieder frei – was in Wien übel aufgenommen wurde.

Tiefenbach, Rudolf Freiherr von

* 1582, † 4.3.1653

Aus protestantischer Familie stammend, machte Tiefenbach dennoch Karriere im österreichischen Militärdienst, wurde 1613 Hofkriegsrat und 1619 Generalwachtmeister unter *Bucquoy* in Böhmen. Er nahm an der Schlacht am *Weißen Berg* teil und führte seit 1621 als Nachfolger Bucquoys die kaiserliche Armee in Ungarn. 1623 trat er zum Katholizismus über und setzte als Generalfeldzeugmeister unter *Wallenstein* seinen Aufstieg in der militärischen Hierarchie fort. 1631 wurde er zum Feldmarschall ernannt, nahm aber nach Niederlagen im selben Jahr noch seinen Abschied. Obwohl nicht am Komplott gegen Wallenstein beteiligt, gehörte er nach dessen Tod gleichwohl zu den Gewinnern; u. a. erhielt er die Herrschaft Gitschin, die zuvor Eigentum des Generalissimus gewesen war.

Tilly, Johann Tserclaes Graf von

* Schloss Tilly (bei Nivelles, Brabant) im Februar 1559, † Ingolstadt 30.4.1632

„Geharnischter Mönch" hieß er bei den Zeitgenossen. Unter den Beutemachern und Postenjägern seiner Zunft ragt Tilly als knorriger, grundehrlicher Kriegsmann hervor, der die Jungfrau Maria verehrte und außer seinem Handwerk für nichts auf der Welt Interesse hatte. Als es an den Dreißigjährigen Krieg ging, war der Spross eines brabantischen Adelsgeschlechtes bereits ein alter Mann, fast sechzig Jahre zählte er schon, von denen er die meisten in Kriegsdiensten verbracht hatte, etwa in Frankreich gegen die Hugenotten, in Ungarn gegen die Türken. Seit 1610 war er Bundesfeldherr der katholischen *Liga*. 1620 besetzte er in raschem Feldzug Oberösterreich und siegte im November 1620 am *Weißen Berg* bei Prag. Danach zog er gegen die Söldnerführer *Mansfeld*, *Christian von Braunschweig* und den Markgrafen *Georg Friedrich von Baden*; er kassierte eine Niederlage bei *Wiesloch*, machte diese aber durch Siege bei *Wimpfen*, *Höchst* und *Stadtlohn* wieder wett. 1625 bezog er in Norddeutschland Stellung gegen einen Angriff des dänischen Königs *Christian IV.*, den er im folgenden Jahr bei *Lutter am Barenberge* entscheidend schlug. 1629 unterstützte er mit seinen Truppen die Durchführung des *Restitutionsedikts*. Nach der Absetzung *Wallensteins* auf dem *Regensburger Fürstentag* 1630 erhielt Tilly zusätzlich zu seinem Liga-Kommando auch noch den Oberbefehl über das kaiserliche Heer, kam aber dadurch in Norddeutschland in eine schwierige Situation, denn Wallenstein, der sich früher mit dem „lieben Alten" gut verstanden hatte, war nun nicht mehr bereit, Nahrungsmittel und Rüstungsgüter aus seinen Besitzungen in Böhmen und Mecklenburg zu liefern. Tilly führte seine halb verhungerte Armee 1631 gegen das reiche *Magdeburg*, dessen Erstürmung ihm aber nichts nützte, da die Stadt in Flammen aufging. Dafür verdunkelten die Gräueltaten seiner Soldaten in Magdeburg nachhaltig seinen Feldherrnruhm. Noch im selben Jahr folgte die Niederlage von *Breitenfeld* gegen *Gustav Adolf*; Tillys mehr oder weniger noch in der spanischen Manier, in gewaltigen Infanterieblöcken organisiertes Heer vermochte gegen die flexible Aufstellung der Schweden und die Überlegenheit ihrer Feldartillerie nichts auszurichten. In der Schlacht von *Rain* im April 1632 fand die Laufbahn des alten Soldaten dann ihr Ende: Tilly erhielt einen Schuss ins Bein und starb an der Verletzung fünf Tage später in Ingolstadt, wohin sich seine Truppen hatten zurückziehen müssen. In einem Testament vermachte er den Regimentern des Ligaheeres 60 000 Taler. Sein großer Gegner Gustav Adolf sagte, sein Wunsch sei es, ebenso tapfer nach dem Reiche Gottes zu streben wie Tilly. In einem Nachruf hieß es, er sei ein so harter Krieger gewesen, dass er im „Grabe nit verfaulen" werde.

Topographia Germaniae
→*Merian, Matthäus*

Torstensson, Lennart
* Torstena (Västergötland) 17.8.1603,
† Stockholm 7.4.1651
Torstensson kam 1630 als Artillerieoberst im Heer *Gustav Adolfs* nach Deutschland; er gilt als Schöpfer der leichten Feldartillerie, mit der die Schweden ihre Schlachterfolge erzielten. Bei *Fürth* geriet Torstensson 1632 in Gefangenschaft und kam 1633 durch Austausch wieder frei. Nach längerem Aufenthalt in Schweden kehrte er im November 1641 als Heeresoberbefehlshaber auf den deutschen Kriegsschauplatz zurück. Ihm stand die schwierige Aufgabe bevor, das Erbe *Banérs* anzutreten, d. h. erst einmal mit den *Meutereien* fertig zu werden, die in den Monaten vor und nach Banérs Tod im Mai 1641 die schwedische Armee in Deutschland demoralisierten. Es gelang ihm, die Soldzahlungen halbwegs wieder in Gang zu bringen. Mit ihm kamen 7000 schwedische Soldaten, die, gut über die Armee verteilt, als Keimzellen einer neuen Ordnung wirkten. Torstensson ging aber auch einen verhängnisvollen Schritt weiter, indem er Plünderungen legalisierte. So konnte er sich zwar Soldforderungen seiner Leute vom Halse halten, trug aber zur Verrohung des Krieges noch ein Stück bei. Er litt unter Gichtanfällen und führte sein Heer fast nur vom Krankenlager aus. Dennoch veranstaltete er Blitzfeldzüge, in deren Verlauf er das eine Mal (1642) bis vor Wien gelangte, das andere Mal (1644) bis nach Jütland. 1642 erfocht er glänzende Siege bei Schweidnitz und *Breitenfeld* gegen Sachsen bzw. Kaiserliche und 1645 bei *Jankau* gegen Kaiserliche und Bayern. 1646 war es dann doch so weit, dass Torstensson seiner „bekannten Leibs Indisposition und ihm anhangenden täglichen Plage des Zipperleins", wie ein Chronist sagt, Rechnung tragen musste und den Oberbefehl abgab. 1647 wurde er von Königin *Christine* in den Grafenstand erhoben und bekam den Posten eines Generalgouverneurs in seiner Heimat Västergötland.

Trautmannsdorff, Maximilian von
* Graz 23.5.1584, † Wien 8.6.1650
Im Reich dürfte er der bedeutendste Diplomat seiner Zeit gewesen sein: Traut-

mannsdorff, aus protestantischem Elternhaus stammend, aber früh zum Katholizismus konvertiert, war seit 1612 Obersthofmeister der Kaiserinnen, zunächst Annas, der Gemahlin *Matthias'*, danach Eleonore *Gonzagas*, der Gattin *Ferdinands II*. Er hatte vor Ausbruch des Dreißigjährigen Krieges Anteil an den Verhandlungen der österreichischen Habsburger mit der katholischen *Liga*, mit Spanien und mit der Kurie in Rom. Er gestaltete die Friedensverträge mit *Bethlen Gábor von Iktár* und wurde 1623 in den Reichsgrafenstand erhoben. 1629 führte er die Verhandlungen mit Bayern wegen der Rückgabe von Oberösterreich, arbeitete mit am Sturz *Wallensteins* und drang 1635 auf den Abschluss des *Prager Friedens*. Seine größte Leistung vollbrachte er als kaiserlicher Prinzipalgesandter bei den Verhandlungen zum *Westfälischen Frieden*. Seinem besonderen Verhandlungsgeschick war zu verdanken, dass ein Ausgleich mit Schweden und eine Verständigung mit Frankreich zustande kamen, ohne dass die kaiserliche Macht in den Erblanden Einbußen hinnehmen musste.

Tross

Im März 1648 meldet Feldmarschall *Gronsfeld* dem bayerischen Kurfürsten *Maximilian*, dass es ihm schwer falle, in seiner Armee Disziplin zu halten. Die vereinigte kaiserlich-bayerische Armada zähle über 180 000 Seelen, davon seien wohl 40 000 richtige Soldaten, für die er Proviant erhalte, aber die übrigen 140 000, „es seien gleich Jungen, Feuerknechte, Weiber und Kinder", müssten doch auch von irgendwas leben; wenn sie Räubereien und Gewalttätigkeiten begingen, könne er nichts dagegen unternehmen. Auch den Landknechtsheeren früherer Zeiten hatten sich Zivilpersonen angeschlossen, die in der Welt des Militärs ihr Auskommen suchten oder deren Dienste dort auch wirklich benötigt wurden. Im Dreißigjährigen Krieg nahm das groteske Formen an. Der Tross, also alle Nichtkämpfer, schwoll auf das Doppelte oder gar Dreifache der Kampftruppe an. Ursache dafür mochten Länge und räumliche Ausdehnung des Krieges sein, immer mehr Entwurzelte fanden keine andere Existenzmöglichkeit als im Militär und seinem Dunstkreis, eine ganze Generation wuchs im Krieg auf und kannte nichts als den Krieg. – Zum Tross gehörten die Gattinnen und Geliebten der Soldaten und deren Kinder; es war durchaus üblich, dass der Söldner seinen Hausstand mit ins Feld brachte – nicht zuletzt, um Pflege zu haben, wenn er krank oder verwundet war. Dazu kamen das Personal der Offiziere, Trossbuben, die als Bedienung der unteren Chargen gehalten wurden, und Dirnen. Ebenso dabei waren Händler, *Marketender*, zuständig für die Beschaffung von Nahrung und Ausrüstung, Köche, Metzger und Handwerker, die sich um Reparaturen und Instandsetzung des Geräts kümmerten, Wagenführer und Fuhrknechte, Pferdewärter und Hirten, die das mitgeführte Vieh hüteten, dazu Wahrsager, Glücksspieler, Amulettverkäufer und schließlich Kriminelle und verkrachte Existenzen. Die ungeheure Menge Menschen vergrößerte noch die Versorgungs- und Unterbringungsprobleme, die die Heere sowieso schon hatten. Aus dem Tross heraus kam es dann auch am ehesten zum „Auslaufen", der Lebensmittelbeschaffung auf eigene Faust, den Plünderungen und Brandschatzungen. In der Schlacht hielt sich der Tross abseits, geriet aber hin und wieder mit ins Kampfgeschehen, etwa wenn es galt, Streiftrupps des Gegners abzuwehren, oder wenn bei einer Niederlage die eigenen Leute in Richtung auf das Lager Reißaus nahmen. Auch zu Schanzarbeiten und zum Flottmachen stecken gebliebener *Artillerie* pflegte man im Tross Hilfskräfte zu rekrutieren. Die *Militärgerichtsbarkeit* erstreckte sich auch auf den Tross; der Profoss vollzog Disziplinarstrafen, „Rumormeister" und „Hurenweibel" waren zum Ordnunghalten unter den Frauen eingesetzt. Von *Gustav Adolf* wird berichtet, dass er in seinem Heer keine Dirnen duldete; davon war nach seinem Tod dann bald keine Rede mehr. Der Schwedenkönig führte auch Schulen für die Lagerkinder ein – und Nachwuchs kam immer. So gibt eine Quelle aus dem Jahr 1630 an, dass sich in einem Lager bei Ulm 368 Reiter, 66 Frauen, 78 Mädchen, 307 Reiterjungen und 24 Kinder aufhielten.

Tschernembl, Georg Erasmus Freiherr von

* Schwertberg (Oberösterreich) 26.1.1567, † Genf 18.11.1626

Ein Vorkämpfer ständischer Rechte gegen den Absolutismus war der aus einem einflussreichen calvinistischen, in Oberösterreich ansässigen Adelsgeschlecht stammende Tschernembl. Seit 1598 Mitglied der oberösterreichischen Stände, trat er als Sprecher der protestantischen Opposition gegen die Habsburger Landesherren auf. Nach Ausbruch des *Böhmischen Aufstands* warb er für den Anschluss Oberösterreichs an Böhmen und musste fliehen, als *Tilly* 1620 einmarschierte. In Württemberg fand Tschernembl unter dem Namen Freiherr von Windeck für einige Zeit Aufenthalt. 1622 kam er nach Heidelberg, das er aber auch verlassen musste, als die Pfalz besetzt wurde. Er starb im Exil in der Schweiz.

Turenne, Henri de la Tour d'Auvergne

* Sedan (Ardennen) 11.9.1611,
† Sasbach (Ortenau) 27.7.1675

Turenne war Hugenotte und genoss das Vertrauen der deutschen Protestanten; darum fiel *Mazarins* Wahl auf ihn, als 1643 der Oberbefehl über die französischen Truppen in Süddeutschland zu vergeben war. Turenne siegte 1645 bei *Alerheim* und 1648 bei *Zusmarshausen*. Nach Teilnahme am Aufstand der „Fronde" versöhnte er sich 1651 wieder mit dem französischen Hof und führte das königliche Heer im Bürgerkrieg und im Krieg mit Spanien, der 1659 beendet wurde, sowie im Devolutionskrieg (1667/1668). Turenne, der als Frankreichs bedeutendster Heerführer im 17. Jahrhundert gilt, fiel in einer der Schlachten des Niederländisch-Französischen Krieges (1672–1679), in dem auch Brandenburg und der Kaiser Partei gegen Frankreich nahmen.

Tuttlingen, Schlacht von

Keine regelrechte Schlacht mit geordneter Aufstellung auf beiden Seiten, eigentlich nur ein Überfall, aber mit weit reichenden Folgen: Kaiserliche und bayerische Truppen unter *Mercy*, *Hatzfeldt* und *Werth* überrumpelten im Verein mit Lothringern unter Herzog *Karl IV.* am 24. November 1643 die sorglos in und um Tuttlingen im Winterquartier liegende französische Armee des Generalleutnants *Rantzau*. Der Reiterei gelang die Flucht, das Gros des französischen Heeres jedoch, etwa 7000 Mann, ergab sich am folgenden Tag. Rantzau und sieben weitere Generäle gerieten in Gefangenschaft. Nach der Niederlage von Tuttlingen war die Position der Franzosen in Württemberg insgesamt unhaltbar. Beim Rückzug über den Rhein mitten im Winter ging ein Großteil ihres Heeres verloren.

Ulm, Vertrag von

Im Sommer 1620 lagen sich bei Ulm die Heere der protestantischen *Union* und der katholischen *Liga* gegenüber. Die Union wollte durch Besetzung der Donaulinie die Liga daran hindern, in den *Böhmischen Aufstand* einzugreifen, fand sich aber, da die Ligakräfte mittlerweile das Dreifache ihrer eigenen betrugen, nicht mehr recht in der Lage dazu. In dieser Situation traf in Ulm eine französische Gesandtschaft unter dem Herzog von Angoulême ein, die sich erbot, zwischen den Parteien zu vermitteln. Hintergrund war das französische Interesse, das böhmische Königtum des Pfälzer Kurfürsten *Friedrich v.* zu beenden, andererseits aber auch zu verhindern, dass eine kaiserlich-spanische Strafaktion gegen diesen auch die Kurpfalz in Mitleidenschaft zog. Daher machte Angoulême den Vorschlag, die Union solle den katholischen Fürsten Sicherheit geben, dass sie nicht angegriffen würden, die Liga dagegen die Neutralität der protestantischen Staaten respektieren. Am 3. Juli 1620 wurde ein entsprechender Vertrag geschlossen. Er erstreckte sich ausdrücklich nicht auf Böhmen. Das bedeutete, dass Friedrich in seinem böhmischen Abenteuer allein gelassen wurde und prompt scheiterte, da die Liga-Armee freien Durchzug erhielt – insoweit ging das französische Kalkül auf. Anders jedoch im Fall der Kurpfalz. Dort sollte die Union sehr wohl gegen einen spanischen Einmarsch von den Niederlanden aus Front machen – tat es aber nicht. Folglich konnte *Spinola* im August 1620 ungehindert in die Kurpfalz einfallen.

Uniformen, Kleidung

Die Armeen des Dreißigjährigen Krieges waren bunte Haufen. Uniformen gab es noch kaum, sie wurden erst im Zeitalter der stehenden Heere zur Regel. Die Militärhandbücher empfahlen derbes Schuhwerk, dicke Socken, kräftige Beinkleider, grobe Hemden, ein Wams aus Büffelleder und einen Umhang gegen Regen, dazu einen breitkrempigen Hut. Die Kleidung sollte weit geschnitten sein, weil das zusätzliche Wärme gebe, ohne Pelzbesatz und mit möglichst wenig Nähten, damit sich kein Ungeziefer festsetze. Pomp und Kleiderluxus gehörten aber zum Soldatenleben dazu, das war noch ein Erbteil der Landsknechtszeit. Also gab es Wämser in schreienden Farben, kunstvolle Spitzenkragen, Federhüte, bunte Bänder an Hose und Strümpfen, gewaltige Stulpenstiefel und Zierwaffen, mit denen der Soldat sich vom grauen Arbeitsmann abhob. Die Soldatenmode, bequem und locker, wie sie war, wurde wiederum von bestimmten Kreisen des Bürgertums oder des Adels kopiert; der „Stutzer", den zeitgenössische Karikaturen verspotten, läuft in übertrieben weiten und bunten Soldatenkleidern herum. Um im Gefecht Freund und Feind auseinander zu halten, behalf man sich mit Feldbinden, Federn oder Schärpen (für die Offiziere) in bestimmten Farben oder auch mit improvisierten Erkennungszeichen wie grünen Zweigen oder Farnwedeln am Hut. Deutlichstes Symbol aber blieb immer noch die *Fahne*, mit der jede Einheit ausgestattet war.

U

Union

Seit 1606 arbeitete *Christian von Anhalt*, der Leiter der pfälzischen Politik, auf einen Zusammenschluss der protestantischen Landesherren hin, um den habsburgischen Machtansprüchen entgegentreten zu können. Die Reichsexekution gegen *Donauwörth* im Dezember 1607 wirkte in diesem Sinne beschleunigend. Dazu kam, dass im Februar 1608 auf dem Reichstag in Regensburg die katholischen Fürsten den Antrag auf Restitution aller Kirchengüter stellten, die seit 1552 säkularisiert worden waren. Daraufhin zogen im April die Protestanten aus dem Reichstag aus. Am 14. Mai 1608 schlossen die Fürsten der Pfalz, von Ansbach, Kulmbach, Baden-Durlach, Anhalt, Pfalz-Neuburg und Württemberg in Aufhausen bei Nördlingen ein Defensivbündnis auf zehn Jahre. Durch Beitritt weiterer Stände wuchs die Zahl der Mitglieder auf insgesamt acht Fürsten, den Grafen von Öttingen und 17 Städte an, darunter Straßburg, *Nürnberg* und Ulm. Die katholischen Stände antworteten 1609 mit der Gründung der *Liga*. Der rührige Anhalt übernahm das Direktorium der Union, die er durch Bündnisse mit England, den Niederlanden und Schweden außenpolitisch absicherte. Ein grundlegender Mangel aber blieb, dass sich Kursachsen und die norddeutschen protestantischen Fürsten nicht anschlossen. Auch litt das Unternehmen unter chronischem Geldmangel und Streitigkeiten zwischen Lutheranern und Calvinisten. 1614 trat Pfalz-Neuburg aus, 1617 Brandenburg. Im April 1617 wurde eine Verlängerung für vier Jahre beschlossen. Als der Ernstfall eintrat, nämlich als im Sommer 1620 *Friedrich v. von der Pfalz*, nunmehr auch König von Böhmen, die Bundesgenossen um Hilfe gegen den Kaiser anging, ließ sich die Union im Vertrag von *Ulm* ihr Engagement abhandeln. Die bereits aufgestellten Truppen wanderten zum Teil ins Söldnerheer *Mansfelds* ab. Unter dem Eindruck der militärischen Überlegenheit der kaiserlichen und ligistischen Heere in den Kämpfen um Böhmen und des Einmarsches der Spanier in die Kurpfalz löste sich die Union im April 1621 auf.

Urban VIII.

* Florenz 1568, † Rom 29.7.1644

Maffeo Barberini war ein sehr gebildeter, künstlerisch interessierter Mann. 1623 wurde er unter dem Namen Urban VIII. Papst. Er betätigte sich literarisch (u. a. Gedichte), weihte 1626 den Petersdom und profilierte sich als Förderer der Wissenschaften, was ihn freilich nicht hinderte, dem großen Naturforscher Galileo Galilei 1633 den Prozess zu machen. Im Dreißigjährigen Krieg nahm Urban, anders als seine Vorgänger Gregor XV. und Paul V., eine distanzierte Haltung gegenüber dem katholischen Habsburg ein, besonders natürlich zur Zeit des *Mantuanischen Erbfolgkrieges* (1628–1631), der die Interessen der Kurie in Oberitalien direkt betraf. Subsidien, die früher reichlich geflossen waren, wurden unter Urban spärlicher. Die Klage des Mainzer Erzbischofs, in Rom sei „schwerlich etwas fruchtbarlichs zu verrichten, bin es fast mied und verdrüsslich", kann als typisch für die Enttäuschung der deutschen Katholiken über die Knauserigkeit des Heiligen Vaters gelten. Urban hielt den Krieg nicht für einen Religionskrieg, schon gar nicht, seit auch das katholische Frankreich beteiligt war. Dagegen öffnete er bereitwillig die päpstlichen Kassen, um seinem Bruder Carlo Barberini und dessen drei Söhnen Ämter und Fürstentümer zu verschaffen. 1642 verstrickte sich Urban in einen äußerst kostspieligen Krieg gegen den Herzog von Parma, den er immerhin noch kurz vor seinem Tod zu einem Ende brachte. Aber die Finanzen der Kurie waren nun endgültig zerrüttet.

Uttenheim

In den Jahren vor dem Dreißigjährigen Krieg ließ *Philipp Christoph von Sötern*, der Bischof von Speyer, am rechtsrheinisch gelegenen Schloss Uttenheim umfangreiche Erweiterungen vornehmen. Dies wurde in der benachbarten Pfalz als Schaffung eines Stützpunktes aufgefasst, dessen sich die Spanier für ihre Militärtransporte zwischen Oberitalien und den südlichen Niederlanden bedienen konnten, womöglich sogar als Basis für einen Angriff auf die rechtsrheinische Pfalz. Nach Absprache mit den Führern der protestantischen *Union* rückten daher am 15. Juni 1618 Pfälzer Truppen in einer Stärke von 4000 Mann mit Geschütz und Belagerungsmaterial vor Uttenheim. Sie machten dem Bau ein Ende und rissen die bereits errichteten Festungsanlagen ab. Die Aktion von Uttenheim, drei Wochen nach dem *Prager Fenstersturz*, zeigt, welche Bereitschaft zum Losschlagen unter den Ratgebern *Friedrichs V. von der Pfalz* bestand und wie weit bereits Misstrauen und Furcht die Politik bestimmten. Nach dem Ende von Friedrichs Herrschaft in der Pfalz nahm Sötern, inzwischen Erzbischof von Trier, 1623 die Bauarbeiten wieder auf. Die Festung, nunmehr Philippsburg genannt, spielte 1635 eine wichtige Rolle, als sie von den Kaiserlichen erobert wurde – für Frankreich, das in Philippsburg seit 1632 Besatzungsrecht hatte, ein Faktor, der den Eintritt in den Krieg gegen Habsburg beschleunigte.

V

Veltliner Mord

Das Veltlin, die Alpenlandschaft zwischen Bormio und dem Nordende des Comer Sees, war seit Anfang des 16. Jahrhunderts Untertanenland des Schweizer Kantons Graubünden. Als Durchgangsland nach Italien hatte es Bedeutung in den europäischen Machtkonstellationen der Zeit, sowohl Venedig und Frankreich als auch Österreich und Spanien nahmen Interesse am Veltlin. Die Graubündener Landesherren hatten die Reformation eingeführt und damit den politischen und nationalen Gegensätzen auch noch einen konfessionellen Konfliktstoff hinzugefügt, denn der Katholizismus war keineswegs verschwunden. Treibende Kraft in den Veltliner Wirren war auf protestantischer Seite seit 1617 der Pfarrer von Scharans, Georg *Jenatsch*. Als im Januar 1619 angesehene Veltliner wegen angeblicher Konspiration mit den Spaniern hingerichtet wurden, organisierte sich eine katholische Gegenbewegung unter Giacomo Robustelli. Am 18./19. Juli 1620 brach der Aufstand los. In Tirano, Teglio, Sondrio und in den umliegenden Dörfern wurden nahezu alle Protestanten umgebracht. Über 600 Menschen sollen dem „sacro macello", dem heiligen Gemetzel, wie die katholische Partei die Bluttat nannte, zum Opfer gefallen sein. Jenatsch konnte fliehen, er wurde Zentralfigur in den Kämpfen der folgenden Jahre, an deren Ende die Rückgabe des nach dem Aufstand von spanischen Truppen besetzten Veltlin an Graubünden im Jahr 1639 stand – allerdings im gleichen Jahr auch Jenatschs Ermordung während der Fastnacht in Chur.

Verheerungen, Verwüstungen

„Mit Brennen, Plündern, Verheeren und Umkehren der Dörfer und Flecken sind die Schwedischen unter dem General Banér um Prag und in selbiger Gegend stark fortgefahren, wie sie sich dann des ganzen Saazer Kreises bemächtigt und nicht allein Frücht samt dem übrigen, was zu Unterhaltung menschlichen Lebens befunden worden, nach Leitmeritz verschafft, sondern auch alle Erdengewächs und fruchtbare Bäume aus dem Grund verderbt und umgehauen." Da ist eine der zahllosen Quellenaussagen über Verheerungen und Verwüstungen, die die Armeen im Dreißigjährigen Krieg anrichteten. Nur wenige Landstriche blieben vom Besuch der Soldateska verschont, in einigen strategisch wichtigen Durchzugsgebieten hauste sie sogar mehrmals. Große Städte wurden nur selten heimgesucht, teils hatten sie Befestigungen, die nicht leicht zu überwinden waren, teils wussten sich die Stadtväter mit üppigen Kontributionszahlungen das Militär vom Hals zu halten. Meistens traf es das platte Land mit seinen Dörfern und Marktflecken. Hauptmotiv war die Nahrungsbeschaffung, die *Heeresversorgung* lag ja fast immer im Argen. Aber es gab auch Zerstörungsorgien aus purem Mutwillen. Daneben stand die Verwüstung auf Befehl, die dem Feind die Ressourcen nehmen sollte, „verbrannte Erde" nach heutigem Sprachgebrauch. So lautet eine Klage aus dem Jahr 1626: „In Schlesien tun die Freund mehr Schaden als der Feind [...] und geht das Sprichwort unter den Soldaten: Nehmen wirs nicht, nimmts der Feind."

Verluste, militärische

Einen Gesamtüberblick über die Verluste in den Heeren des Dreißigjährigen Krieges zu geben ist nicht möglich. Erhalten sind nur Bruchstücke von Militärstatistiken, aus denen aber immerhin abzulesen ist, dass der Söldner einen gefährlichen Beruf hatte, nicht nur wegen des ständigen Kampfes, sondern auch wegen zahlreicher *Seuchen* und Mangelkrankheiten. So ist für ein Dorf in Nordschweden ermittelt worden, dass in den Jahren 1621 bis 1639 von 230 jungen Männern, die für die Kriege *Gustav Adolfs* in Polen und Deutschland eingezogen wurden, 215 fielen und fünf nur noch als Krüppel zurückkamen. „Eine Aushebung war somit gleichbedeutend mit einem Todesurteil", folgert der britische Historiker Geoffrey Parker. Bei den Kämpfen um *Stralsund* verlor eine schottische Söldnertruppe in sechs Wochen von ursprünglich 900 Mann 500 durch Tod und 300 durch Verwundung. Unter den englischen Söldnern, die der König von Dänemark angeheuert hatte, fiel die Mannschaftsstärke von 5013 Mann im November 1626 auf 2472 im Februar 1627; bis Juni 1627 noch einmal auf 4913 erhöht, zählte die Truppe im Mai 1628 nur noch 1620 Mann. Manche Regimenter verloren monatlich zehn Prozent ihres Bestandes. Die Verluste in den Schlachten waren mitunter enorm, vor allem dann, wenn die Heere, die sich gegenüberstanden, annähernd gleiche Stärke hatten und das Ringen sich über Stunden hinzog wie an der *Dessauer Brücke*, bei *Lützen*, *Nördlingen* und *Rocroi* oder wenn es sogar mehrere Tage dauerte wie an der Alten Veste bei *Fürth*. Dann deckten die Toten zu Tausenden das Schlachtfeld. Die Armeen waren zu Blitzfeldzügen und Riesenmärschen durch halb Europa imstande. Das kostete aber jedes Mal Mannschaften; von denen, die losmarschierten, kamen viele nicht an. So begann *Wallenstein* 1626 seine Verfolgungsjagd über 600 Kilometer hinter *Mansfeld* her mit 20 000 Mann und am Ende hatte er kaum noch ein Viertel davon. Die französische Armee zog 1635 mit 26 000 Mann gegen die Niederlande, nur 8000 blieben davon übrig. Am schlimmsten waren die Rückzüge, bei denen die ohnehin immer prekäre Versorgungslage katastrophal zu werden pflegte. General *Gallas*, der sich den passenden Schimpfnamen „Heeresverderber" erwarb, verlor gleich zweimal fast sein ganzes Heer: 1636 beim Rückzug aus Burgund und 1644, als ihn *Torstensson* aus Dänemark jagte. Ebenso fürchterlich gestaltete sich der Aufbruch der Franzosen nach der Niederlage von *Tuttlingen* im Winter 1643: Zwei Drittel ihres Heeres gingen dabei zugrunde.

Verneuerte Landesordnung

Am 10. Mai 1627 wurde dem Königreich Böhmen durch *Ferdinand II.* eine Verfassung oktroyiert. Die „Verneuerte Landesordnung" setzte den Schlusspunkt unter die habsburgische Restaurationspolitik nach dem Zusammenbruch des *Böhmischen* Aufstandes, sie schrieb den Sieg der *Gegenreformation* und des landesfürstlichen Absolutismus fest. Eine Mitwirkung der Stände bei der Gesetzgebung war in dieser „Diktatur im Hermelin" (G. Barudio) nicht mehr vorgesehen, Artikel VIII

V

bestimmte ausdrücklich, dass Gesetz und Recht allein dem König zustehe. Der Landtag, ehemals zentrales Organ der ständischen Freiheiten, war nur noch Staffage für Krönungsfestlichkeiten. Durch die neue Verfassung wurde Böhmen stärker an die übrigen Länder der habsburgischen Herrschaft gebunden; entsprechend schwächte sich seine staatsrechtliche Bindung an das Reich. Unmittelbare Folge der „Landesordnung" war eine Massenauswanderung aus Böhmen.

Verwüstungen →*Verheerungen, Verwüstungen*

Vlotho, Schlacht von

1638 unternahmen *Karl Ludwig* und *Ruprecht*, die Söhne des „Winterkönigs" *Friedrich v. von der Pfalz*, von Holland aus einen Versuch, das Land zurückzuerobern, das ihr Vater 1621 verloren hatte. Ihr Heer bestand aus 5000 Mann, die von England bezahlt wurden. Der Feldzug verlief unglücklich. Nach vergeblicher Belagerung von Lemgo zog sich das durch Desertionen geschwächte Heer auf die Weser zurück und wurde in ungünstiger Stellung bei Vlotho am 17. Oktober 1638 in einer dreistündigen Schlacht von kaiserlichen Truppen unter *Hatzfeldt* vernichtend geschlagen. 2000 Mann fielen oder ertranken auf der Flucht in der Weser. 1000 Mann wurden gefangen genommen, darunter auch der pfälzische Befehlshaber Ruprecht. Die Artillerie, der Tross und die Kriegskasse fielen den Siegern in die Hände.

Volmar, Isaak

* Steußlingen oder Weinsberg (bei Heilbronn) 1582,
† Regensburg 13.10.1662

Bei den Verhandlungen des *Westfälischen Friedens* war er auf kaiserlicher Seite der zweite Mann hinter Graf *Trautmannnsdorff*: Der Jurist Volmar, Sohn eines schwäbischen Stadtschreibers, zum Katholizismus konvertiert, führte auf dem Friedenskongress die eigentlichen Amtsgeschäfte der kaiserlichen Vertretung. Er hinterließ ein umfangreiches Tagebuch, das als eine der ersten Quellen zur Geschichte des Kongresses gilt.

Vorgeschichte

Deutschland war infolge des 1555 abgeschlossenen *Augsburger Religionsfriedens* lange Zeit von Kämpfen verschont geblieben. Die Atmosphäre des Ausgleichs zwischen den konfessionellen Parteien endete unter der Herrschaft Kaiser *Rudolfs II.* (1576–1612). Die Ausbreitung des Protestantismus erreichte in diesen Jahren ihren Höhepunkt, gleichzeitig aber erstarkte auch die katholische Gegenbewegung, die hauptsächlich von Jesuiten getragen wurde, und Rudolf, selbst mehr an Naturwissenschaften als an Politik interessiert, ließ diese *Gegenreformation* gewähren. Erste Signale waren die Kölner Wirren 1583 bis 1585 um die Einsetzung eines katholischen Wittelsbachers als Erzbischof und der so genannte Vierklösterstreit 1598 bis 1601, der zur Lahmlegung der Reichsjustiz führte. Nach dem Zwischenfall von *Donauwörth* 1606 (protestantische Demonstranten überfielen eine katholische Prozession) kam es erstmals zu militärischen Maßnahmen: Die Stadt wurde vom Kaiser in die Acht erklärt und 1607 von bayerischen Truppen besetzt. Daraufhin schlossen sich mehrere protestantische Reichsstände unter Führung der Pfalz 1608 zu einem Defensivbündnis, der *Union*, zusammen. Die katholische Seite antwortete 1609 mit der Gründung der *Liga*. Im selben Jahr begann der *Jülich-Klevesche Erbfolgestreit*, in den sich die konfessionellen Parteien sofort einmischten und der auch auswärtige Mächte auf den Plan rief. Hauptsächlich inspiriert von den Politikern der Pfälzer Kurfürsten, formierte sich eine europäische Allianz gegen die beiden Zweige des Hauses Habsburg, den spanischen und den österreichischen, die auch in den Fronten des *Gradiskanerkrieges* 1615 bis 1618 zu erkennen war. – Den eigentlichen Anlass zum Dreißigjährigen Krieg aber gaben Ereignisse in den habsburgischen Erblanden. Seit 1606 schwelte hier ein Machtkampf zwischen Kaiser Rudolf und seinem Bruder *Matthias*, der als „Bruderzwist im Hause Habsburg" in die Geschichte einging. Rudolf konnte sich schließlich nur noch in den Ländern der böhmischen Krone behaupten. Die Stände nutzten die Situation, um Rudolf 1609 den *Böhmischen Majestätsbrief* abzutrotzen, der Religionsfreiheit garantierte und den Ständen weit gehende Rechte gab. Als Matthias nach Rudolfs Tod 1612 die Regierung antrat, befanden sich Ständeherrschaft und Protestantismus in den Erblanden durchaus in gefestigter Stellung. Eine Ausnahme bildeten nur Steiermark, Kärnten und Krain, wo Ferdinand von Steiermark (*Ferdinand II.*) massiv die Gegenreformation betrieb. Ausgerechnet diesen Ferdinand wählten die Böhmen 1617 zum König. Erste Eingriffe Ferdinands in die ständische Autonomie erzeugten eine wütende Gegenreaktion, mit dem *Prager Fenstersturz* vom 23. Mai 1618 begann der *Böhmische Aufstand*. Der Angriff böhmischer Truppen auf die Stadt Krummau im Juli 1618 eröffnete die Kampfhandlungen des Dreißigjährigen Krieges.

Wallenstein, Albrecht von

* Hermanitz / Heřmanice (Ostböhmen) 24.9.1583, † Eger 25.2.1634

„Von der Parteien Gunst und Haß verwirrt / Schwankt sein Charakterbild in der Geschichte", heißt es im Prolog zu Schillers Drama „Wallenstein" (geschrieben 1798). Die „Parteien" gibt es nicht mehr, aber gerätselt wird an der historischen Figur Wallenstein immer noch. Er stammte aus der protestantischen böhmischen Adelsfamilie von Waldstein (Valdštejn) und besuchte die Schulen in Goldberg und Altdorf (wo er sich als übler Raufer hervortat). In Kriegen gegen die Türken und gegen Aufstände in Ungarn erwarb er seine ersten militärischen Meriten. Um 1606 trat er zum Katholizismus über. 1609 heiratete er die reiche Witwe Lucretia Nekeš von Landek. Ihr früher Tod 1614 machte ihn zu einem der großen Grundbesitzer Mährens. Im *Gradiskanerkrieg* stellte er sich mit 180 Kürassieren und 80 Musketieren, die von ihm selbst finanziert wurden, dem Erzherzog Ferdinand von der Steiermark, dem späteren Kaiser *Ferdinand II.*, zur Verfügung – ein Beispiel scheinbar selbstloser Vasallentreue, das er noch mehrmals und in immer größerem Maßstab wiederholen sollte. Erster Lohn war 1617 die Erhebung in den Grafenstand. – Beim Ausbruch des *Böhmischen Aufstands* war er Obrist in Mähren und wechselte in Wildwestmanier zur habsburgischen Partei: Am 30. April 1619 erstach er in Olmütz einen seiner Unterführer, brachte die mährische Kriegskasse, 96 000 Taler, an sich und gab seinen Truppen Marschbefehl nach Wien. Der Abfall gelang nicht vollständig; Reiter des Grafen *Thurn* holten das Fußvolk ein und überredeten es zur Umkehr, Wallenstein aber, der mit dem Geldtransport weit voraus war, erreichten sie nicht mehr. Er blieb in Wien, um sich an der Verteidigung der Stadt gegen *Thurn* und *Bethlen Gábor von Iktár* zu beteiligen, und kehrte erst nach Böhmen zurück, als der Aufstand zusammengebrochen war und der Besitz der Rebellen zu Schleuderpreisen verteilt wurde. Es gelang Wallenstein, über fünfzig Güter zu erwerben. Als er 1623 anlässlich seiner zweiten Eheschließung mit Isabella von Harrach in den Pfalzgrafen- und Fürstenstand erhoben wurde, gehörte ihm bereits ein Viertel Böhmens. – In der Verwaltung seiner Güter zeigte sich Wallenstein als Wirtschaftstalent ersten Ranges. Anders als viele seiner Standesgenossen presste er seine Ländereien nicht einfach nur aus, sondern versuchte, deren Produktivität zu erhöhen. Er gründete Industrien, ließ Vorräte einlagern, kontrollierte die Landwirtschaft, steigerte die Exporte und investierte in das Bildungswesen, die Wohlfahrtspflege und die medizinische Versorgung. Binnen kurzem hatte er sich einen Musterstaat eingerichtet, in dem alles blühte – Wallensteins Einkünfte eingeschlossen. 1625 folgte die Standeserhöhung zum Herzog von Friedland. Im selben Jahr stellte er auf eigene Kosten ein Heer von 40 000 Mann auf, um dem Kaiser eine Macht an die Hand zu geben, mit der er dem Angriff des Dänenkönigs *Christian IV.* begegnen konnte. Die Größe der Armee wie auch die Art ihrer Finanzierung sprengte alle herkömmlichen Begriffe. Die Riesensummen, die allein bei der Anwerbung schon anfielen, verschaffte sich Wallenstein bei seinem Bankier de *Witte*. Irgendwann sollte auch der Kaiser für alles aufkommen. Einstweilen aber galt das Paradox: Eine große Armee kann die Mittel für ihren Unterhalt leichter eintreiben als eine kleine. Und das System der *Kontributionen* sollte auch im eigenen Lande gelten. Was Wallensteins Motive bei dem Ganzen waren, ist strittig. Auf jeden Fall bekam Wallensteins Leben durch das Angebot an Kaiser Ferdinand den Zug ins Gigantische und Dämonische, von dem Schiller im Prolog seines Dramas spricht: „Auf diesem finstern Zeitgrund malet sich / Ein Unternehmen kühnen Übermuts / Und ein verwegener Charakter ab." – Mit seiner neuen Armee griff Wallenstein 1626 in den Krieg in Norddeutschland ein, er besiegte *Mansfeld* an der *Dessauer Brücke* und verfolgte ihn in Gewaltmärschen bis nach Ungarn. 1627 kaufte er das Herzogtum Sagan in Schlesien und besetzte Mecklenburg und Pommern. 1628 wurde er zum General des Ozeanischen und Baltischen Meeres ernannt. In Umrissen wird hier ein politisches Ziel sichtbar, das die Forschung den „Ostseeplan" nennt, die Schaffung eines neuen Machtzentrums im Norden des Reiches, ein Anspruch auf Teilhabe am *Dominium maris baltici*, der in Schweden als Herausforderung empfunden werden musste. Es folgten aber sogleich Rückschläge: 1628 scheiterte die Belagerung von *Stralsund* und nach dem Frieden von *Lübeck* 1629, der den Unterhalt riesiger Armeen nicht länger nötig zu machen schien, formierte sich Widerstand gegen Wallenstein im eigenen Lager. Auf dem *Regensburger Kurfürstentag* 1630 musste Kaiser *Ferdinand II.* in die Absetzung seines Feldherrn einwilligen, drei Viertel des kaiserlichen Heeres wurden abgedankt. Wallenstein zog sich nach Böhmen zurück. Geoffrey Parker spricht in diesem Zusammenhang von „Erleichterung", die Wallenstein empfunden haben müsse; er konnte sich gar nicht mehr leisten, Feldherr zu bleiben, das System der Kontributionen hatte sich verschlissen, die ausgesogenen Länder gaben einfach nicht genug her. Dramatisches Kennzeichen der Lage war der Freitod seines Bankiers Witte in Prag im September 1630. – Wallensteins Gegner unter den deutschen Fürsten sollten sich aber nicht lange ihres Triumphes freuen. Schon im folgenden Jahr befand sich die kaiserliche Partei nach der Landung *Gustav Adolfs* und dessen Sieg bei *Breitenfeld* wieder am Rande des Abgrunds. Im Dezember 1631 ließ sich Wallenstein überreden, in den Krieg zurückzukehren. Wieder stampfte sein phänomenales Organisationstalent in kürzester Frist eine Armee aus dem Boden; diesmal ließ sich der General eine Teilfinanzierung aus kaiserlichen (spanischen) Mitteln garantieren. In der Vereinbarung von *Göllersdorf* wurden ihm weit reichende Vollmachten zugestanden, allerdings blieb strittig, wie weit sie wirklich reichten (z. B. ob die Berechtigung, selbstständig Friedensverhandlungen zu führen, dazugehörte). Wallensteins zweites Generalat begann 1632 mit der Befreiung Böhmens. Im Zermürbungskrieg gegen Gustav Adolf vor *Fürth* blieb er Sieger, zog sich aber nach der unentschiedenen Schlacht von *Lützen* wieder nach Böhmen zurück und verharrte dort, bis auf eine rasche Aktion gegen *Steinau*, das ganze Jahr 1633 über in militärischer Untätigkeit. Er litt an verschiedenen Krankheiten, vor allem an der Gicht, und verfiel zusehends. Die Schrullen und Marotten, die er schon lange hatte, prägten sich weiter aus, seine Lärmempfindlichkeit trieb groteske Blüten. Wo er hinkam, mussten Kirchenglocken schweigen, wurde alles, was bellen, miauen oder krähen konnte, beiseite geschafft, wurden die Straßen mit Stroh ausgelegt, um die Verkehrsgeräusche zu dämpfen. Sterndeuter gingen bei ihm ein und aus. Seit 1629 hielt er sich den Italiener *Seni* quasi als Leibastrologen. Ansonsten kapselte er sich immer weiter von der Umwelt ab, achtete auch kaum noch auf die Stimmung in seiner Armee. Bezeichnend ist sein Vorgehen nach der Schlacht von Lützen: Wie ein Despot verlangte er ein Blutgericht unter den vermeintlich schuldigen Offizieren und ließ die Hinrichtungen 1633 auch noch am *Altstädter Ring* in Prag vollziehen, wo zwölf Jahre zuvor das Strafgericht über die böhmische Rebellion veranstaltet worden war. – Währenddessen pflegten seine Mitarbeiter, *Terzka*, *Kinsky* und andere, Verhandlungen mit der protestantischen Seite, mit den Schweden selbst, mit den exilierten Böhmen, mit den Franzosen. Aus alledem wurde nichts, niemand mochte den Angeboten recht trauen, aber die Nachrichten davon genügten, um Wallensteins Gegner im katholischen Lager wieder in einer Kampffront zu einen, die diesmal auch den Kaiser mit einschloss. Der Abfall, wenn er denn überhaupt von Wallenstein beabsichtigt war, ging in den kaiserlichen Gegenmaßnahmen unter. Einen nach dem anderen wurden seine Generale vom Wiener Hof bearbeitet und mit Versprechungen geködert. Ihre Unterschrift unter einer persönlichen Treuerklärung, die Wallenstein ihnen im Januar 1634 abforderte, dem ersten *Pilsener Revers*, bedeutete schon nicht mehr viel, wurde aber in Wien zum Anlass genommen, Wallenstein abzusetzen und Befehl zu erteilen, ihn tot oder lebendig nach Wien zu bringen. Wallenstein ließ daraufhin dringende Verhandlungen mit *Bernhard von Weimar* und dem sächsischen Heerführer *Arnim* aufnehmen, die aber wieder nicht zum Abschluss kamen. Bei einer zweiten Zusammenkunft mit den Generälen in Pilsen im Februar fanden sich zur Unterschrift unter einen neuen Revers nur noch halb so viele ein wie beim ersten Mal. Als die Prager Garnison, der man die Absetzung bekannt gemacht hatte, gegen ihn rebellierte, flohen Wallenstein, Terzka und *Ilow* mit ungefähr tausend Mann Kriegsvolk und 100 000 Gulden am 22. Februar nach Eger, in die Nähe der schwedischen Stellungen. Der Stadtkommandant von Eger, John Gordon, nahm sie auf, ließ sich dann aber von zwei Offizieren aus Wallensteins Truppe, *Butler* und *Leslie*, für ein Mordkomplott gegen den Generalissimus gewinnen. Die Aktion wurde am Abend des 25. Februar mit erstaunlicher Präzision ins Werk gesetzt. Während Wallenstein sich im Haus des Bürgermeisters schon zur Ruhe begeben hatte, überfielen die Verschwörer mit einem Trupp ergebener Söldner erst die Generäle, die im Schloss tafelten. Dann wandten sie sich gegen Wallensteins Logis. Ein Ire namens Devereux führte den tödlichen Stoß mit einer Partisane auf den Wehrlosen, der neben seinem Bett stand. „Also mußte der in der ganzen Christenheit so gewaltig beschriene Herzog von Friedland mit einem liederlichen, unlöblichen und schändlichen Ende wie ein Rebell und an seiner Herrschaft treuloser, meineidiger Verräter sein Leben beschließen", heißt es im Bericht des zeitgenössischen Historikers Bogislav von *Chemnitz*. Die Mörder und wer sonst rechtzeitig zum Kaiserhof übergewechselt war – *Piccolomini*, *Aldringen*, *Gallas* und andere – erhielten reiche Belohnung.

Wartenberg, Franz Wilhelm Graf von
→*Franz Wilhelm Graf von Wartenberg*

Weißen Berg, Schlacht am
Der Weiße Berg (tschechisch Bilá hora) ist eine 380 Meter hohe Erhebung westlich von Prag. Hier bezogen die böhmischen Truppen am Abend des 7. November 1620 eine Stellung, um ihre Hauptstadt gegen den Angriff der kaiserlichen und ligstischen Truppen zu schützen. Vorangegangen war ein Feldzug, in dem sich die Position der Böhmen nach und nach verschlechtert hatte. Ihr Bundesgenosse *Mansfeld* war gegen Erhalt einer größeren Summe aus der Kasse Herzog *Maximilians von Bayern* am 11. Oktober aus dem Krieg ausgeschieden, der kaiserliche General *Bucquoy*, dadurch entlastet, hatte sein Heer mit den Truppen der *Liga*, die unter *Tillys* Befehl seit August in Böhmen operierten, vereinigen können. Am 5. November war den Führern der böhmischen Armee, *Christian von Anhalt*, *Hohenlohe* und *Thurn*, klar geworden, dass ihre Feinde auf Prag ziehen wollten. In 36-stündigem Gewaltmarsch warfen sie ihr Heer gleichfalls dorthin und kamen auch noch rechtzeitig vor den anderen an. – Das Wetter war katastrophal, der Winter früh eingebrochen, die Truppen von Krankheiten dezimiert. Bucquoy hatte den Feldzug schon abbrechen wollen. Es war der Politiker, Herzog Maximilian, der unermüdlich vorwärts drängte und die Entscheidung suchte. Er war es auch, der den Angriff auf die Stellung am Weißen Berg durchsetzte, obwohl das allen Regeln der Kriegskunst widersprach. Es sollte sich erweisen, dass der Politiker die Lage besser einschätzte als die Berufsmilitärs. Die böhmischen Truppen waren in miserabler Verfassung, seit Monaten ohne Lohn, schlecht ernährt, von Seuchen geplagt und erschöpft von den tagelangen Märschen. Im Grunde glaubten die Böhmen auch gar nicht, dass der Feind, zwar numerisch stärker – 28 000 gegen 21 000 –, aber in ungünstiger Talposition, sie noch angreifen könnte. Sie unterließen den Bau von Feldbefestigungen, einige Offiziere bezogen warme Quartiere in der Stadt, auch König *Friedrich v. von der Pfalz* blieb in seiner Residenz. So traf der Angriff, der am Morgen des 8. November einsetzte, ein schlecht vorbereitetes böhmisches Heer. Zwar kam es zu einigen erfolgreichen Gegenattacken, aber ganze Regimenter warfen die Waffen weg und flohen. Nach wenigen Stunden war alles vorbei und als Friedrich nach dem Mittagessen nichts ahnend hinausritt, um nach dem Rechten zu sehen, fand er das Heer in voller Auflösung. Ihm selbst und seinem

Hofstaat blieb auch nur noch rascheste Flucht über die Grenze. Die Schlacht vom Weißen Berg war eine der Entscheidungsschlachten des Dreißigjährigen Krieges, sie markiert das Ende des *Böhmischen Aufstandes* und das Ende des böhmischen Ständestaates. Der Sieger, Kaiser *Ferdinand II.*, leitete eine Umwälzung der politischen, sozialen und religiösen Verhältnisse ein, die Böhmens Geschichte für Jahrhunderte bestimmen sollte.

Werben, Vertrag von

Nach längeren Verhandlungen zwischen Landgraf *Wilhelm V. von Hessen-Kassel* und *Gustav Adolf* kam im Hauptquartier des Schwedenkönigs in Werben (Altmark) am 22. August 1631 ein unauflösliches Schutz- und Trutzbündnis zustande. Hessen verpflichtete sich, ein Heer von 10 000 Mann unter schwedischem Oberbefehl aufzustellen. Der Landgraf versprach sich durch Teilnahme am *Schwedischen Krieg* einen Wiedergewinn der Gebiete, die er im *Marburger Erbfolgestreit* an Hessen-Darmstadt verloren hatte.

Werth, Johann

* Büttgen (bei Neuss) 1594, Benatek (bei Prag) 16.9.1652

Ein Mann nach dem Herzen des Volkes; Bilder und Geschichten vom Reitergeneral Werth waren im Dreißigjährigen Krieg weit verbreitet. Ein Haudegen und Troupier, der von ganz unten kam: Werth war ein Bauernsohn, er lernte zeit seines Lebens nicht richtig schreiben und lesen. Er diente zunächst als Reiter unter *Spinola*, wurde 1622 Leutnant und trat 1630 in das Heer der *Liga* ein. Nach der Schlacht von *Nördlingen* 1634, in der sich Werth auszeichnete, wurde er in den Reichsfreiherrenstand erhoben und zum Feldmarschallleutnant ernannt. Er nahm teil am Frankreichfeldzug 1636 und kam dabei bis kurz vor Paris. In der Schlacht von *Rheinfelden* 1638 gegen *Bernhard von Weimar* geriet er in Gefangenschaft. *Richelieu* verschaffte ihm eine ehrenvolle Haft in Frankreich. 1642 wurde er gegen den schwedischen General *Horn* ausgetauscht und kehrte sofort wieder auf die Schlachtfelder zurück: In den Jahren 1643 bis 1645 siegte er bei *Tuttlingen* und kämpfte – zumeist erfolgreich – bei *Freiburg*, *Jankau* und *Herbsthausen*; bei *Alerheim* verdarb er den Sieg durch sein notorisches Draufgängertum. Dass er im Mai 1644 bei einem Trinkgelage einen Offizier erstach, blieb ohne Folgen und tat auch seiner Popularität keinen Abbruch. Schlechter erging es ihm jedoch, als er nach dem Ausscheiden Bayerns aus dem Krieg 1647 zusammen mit seinem Kollegen *Sporck* versuchte, die bayerische Reiterei zum Kaiser überzuführen. Sein Dienstherr Kurfürst *Maximilian* schritt ein und verhängte die Acht über den Feldherrn. Kaiser *Ferdinand III.* hob den Bannspruch jedoch auf und sorgte mit der Schenkung der Herrschaft Benatek in Böhmen und der Verleihung der Reichsgrafenwürde an Werth dafür, dass der alte Reitergeneral seine letzten Lebensjahre nicht im Sattel verbringen musste.

Westfälischer Frieden

Es gab während des Dreißigjährigen Krieges zahlreiche Friedensschlüsse, aber keiner, nicht einmal der *Prager Frieden* von 1635, erwies sich als allgemeingültig und für alle Kriegsteilnehmer verbindlich. Erfolg hatte erst eine Initiative, die unter dänischer Vermittlung in Hamburg zustande kam. Der *Hamburger Präliminarvertrag*, den schwedische und kaiserliche Gesandte im Dezember 1641 vereinbarten, sah für das Jahr 1642 den Beginn von Friedensverhandlungen in den Städten *Münster* und Osnabrück vor. Zwar verzögerte sich die Sache, weil dem Kaiser die militärische Situation nicht behagte und er auf eine bessere wartete. Aber im Mai 1643 wurden dann doch in feierlicher Zeremonie die beiden westfälischen Städte für neutral erklärt und im Laufe des Jahres 1644 trafen die Gesandten ein, der letzte, bedeutendste, nämlich der kaiserliche Gesandte *Trautmannsdorff*, allerdings erst Ende 1645. Die Wahl zweier Städte hatte protokollarische Gründe, einen Teil der damals üblichen Rangstreitigkeiten hoffte man damit vermeiden zu können. Schweden und die deutschen protestantischen Reichsstände logierten in Osnabrück, Niederländer, Franzosen und Spanier sowie deutsche Katholiken in Münster, der Kaiser war in beiden Städten vertreten. Insgesamt schickten 176 größere und kleinere europäische Fürsten Gesandte nach Westfalen und alle, Sekretäre, Juristen und das Dienstpersonal, eingerechnet, waren es wohl 10 000 bis 12 000 Menschen, die untergebracht und beköstigt werden wollten. – Es gab keine Vollversammlung und keine Kongresseröffnung, die Gespräche kamen zwanglos, wenn auch natürlich unter Wahrung aller nur denkbaren diplomatischen Umständlichkeiten in Gang. Dabei hatten es die Delegierten in Osnabrück noch verhältnismäßig leicht, dort wurde direkt verhandelt. In Münster dagegen verbot sich bei währendem Krieg ein unmittelbarer Austausch zwischen den Unterhändlern. „Mediatoren", Vermittler wie der päpstliche Nuntius *Chigi* und der venezianische Gesandte Contarini, empfingen die einzelnen Diplomaten und hörten sich deren Wünsche und Forderungen an. Diese trugen sie dann der Gegenseite vor, empfingen Stellungnahmen und Gegenanträge, besprachen sie wieder mit der ersten Partei usw. – ein langwieriges, mühseliges Verfahren. Erschwert wurde es noch dadurch, dass nicht die Souveräne, sondern nur ihre Bevollmächtigten miteinander verhandelten. Erzielte Ergebnisse mussten daheim vorgelegt werden und kamen oft genug mit Ablehnungen oder Änderungswünschen zurück. Es war eigens ein postalisches Netz aufgebaut worden, um die rasche Beförderung von Briefen und Schriften zu ermöglichen, aber auch damit brauchte eine Sendung von Münster nach Wien oder Paris noch zwölf Tage, nach Stockholm 20 und nach Madrid 23 bis 30 Tage. – Nur langsam kam man dem Frieden näher, am ergiebigsten waren die Verhandlungen im Winter, wenn die Kriegshandlungen ruhten, im Sommer dagegen kam es immer wieder vor, dass irgendwer die Vorteile, die er gerade auf dem Schlachtfeld errungen hatte, in die Verhandlungen eingebracht wissen wollte – was die mühsam aufgebauten diplomatischen Konstruktionen zum Einsturz brachte. Im Winter traktieren, im Sommer lavie-

W

ren, lautete die zynische Erkenntnis der Gesandten. Als Erste beendeten Niederländer und Spanier ihre Verhandlungen. Am 30. Januar 1648 schlossen sie einen Frieden, der die Souveränität der Vereinigten Provinzen und ihre Loslösung vom Reich besiegelte. Am 15. Mai 1648 kamen sie zum feierlichen Friedensschwur im Münsteraner Rathaus zusammen. Das berühmte Gemälde von Gerard *Terborch* hält diese Szene fest. Der gleichfalls angestrebte Friedensschluss zwischen Frankreich und Spanien fiel vorerst aus, diese Länder führten ihren Krieg noch bis zum *Pyrenäenfrieden* 1659 weiter. Dafür kamen Schweden und der Kaiser am 6. August 1648 in Osnabrück zu einer Einigung, die zwischen den Delegierten vorerst mit Handschlag besiegelt wurde. Als die schriftliche Genehmigung *Ferdinands III.* eintraf, gelang es dem kaiserlichen Gesandten *Volmar* nicht sogleich, sie zu entschlüsseln – auch das 17. Jahrhundert kannte schon höchst komplizierte Chiffrierverfahren –, so dauerte es dann noch bis zum Mittag des 24. Oktober 1648, ehe die in Osnabrück und Münster getroffenen Vereinbarungen erst in den französischen und schwedischen Gesandtenschaften, dann im Bischofshof von Münster unterzeichnet wurden. Am Abend läuteten die Glocken und die Bürgerwehr schoss Salut aus Musketen und Kanonen. – Der Westfälische Frieden regelte die territorialen Probleme wie folgt: Frankreich wurde im Besitz der Bistümer Metz, Toul und Verdun bestätigt und erhielt die österreichische Landgrafschaft Ober- und Unterelsass, die Festung Breisach, den Sundgau und die Landvogtei über zehn im Elsass gelegene Reichsstädte (außer Straßburg) sowie das Besatzungsrecht in Philippsburg (*Uttenheim*). Die lothringische Frage war ausgeklammert; erst 1766 wurde das Herzogtum ganz und gar von Frankreich übernommen. Schweden erwarb das Erzbistum Bremen, das Bistum Verden, die Stadt Wismar und Vorpommern mit Rügen und Stettin. Hinterpommern und die drei Bistümer Kammin, Halberstadt und Minden gingen an Kurbrandenburg, dazu die Anwartschaft auf das Erzstift Magdeburg. Bayern behielt die dem „Winterkönig" *Friedrich V.* aberkannte Kurwürde und die Oberpfalz. Für Friedrichs Sohn und Erben *Karl Ludwig* wurde eine neue achte Kur eingerichtet, die Kurpfalz wurde ihm restituiert. Mecklenburg wurde gleichfalls restituiert und bekam als Ausgleich für das Schweden zugesprochene Wismar die Bistümer Ratzeburg und Schwerin. Sachsen behielt die Lausitz, Hessen-Kassel erwarb die Abtei Hersfeld. Die *Schweizer Eidgenossenschaft* und die Republik der Vereinigten Niederlande wurden als selbstständige Staaten anerkannt. – Zur konfessionellen Frage legte die Friedensordnung fest: In den geistlichen Gütern sollte der 1. Januar 1624 als Fixpunkt gelten; Besitzstände, wie sie an diesem Datum existierten, sollten erhalten bleiben bzw. wiederhergestellt werden. Der *Augsburger Religionsfriede* von 1555 blieb in Geltung und wurde nun auch auf die Reformierten ausgedehnt. Gewalt zur Lösung religiöser Differenzen war untersagt, die Gleichberechtigung der Konfessionen festgesetzt. Zwar wurde das Reformationsrecht des

Landesherren (Recht zur Bestimmung der Religion) bestätigt, doch sollte – ebenfalls nach dem Stand von 1624 – in den Territorien eine begrenzte freie Religionsausübung möglich sein. In den kaiserlichen Erblanden und in Böhmen, Mähren und Schlesien sowie in den geistlichen Fürstentümern im Süden und Westen blieb so der Katholizismus erhalten, umgekehrt wurde an der Säkularisation der norddeutschen Bistümer auch nicht mehr gerüttelt. Die Reichsstände wurden aufgewertet, sie erhielten das Recht, Bündnisse mit anderen Mächten zu schließen, wenn auch nicht gegen das Reich, den Kaiser und den allgemeinen Frieden. Das war als Sieg der *Libertät* über den kaiserlichen Absolutismus aufzufassen. Auch Reichsstädte sollten künftig Stimmrecht auf den Reichstagen haben. Für die Abdankung seiner Armee wurde Schweden eine Entschädigung von fünf Millionen Talern zugestanden. Für die *Demobilisierung* war ein Nachfolgekongress zuständig, der im April 1649 in *Nürnberg* begann. Zur Friedensordnung gehörte auch eine allgemeine Amnestie: Die „sowohl vor dem Kriege als auch im Kriege selbst mit Worten, Schriften oder Taten zugefügten Beleidigungen, Gewalttaten, Feindseligkeiten, Schäden und Unkosten" sollten „gänzlich abgetan" und „in immerwährendem Vergessen begraben sein". – Es gab Proteste gegen die Vertragsregelungen, aber sie blieben unwirksam, da die Beteiligten eine „Antiprotestklausel" in ihr Vertragswerk aufgenommen hatten. Am 18. Februar 1649 wurden die besiegelten Ratifikationsurkunden ausgetauscht und drei Tage später feierte die Münsteraner Bürgerschaft ein großes Freudenfest. Dabei wurde vor dem Rathaus „ein ziemliches Gebäu, einem Castell gleich" in die Luft gejagt – wieder musste militärische Symbolik herhalten, um das Ende des Krieges zu verkünden. Die Gesandten packten ihre Koffer und verließen Westfalen – „Wüst-" oder „Mistfalen" nannte es mancher, dem es in den beengten Quartieren und im derben Ambiente von Münster und Osnabrück nicht gefallen hatte. Die Kosten des fünf Jahre dauernden Kongresses betrugen für die Beteiligten ungefähr 3,2 Millionen Gulden, Schmiergelder eingerechnet; diese flossen reichlich. Neben den bekannten Tarnbezeichnungen für solche Zuwendungen wie „Handsalben" und „Verehrungen" kam auch noch für Bestechlichkeit das schöne Wort „Realdankbarkeit" auf. – Den Zeitgenossen galt der Westfälische Frieden als Meisterwerk der internationalen Diplomatie und als Grundlage des europäischen Staatensystems. Bis zur napoleonischen Epoche bezogen sich die Friedensschlüsse in den internationalen Auseinandersetzungen, die es dann doch weiterhin gab, immer wieder auf die Ergebnisse von Münster und Osnabrück. Im 19. und in der der ersten Hälfte des 20. Jahrhunderts geriet der Westfälische Frieden bei deutschen Historikern in Verruf. Sie beklagten die Machtlosigkeit Deutschlands, die verzögerte Bildung eines einheitlichen Nationalstaates, die Einladung an Deutschlands Nachbarn, sich in die inneren Verhältnisse des Reiches einzumischen. Für sie war „1648" der absolute Tiefpunkt der deutschen Geschichte. Heute denkt man anders darüber. Im Zeichen der europäischen Einigung wird das westfälische Friedenswerk als „ein erstes Vorbild internationaler Konfliktbewältigung" (H. Lahrkamp) gewürdigt. Gerade die hier praktizierte Einbeziehung auswärtiger Mächte in ein System kollektiver Sicherheitsgarantie verleiht dem Westfälischen Frieden ungeahnte Modernität.

Wettstein, Johann Rudolf

* Basel 27.10.1594, † ebd. 12.8.1666

Der Basler Bürgermeister Wettstein brachte seinem Land die Souveränität sozusagen im Alleingang: Er kam „nach bösem Weg durch Eis und Morast" am 28. Dezember 1646 in Münster an. Sein Mandat bei den Verhandlungen des *Westfälischen Friedens* bestand eigentlich nur darin, eine Beschwerde seiner Heimatstadt über das Reichskammergericht einzureichen. Aber er brachte es durch geschickte Verhandlungsführung dahin, dass nicht nur Basel, sondern auch „die übrigen Orte der Eidgenossen" (die ihn gar nicht bevollmächtigt hatten) im „Besitz voller Freiheit und Exemtion vom Reiche" bestätigt wurden. Allerdings wurde damit nur offiziell besiegelt, was de facto längst eingetreten war. Wettsteins Berichte vom Kongress sind eine interessante kulturhistorische Quelle; mit grimmigem Humor schildert der Schweizer das Treiben in den Gesandtschaftsquartieren und auf den Straßen der Kongressstadt.

Wien, Friede von

Bereits 1621 hatten *Ferdinand II.* und der Parteigänger der aufständischen Böhmen, *Bethlen Gábor von Iktár*, in *Nikolsburg* Frieden geschlossen. Aber Bethlen Gábor hielt sich nicht lange daran. 1623 flammten die Kämpfe wieder auf; es gelang aber kaiserlichen Truppen unter *Wallenstein*, die Grenzfestung Göding gegen die Siebenbürger zu halten. Gedrängt von seinen Ständen, fand sich Bethlen Gábor zu Friedensverhandlungen bereit, die am 8. Mai 1624 in Wien beendet wurden. Der Fürst von Siebenbürgen musste auf die schlesischen Herzogtümer Oppeln und Ratibor verzichten, die ihm in Nikolsburg noch zugestanden worden waren.

Wiesloch, Schlacht von

Nach dem Willen des späteren Siegers hätte eine Schlacht gar nicht stattfinden sollen: Der Söldnerführer *Mansfeld*, in Diensten des entthronten „Winterkönigs" *Friedrich von der Pfalz*, aber immer bereit, für ein besseres Angebot alles stehen und liegen zu lassen, befand sich im Frühjahr 1622 in der Pfalz in aussichtsreichen Verhandlungen mit Führern des ligistischen Heeres, als sein „Arbeitgeber", den er weit weg in den Niederlanden wähnte, bei ihm erschien und eine Aktion gegen den Feind verlangte. Notgedrungen brach Mansfeld seine Verhandlungen ab, setzte am 20. April bei Germersheim über den Rhein und bezog bei Mingolsheim gegenüber von *Tillys* Hauptquartier in Wiesloch (südlich von Heidelberg) eine feste Stellung. Gleichzeitig rückte Markgraf *Georg Friedrich von Baden-Durlach* mit einem Heer von Südosten an. Um nicht in die Zange zu geraten, entschloss sich Tilly am 27. April 1622 zum Angriff auf Mansfeld, der sich aber in seiner Stellung behaupten konnte.

Daraufhin verlegte Tilly sein Hauptquartier nach *Wimpfen*.

Wilhelm v. von Hessen-Kassel

* Kassel 14.2.1602, † Leer (Ostfriesland) 21.9.1637

Nach der Abdankung des Landgrafen *Moritz von Hessen-Kassel* 1627 übernahm dessen Sohn Wilhelm v. die Regierung in der bereits vom Krieg schwer mitgenommenen Landgrafschaft. Gleichwohl mischte auch er sich bald in die Händel ein, 1631 schloss er mit *Gustav Adolf* in *Werben* ein Bündnis, das ihm dank der militärischen Erfolge des Schwedenkönigs die Stifte Fulda, Paderborn und Corvey einbrachte. Zusammen mit *Holzappel* eroberte Wilhelm fast ganz Westfalen. 1635 trat er dem *Prager Frieden* bei, befand sich aber, weil seine besonderen Forderungen (Religionsfreiheit, Behauptung von Hersfeld) nicht erfüllt wurden, bald wieder im Kriegszustand mit dem Kaiser. Wilhelm verbündete sich im Juli 1636 mit Frankreich und wurde dafür in die Reichsacht erklärt. Seine Länder wurden *Georg von Hessen-Darmstadt* zur Verwaltung übergeben und seit dem Frühjahr 1637 verwüstet. Nach Westfalen vertrieben, starb Wilhelm in ärmlichen Verhältnissen, „erlosch gleich wie ein ausgebrannt Licht", so ein zeitgenössischer Nachruf. Seiner Witwe *Amalie Elisabeth* gelang es durch geschickte Politik, die Herrschaft in Hessen-Kassel für ihren Sohn Wilhelm vi. zu sichern.

Wimpfen, Schlacht von

Die für *Friedrich v. von der Pfalz* kämpfenden Söldnerführer *Mansfeld*, *Christian von Braunschweig* und Markgraf *Georg Friedrich von Baden-Durlach* vermochten sich nicht auf eine gemeinsame Strategie zu einigen. Erfolge, die sie da und dort gegen die Truppen der *Liga* und die Spanier erzielten, verspielten sie dadurch gleich wieder. So auch im Frühjahr 1622: Nach seinem Sieg über *Tilly* bei *Wiesloch* zog Mansfeld, statt sich mit dem heranmarschierenden Georg Friedrich zu vereinigen, in die Nordpfalz. Der Markgraf nahm die gleiche Richtung, benutzte allerdings eine andere Route. Beim Übergang über den Neckar wurde er am 6. Mai 1622 bei Wimpfen durch Tilly gestellt, der sein Heer inzwischen mit spanischen Truppen unter Córdoba verstärkt hatte. Georg Friedrich bezog mit seinen 14000 Mann eine Stellung auf einem Hügel. Seine Gegner waren zahlenmäßig stärker, dafür hatte der Markgraf den größeren Artilleriepark. Er setzte seine Kanonen auch klug gegen die angreifenden Ligisten und Spanier ein, zunächst schien sich die Schlacht für ihn entwickeln zu wollen. Dann führte ein Zufallstreffer seiner Feinde die Wende herbei: Er bewirkte eine gewaltige Explosion in den Munitionswagen des Markgrafen, die mörderischen Geschütze verstummten, die Truppen gerieten in Verwirrung. Das nutzten Tilly und Córdoba zum Generalangriff, das badische Heer wurde zersprengt. Auf beiden Seiten fielen je 1500 bis 2000 Mann. Der Markgraf ritt am nächsten Tag mit wenigen Begleitern als gebrochener Mann in Stuttgart ein. In der Schlacht soll sich ein Regiment, aus Pforzheim stammend, durch besonders hartnäckigen Widerstand hervorgetan haben. Die „Vierhundert Pforzheimer", die bis zum letzten Mann auf dem Platz aushielten, wurden im 19. Jahrhundert als frühe Vorkämpfer für die Freiheit des Vaterlandes gefeiert. Der junge Georg Büchner nannte sie 1830 in einer flammenden Totenrede „Helden, die mit Leonidas, Scaevola und Brutus um den Lorbeer ringen können".

Witte, Hans de

† Prag 11.9.1630

Witte stammte aus Antwerpen und war ein Bankier mit erstklassigen Verbindungen in der Finanzwelt Europas. In den Quellen zum Dreißigjährigen Krieg erscheint er zunächst als Mitglied des Prager Konsortiums, das 1622 von der kaiserlichen Hofkammer das Münzregal pachtete – was Münzverschlechterungen und eine gigantische Inflation zur Folge hatte (*Kipper und Wipper*). Witte kam dabei mit *Wallenstein* zusammen und wurde dessen Bankier und Hauptfinanzier, zuständig sogar für die Kosten des Wallensteinschen Privathaushaltes. Als Wallenstein Kaiser *Ferdinand II.* 1625 versprach, eine Armee aus eigenen Mitteln aufzustellen, verließ er sich auf die Künste Wittes. Der Niederländer beschaffte über seine „Faktoren" in Hamburg und Nürnberg das Geld für die Werbung und Ausstattung der Soldaten; als Sicherheiten galten die *Kontributionen*, die demnächst in Deutschland eingetrieben werden würden. Das „System einer privaten Vorfinanzierung von Kriegssteuern, die ihrerseits mit irrational-archaischen Methoden erhoben wurden" (G. Mann) brach nach einigen Jahren zusammen, da die Kontributionen nie in der berechneten Höhe und noch weniger zu den vorgesehenen Terminen eintrafen. Witte war nicht mehr imstande, die Anleihen zurückzuzahlen. Am 11. September 1630 ertränkte er sich im Brunnen seines Prager Hauses. Kaiser *Ferdinand II.* ließ unverzüglich in den Reichsstädten den Konkurs Wittes verkünden, aber die Gläubiger fanden kaum noch etwas. Eines der größten Vermögen Mitteleuropas, durch den Krieg entstanden, war durch den Krieg auch wieder vernichtet worden.

Wittstock, Schlacht von

Im Herbst 1636 fand sich das schwedische Heer unter *Banér* in ziemlich prekärer Lage. Seit dem *Prager Frieden* (1635) hatte Schweden in Norddeutschland keine Verbündeten mehr. Mit dem Ziel, den Schweden „keinen Fuß auf dem Reichsboden" zu lassen, rückten kaiserliche und sächsische Truppen heran. Banér gelang es jedoch, durch kluges Manövrieren die Heere der Verbündeten zu trennen. Am 4. Oktober 1636 stellte er sich, obwohl zahlenmäßig unterlegen, den Kaiserlichen bei Wittstock an der Dosse (nordwestlich von Berlin) zur Schlacht. Diese, unter dem Befehl von *Hatzfeld*, standen in gut ausgebauter Stellung auf einem Hügel. Banérs Plan war, mit einem Teil seines Heeres den Feind durch einen Scheinangriff aus seiner Position zu locken und mit einem weiteren Teil im waldreichen Gelände ungesehen in beide Flanken zu gelangen. Halbwegs funktionierte das auch, allerdings erledigten die für die Umfassung abkommandierten Verbände ihren Part nur mit großer Verzögerung. Um ein Haar wäre Banér mit dem Gros, das stärkere Attacken als erwartet von den Kaiserlichen auszuhalten hatte, vorher untergegangen. Am Ende stand dann aber doch ein triumphaler Sieg für die Schweden, sie erbeuteten den gesamten Tross, die militärische Ausrüstung des Feindes und über hundert Feldgeschütze. Wenn auch nicht so bedeutend wie die Schlachten von *Nördlingen*, *Lützen* oder *Breitenfeld*, setzte Wittstock doch ein Signal für den weiteren Fortgang des Krieges. Schweden bewies sich als militärische Macht, die mit ihren Kräften noch längst nicht am Ende war.

Wolfgang Wilhelm von Pfalz-Neuburg

* Neuburg an der Donau 4.11.1578,
† Düsseldorf 20.3.1653

Das Fürstentum Pfalz-Neuburg bestand aus territorial unzusammenhängenden Gebieten vorwiegend nördlich der Donau um Neuburg und in der Oberpfalz um Sulzbach. Ein Mitglied des dort regierenden Hauses war Wolfgang Wilhelm, der zwar wie in seiner Familie üblich, lutherisch erzogen war, gleichwohl aber 1613 zum Katholizismus übertrat und mit Hilfe der *Jesuiten* die *Gegenreformation* in seinem Land betrieb. Gleichzeitig gehörte er zu denen, die im *Jülich-Kleveschen Erbfolgestreit* Ansprüche anmeldeten. Im Kompromiss von 1614, der den Streit vorläufig beilegte, erhielt er die Herzogtümer Jülich und Berg. Im Dreißigjährigen Krieg trat Wolfgang Wilhelm der *Liga* bei und versuchte dann vergeblich, sein Land durch Neutralitätspolitik vor der Verwüstung zu bewahren. Ebenso scheiterte er mit seinen Bemühungen, die Kurwürde des 1621 geächteten *Friedrich v. von der Pfalz* zu erlangen.

Wolgast, Schlacht von

Nachdem *Wallenstein* im August 1628 die Belagerung von *Stralsund* aufgegeben hatte, landete der dänische König *Christian IV.* an der Küste Vorpommerns und veranstaltete erst einmal ausgiebige Zechgelage. Wallenstein wartete ab. „Kriecht er heraus aus den wässerigen Örtern, so ist er gewiß unser", versprach er seinen Leuten. Das geschah dann auch: Als das dänische Heer sich zu einem Einfall in Mecklenburg aufmachte, fing Wallenstein es am 2. September 1628 bei der Stadt Wolgast ab und fügte ihm eine schwere Niederlage zu. Christian brach den Feldzug ab und zog sich auf seine Flotte zurück. Bald darauf wurden Verhandlungen eingeleitet, die im folgenden Jahr zum Frieden von *Lübeck* führten.

Wrangel, Carl Gustav

* Schloss Skokloster (bei Uppsala) 13.12.1613, † Gut Spieker (bei Glowe, Rügen) 24.6.1676

Sein Vater gab ihm das Geleitwort mit: „Der was nimmt, hat was." Wrangel, der sich als Offizier zu Land und See (in der Seeschlacht von *Fehmarn* 1644) auszeichnete, nahm, was er kriegen konnte. Über eine Million Taler betrug sein Gewinn im Dreißigjährigen Krieg, noch heute zeugen die Kunstschätze im Schloss Skokloster davon, mit welch gutem Geschmack der Feldherr seine Beute in Böhmen und Süddeutschland auswählte. Wrangel wurde nach *Torstenssons* Rücktritt 1646 Oberbefehlshaber der schwedischen Armee in Deutschland. Er setzte seine Karriere als Reichsadmiral und Präsident des Kriegskollegiums (seit 1660) und als Reichsmarschall (seit 1664) fort, kämpfte im Schwedisch-Polnischen Krieg 1655 bis 1660 und führte das Heer auch noch beim Einfall in Brandenburg 1674. An der Entscheidungsschlacht von Fehrbellin 1675, die die Schweden gegen Friedrich Wilhelm verloren, war er allerdings wegen Erkrankung nicht mehr beteiligt.

Würzburg

Das Bistum Würzburg war eines der Zentren der *Gegenreformation* in Süddeutschland. Bischof *Julius Echter von Mespelbrunn* gehörte 1609 zu den Gründungsmitgliedern der katholischen *Liga*. Im Oktober 1631 erschienen die Schweden vor Würzburg. Die Stadt ergab sich sofort, dagegen leistete die bischöfliche Besatzung auf der Feste Marienberg noch mehrere Tage erbitterten Widerstand. Am 8. Oktober 1631 überwanden die Schweden die Wälle im Sturm. Ihre Beute war, wie ein Zeitgenosse berichtet, ein „unermeßlicher Schatz an Gold und Silbergeschmeid, auch barem Geld, der fürstliche Stall voller stattlicher Pferde, an Wein auf etlich 20 Jahre Vorrat“. Das Bistum wurde zusammen mit dem Stift *Bamberg* als Lehen an den Söldnerführer *Bernhard von Weimar* vergeben, der es aber nach der Niederlage von *Nördlingen* 1634 wieder verlor. Der Schaden, den Würzburg durch die Kriegsereignisse erlitt, wurde auf sechs Millionen Taler geschätzt.

Záblati, Schlacht von

Die erste Feldschlacht des Dreißigjährigen Krieges: Am 10. Juni 1619 geriet *Mansfeld*, den die böhmischen Stände angeheuert hatten und der mit seinem Heer auf Budweis marschierte, in einen Hinterhalt, den das kaiserliche Heer unter *Bucquoy* beim Dorf Záblati (Sablat) gelegt hatte. Mansfelds Söldner kämpften sieben Stunden lang, währenddessen sandte ihr Führer unentwegt Hilferufe an die böhmischen Verstärkungen, die er nahe glaubte. Schließlich zog sich Mansfeld zurück, auf dem Schlachtfeld blieben 500 Tote und der größte Teil seines Trosses. Für den *Böhmischen Aufstand* bedeutete die Niederlage von Záblati einen schweren Rückschlag. Unmittelbare Folge war die Aufhebung der Belagerung Wiens durch die Truppen des Grafen *Thurn*.

Zeitungen, Presse

Nicht von ungefähr entstand in der aufgeregten Zeit am Vorabend des Dreißigjährigen Krieges auch das Zeitungswesen in Deutschland. Es hatte Vorläufer in den „Newen Zeitungen", die nach einzelnen bedeutenden Ereignissen verbreitet wurden, in den Nachrichtenblättern des Handelshauses Fugger und in den „Meßrelationen", die halbjährlich herauskamen und auf den Messen in Frankfurt verkauft wurden. Die ältesten erhaltenen Exemplare von Wochenzeitungen stammen aus dem Jahr 1609, dem Jahr, da sich die katholische *Liga* als Antwort auf die protestantische *Union* gründete und der *Jülich-Klevesche Erbfolgestreit* begann. Es sind der „Aviso" aus Wolfenbüttel und die Straßburger „Relation aller fürnehmen und gedenkwürdigen Historien", die es in einem Jahr auf 50 bzw. 52 Nummern brachten. „Relation" (Bericht) und „Avis" (Meldung) blieben auch vorerst die Bezeichnungen für periodisch erscheinende Blätter, „Zeitung" bedeutete nach dem damaligen Sprachgebrauch nur „Nachricht". Charakteristisch die Entschuldigung des Straßburger Verlegers für eventuelle Fehler seiner Publikation: Es habe die Zusammenstellung der Nachrichten „eilends bei Nacht" erfolgen müssen – die Geißel des Zeitdrucks, unter der journalistische Produktion bis auf den heutigen Tag leidet, ist damit klar benannt. Die neue Form der regelmäßigen Berichterstattung breitete sich rasch in Deutschland aus. 1616 hatte Hamburg seine erste Wochenzeitung, während des Dreißigjährigen Krieges kamen Hildesheim, Nürnberg, Wien, Magdeburg, Augsburg, München und Leipzig als Verlagsorte hinzu, in Leipzig erschien dann auch 1660 die erste deutsche Tageszeitung. Von Anfang an bestand ein fester Zusammenhang mit dem Postwesen. Nachrichten trafen mit der Post ein, der regelmäßige Postverkehr, den das Haus Thurn und Taxis im Reich unterhielt (eine Frankfurter Posttarifliste von 1634 verzeichnet 80 Orte im In- und Ausland, die ständig angefahren wurden), war die Voraussetzung für die Ausbildung des Zeitungswesens. Im häufigen Vorkommen der Begriffe „Post", „Kurier" oder „Bote" in den Titeln deutscher Zeitungen ist das noch heute zu erkennen. Die Zeitungen reihten Nachricht an Nachricht und verzichteten nach Möglichkeit auf Parteinahme. Meinungsbeeinflussung war Sache der *Flugschriften*. Es gab aber auch schon kritische Organe, die sich darauf spezialisierten, den Wust der Nachrichten zu sortieren und Falschmeldungen richtigzustellen. Dieser Typ Nachrichtenmagazin hieß „Hinkender Bote". Er war Ende des 16. Jahrhunderts als Korrektiv zu den Sensationsmeldungen der „Newen Zeitungen" entstanden und hielt auch mit den Wochenzeitungen des 17. Jahrhunderts noch Schritt – immer natürlich, wie der Name schon sagte, in gewissem Abstand.

Zusmarshausen, Schlacht von

Im Mai 1648 vereinigten *Wrangel* und *Turenne* ihre Heere und drangen von Hessen aus in Bayern ein, das sich seit dem Herbst 1647 wieder im Kriegszustand mit Frankreich befand. Am 17. Mai 1648 überraschten sie beim Dorf Zusmarshausen (westlich von Augsburg) die kaiserlichen und bayerischen Truppen, die sich in wenig kampffertigem Zustand befanden. Ein *Tross* in angeblich vierfacher Stärke der regulären Truppe behinderte alle Operationen, Querelen zwischen den Oberbefehlshabern *Gronsfeld* und *Holzappel* kamen erschwerend hinzu. Dem Angriff der Schweden und Franzosen vermochte sich nur die Reiterei unter dem italienischen General *Montecuccoli* entgegenzustellen. In zähen Abwehrkämpfen, bei denen Holzappel tödlich verwundet wurde, zogen sich Kaiserliche und Bayern auf Augsburg zurück, der Tross fiel den Feinden in die Hände. Zusmarshausen war die letzte Schlacht des Dreißigjährigen Krieges auf deutschem Boden, die verbündeten Schweden und Franzosen zogen nach ihrem Sieg durch Bayern und verwüsteten dabei das Land nach Kräften. Erst am Inn, der wegen Überschwemmungen für Wochen unpassierbar war, kam ihr Vormarsch schließlich zum Stehen.

Zeittafel

Vorgeschichte

17. Dezember 1607
Besetzung von Donauwörth durch bayerische Truppen

14. Mai 1608
Gründung der protestantischen Union

März 1609
Tod des Fürsten Wilhelm von Kleve; Beginn des Jülich-Kleveschen Erbfolgestreits

9. Juli 1609
„Majestätsbrief" Kaiser Rudolfs II. garantiert den böhmischen Ständen Religionsfreiheit und Selbstregierung

10. Juli 1609
Gründung der katholischen Liga

20. März 1617
Oñate-Vertrag regelt die Erbfolge der Habsburger in Ungarn und Böhmen; ein Geheimabkommen sichert dem spanischen König die Herrschaft im Elsass zu

Juni 1617
Beginn des Schwedisch-Polnischen Krieges (bis 1629). Ferdinand von Steiermark tritt die Regierung in Böhmen an

23. Mai 1618
Prager Fenstersturz

Böhmisch-Pfälzischer Krieg (1618–1623)

November 1618
Eroberung von Pilsen durch Mansfeld

31. Juli 1619
Böhmische Konföderation

August 1619
Ferdinand von Steiermark wird zum Kaiser gewählt (Ferdinand II.); zur gleichen Zeit Absetzung durch die böhmischen Stände, die Friedrich V. von der Pfalz zum neuen König von Böhmen wählen

8. Oktober 1619
Vertrag von München: Kurfürst Maximilian I. von Bayern unterstützt Ferdinand II.

18./19. Juli 1620
Aufstand der Katholiken im Veltlin

August 1620
Spanische Truppen fallen in die Pfalz ein

8. November 1620
Niederlage der Böhmen in der Schlacht am Weißen Berg bei Prag

April 1621
Auflösung der Union

21. Juni 1621
Hinrichtung der Führer des Böhmischen Aufstandes auf dem Altstädter Ring in Prag

6. Mai 1622
Sieg der Kaiserlichen bei Wimpfen

25. Februar 1623
Übertragung der pfälzischen Kurwürde auf Maximilian I. von Bayern

Dezember 1623
Abwertung der Währung beendet das Unwesen der Kipper und Wipper in Österreich

Juni 1624
Vertrag von Compiègne: Die Niederlande werden von Frankreich unterstützt

5. Juni 1625
Übergabe von Breda

Dänisch-Niedersächsischer Krieg (1625–1629)

Juli 1625
Wallenstein stellt ein neues kaiserliches Heer auf

9. Dezember
Haager Konvention: England und die Niederlande finanzieren Dänemarks Kriegführung

April 1626
Schlacht an der Dessauer Brücke

Mai 1626
Bauernaufstand in Oberösterreich

26. August 1626
Sieg der Kaiserlichen bei Lutter am Barenberge

10. Mai 1627
„Verneuerte Landesordnung" in Böhmen beendet die ständische Autonomie

Ende 1627
Beginn des Mantuanischen Erbfolgekrieges

Januar 1628
Wallenstein wird Herzog von Mecklenburg

Mai bis Juli 1628
Erfolglose Belagerung Stralsunds

6. März 1629
Erlass des Restitutionsedikts: Versuch, die Säkularisation der katholischen Kirchengüter rückgängig zu machen

Mai 1629
Einfall der Kaiserlichen in Italien

22. Mai 1629
Friede von Lübeck

Oktober 1629
Waffenstillstand von Altmark beendet Schwedisch-Polnischen Krieg

Schwedischer Krieg (1630–1635)

Juli 1630
Gustav II. Adolf fällt in Deutschland ein

13. August 1630
Entlassung Wallensteins

23. Januar 1631
Vertrag von Bärwalde: Frankreich unterstützt Schweden

6. April 1631
Vertrag von Cherasco beendet Mantuanischen Erbfolgekrieg

20. Mai 1631
Eroberung und Zerstörung Magdeburgs

17. September 1631
Sieg Gustav II. Adolfs bei Breitenfeld

13. April 1632
Vereinbarung von Göllersdorf: Wallenstein wird erneut Oberbefehlshaber der kaiserlichen Truppen

15. April 1632
Schlacht bei Rain

September 1632
Belagerung der „Alten Veste" bei Fürth

16. November 1632
Gustav II. Adolf fällt in der Schlacht bei Lützen

23. April 1633
Heilbronner Bund zur Fortsetzung des Krieges gegen die Kaiserlichen gebildet

25. Februar 1634
Ermordung Wallensteins in Eger

6. September 1634
Niederlage der Protestanten bei Nördlingen

Schwedisch-Französischer Krieg (1635–1648) und Friedensschlüsse

19. Mai 1635
Kriegserklärung Frankreichs an Spanien

30. Mai 1635
Prager Frieden zwischen dem Kaiser und Sachsen

4. Oktober 1636
Sieg der Schweden bei Wittstock

15. Februar 1637
Tod Kaiser Ferdinands II.; Nachfolger wird sein Sohn Ferdinand III.

17. Dezember 1638
Kapitulation der Festung Breisach

21. Oktober 1639
In der Seeschlacht vor den Downs wird die spanische Flotte vernichtet

Dezember 1641
Der Hamburger Präliminarvertrag bestimmt Münster und Osnabrück als Tagungsorte für einen Friedenskongress

4. Dezember 1642
Tod Richelieus; Kardinal Mazarin übernimmt die Leitung der französischen Politik

Mai 1643
Beginn des Schwedisch-Dänischen Krieges (bis 1645). Münster und Osnabrück werden für neutral erklärt

19. Mai 1643
Niederlage der Spanier bei Rocroi

23. Oktober 1644
Seeschlacht bei Fehmarn

3. August 1645
Schlacht bei Alerheim

30. Januar 1648
Friede von Münster zwischen den Niederlanden und Spanien

6. August 1648
Vorfrieden zwischen Schweden und dem Kaiser

20. August 1648
Sieg der Franzosen bei Lens; letzte Schlacht des Dreißigjährigen Krieges

24. Oktober 1648
Westfälischer Frieden

26. Juni 1650
Nürnberger Abkommen über die Demobilisierung der Armeen

7. November 1659
Pyrenäenfrieden beendet den Krieg zwischen Frankreich und Spanien

Literatur

Barudio, Günter: *Der Teutsche Krieg 1618–1648*, Frankfurt am Main 1985

Baumann, Reinhard: *Die Landsknechte. Geschichte und Kultur vom späten Mittelalter bis zum Dreißigjährigen Krieg*, München 1994

Behringer, Wolfgang (Hg.): *Hexen und Hexenprozesse in Deutschland*, 3. Auflage München 1995

Braubach, Max: *Der Westfälische Friede*, Münster 1948

Bruce, George: *Lexikon der Schlachten*, Graz / Wien / Köln 1984

Burdina, Jörg und Bernd Kockerols: Das Zeitalter des Dreißigjährigen Krieges. Alltagsleben, Wandel und Fortschritt, in: *Jahre des Umbruchs*, Köln 1997

Burkhardt, Johannes: *Der Dreißigjährige Krieg*, Frankfurt am Main 1992

Burschel, Peter: *Söldner im Nordwestdeutschland des 16. und 17. Jahrhunderts. Sozialgeschichtliche Studien*, Göttingen 1994 (= Veröffentlichungen des Max-Planck-Instituts für Geschichte 113)

Delbrück, Hans: *Geschichte der Kriegskunst*, Bd. 4: *Die Neuzeit. Vom Kriegswesen der Renaissance bis zu Napoleon*, Neudruck Hamburg 2003

Dickmann, Fritz: *Der Westfälische Frieden*, 6. Auflage Münster 1992

Duchhardt, Heinz (Hg.): *Der Westfälische Friede. Diplomatie – politische Zäsur – kulturelles Umfeld – Rezeptionsgeschichte*, München 1998

Englund, Peter: *Die Verwüstung Deutschlands. Eine Geschichte des Dreißigjährigen Krieges*, 4. Auflage Stuttgart 2001

Findeisen, Jörg-Peter: *Gustav II. Adolf von Schweden*, Graz / Wien / Köln 1996

Handbuch der deutschen Geschichte (Gebhardt, 24 Bde), Bd.10: *Konfessionelles Zeitalter 1555–1618. Dreißigjähriger Krieg 1618–1648*, von Maximilian Lanzinner und Gerhard Schormann, 10. Auflage Stuttgart 2001

Haus der Bayerischen Geschichte (Hg.): *Der Winterkönig. Friedrich von der Pfalz, Bayern und Europa im Zeitalter des Dreißigjährigen Krieges*, Ausstellungskatalog, Stuttgart 2003

Heckel, Martin: *Deutschland im konfessionellen Zeitalter*, 2. Auflage Göttingen 1983

Höfer, Ernst: *Das Ende des Dreißigjährigen Krieges. Strategie und Kriegsbild*, Köln / Weimar / Wien 1997

Huf, Hans-Christian (Hg.): *Mit Gottes Segen in die Hölle. Der Dreißigjährige Krieg*, Berlin 2004

Ilg, Matthias: *Das Strafgericht Gottes. Kriegserfahrungen und Religion im Heiligen Römischen Reich Deutscher Nation im Zeitalter des Dreißigjährigen Krieges*, Beiträge aus dem Tübinger Sonderforschungsbereich „Kriegserfahrungen – Krieg und Gesellschaft in der Neuzeit", Münster 2002

Jessen, Hans (Hg.): *Der Dreißigjährige Krieg in Augenzeugenberichten*, München 1971

Junkelmann, Marcus: *Gustav Adolf. Schwedens Aufstieg zur Großmacht*, Regensburg 1993

Kaiser, Michael: *Politik und Kriegführung. Maximilian von Bayern, Tilly und die Katholische Liga im Dreißigjährigen Krieg*, Münster 1999

Krusenstjern, Benigna von und Hans Medick (Hg.): *Zwischen Alltag und Katastrophe. Der Dreißigjährige Krieg aus der Nähe*, 2. Auflage Göttingen 2001 (= Veröffentlichungen des Max-Planck-Instituts für Geschichte Bd.148)

Lahrkamp, Helmut: *Dreißigjähiger Krieg – Westfälischer Frieden. Eine Darstellung der Jahre 1618–1648*, Münster 1997

Langer, Herbert: *Kulturgeschichte des Dreißigjährigen Krieges*, Stuttgart / Berlin / Köln / Mainz 1978

Langer, Herbert: *1648. Der Westfälische Frieden. Pax Europaea und Neuordnung des Reiches*, Berlin 1994

Lorenz, Gottfried: *Quellen zur Vorgeschichte und zu den Anfängen des Dreißigjährigen Krieges*, Darmstadt 1991

Mahr, Helmut (Hg.): *Oberst Robert Monroe. Kriegserlebnisse 1626–1633*, Neustadt an der Aisch 1995

Maierhofer, Waltraud: *Hexen – Huren – Heldenweiber. Bilder des Weiblichen in Ezähltexten über den Dreißigjährigen Krieg*, Köln / Weimar / Wien 2005

Mann, Golo: *Wallenstein. Sein Leben*, 8. Auflage Frankfurt am Main 2004

Milger, Peter: *Gegen Land und Leute. Der Dreißigjährige Krieg. Ursachen, Verlauf und Folgen erzählt anhand von teilweise unveröffentlichten Bildern, Augenzeugenberichten und Dokumenten*, München 2001

Oredsson, Sverker: *Geschichtsschreibung und Kult. Gustav Adolf und der Dreißigjährige Krieg*, Berlin 1994

Parker, Geoffrey: *Der Dreißigjährige Krieg*, Frankfurt am Main / New York 1987

Peters, Jan (Hg.): *Ein Söldnerleben im Dreißigjährigen Krieg. Eine Quelle zur Sozialgeschichte*, Berlin 1993

Polišensky, Josef und Josef Kollmann: *Wallenstein. Feldherr des Dreißigjährigen Krieges*, Köln / Weimar / Wien 1997

Repgen, Konrad (Hg.): *Forschungen und Quellen zur Geschichte des Dreißigjährigen Krieges*, Münster 1981

Repgen, Konrad (Hg.): *Krieg und Politik 1618–1648. Europäische Probleme und Perspektiven*, München 1988

Repgen, Konrad: *Dreißigjähriger Krieg und Westfälischer Friede. Studien und Quellen*, Paderborn 1998

Ritter, Moritz: *Deutsche Geschichte im Zeitalter der Gegenreformation und des Dreißigjährigen Krieges*, Neudruck Darmstadt 1974

Roeck, Bernd (Hg.): *Gegenreformation und Dreißigjähriger Krieg 1555–1648*, Stuttgart 1996 (= Deutsche Geschichte in Quellen und Darstellungen 4)

Rößler, Helmut: *Europa im Zeitalter von Renaissance, Reformation und Gegenreformation 1450–1650*, München 1956

Rudolf, Hans Ulrich (Hg.): *Der Dreißigjährige Krieg. Perspektiven und Strukturen*, Darmstadt 1977

Schilling, Heinz: *Aufbruch und Krise. Deutschland 1517–1648*, Berlin 1994

Schmidt, Georg: *Der Dreißigjährige Krieg*, 5. Auflage München 2002

Schormann, Gerhard: *Der Dreißigjährige Krieg*, Göttingen 1993

Schulze, Winfried (Hg.): *Friedliche Intentionen – kriegerische Effekte: War der Ausbruch des Dreißigjährigen Krieges unvermeidlich?*, Sankt Katharinen 2002 (= Studien zur neueren Geschichte 1)

Simplicissimus Teutsch, Text und Kommentar, hrsg. v. Dieter Breuer, Frankfurt am Main 2005

Steinberg, Sigfrid Henry: *Der Dreißigjährige Krieg und der Kampf um die Vorherrschaft in Europa 1600–1660*, Göttingen 1967

Wagner, Eduard: *Tracht, Wehr und Waffen im Dreißigjährigen Krieg*, Hanau 1980

Wedgwood, Cicely V.: *Der Dreißigjährige Krieg*, Neuausgabe München 2002

Wolter, Beatrice: *Deutsche Schlagwörter zur Zeit des Dreißigjährigen Krieges*, Frankfurt am Main 2000

Zunckel, Julia: *Rüstungsgeschäfte im Dreißigjährigen Krieg. Unternehmerkräfte, Militärgüter und Marktstrategien im Handel zwischen Genua, Amsterdam und Hamburg*, Berlin 1997

Sach- und Personenregister

Zur Erhöhung der Fundstellenzahl folgt ein Register der Stichwörter, die keinen eigenen Eintrag (Verweis oder Artikel) im Lexikon haben. Aufgenommen wurden alle themenrelevanten Sachwörter und Personen, die den Stoff weiter erschließen helfen können. Statt der sonst üblichen Seitenzahlen verweist das Register auf die Artikel, in denen das jeweilige Stichwort zu finden ist.

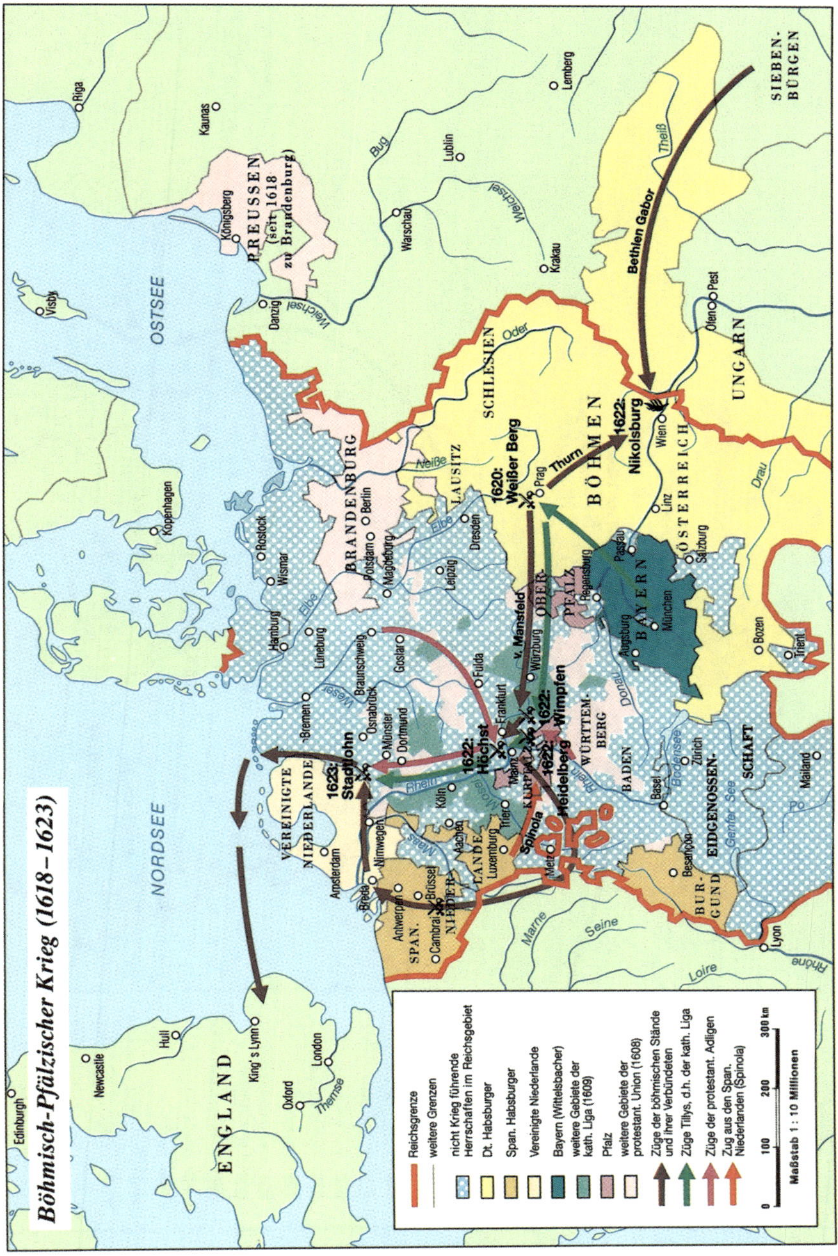
Böhmisch-Pfälzischer Krieg (1618 – 1623)
NORDSEE
OSTSEE
ENGLAND
VEREINIGTE NIEDERLANDE
SPAN. NIEDER-LANDE
BRANDENBURG
PREUSSEN (seit 1618 zu Brandenburg)
LAUSITZ
SCHLESIEN
BÖHMEN
ÖSTERREICH
UNGARN
SIEBEN-BÜRGEN
OBER-PFALZ
BAYERN
KURPFALZ
WÜRTTEM-BERG
BADEN
EIDGENOSSEN-SCHAFT
BUR-GUND
1620: Weißer Berg
1622: Nikolsburg
1622: Höchst
1622: Wimpfen
1622: Heidelberg
1623: Stadtlohn
Thurn
v. Mansfeld
Spinola
Bethlen Gabor
Reichsgrenze
weitere Grenzen
nicht Krieg führende Herrschaften im Reichsgebiet
Dt. Habsburger
Span. Habsburger
Vereinigte Niederlande
Bayern (Wittelsbacher)
weitere Gebiete der kath. Liga (1609)
Pfalz
weitere Gebiete der protestant. Union (1608)
Züge der böhmischen Stände und ihrer Verbündeten
Züge Tillys, d.h. der kath. Liga
Züge der protestant. Adligen
Zug aus den Span. Niederlanden (Spinola)
0 100 200 300 km
Maßstab 1 : 10 Millionen

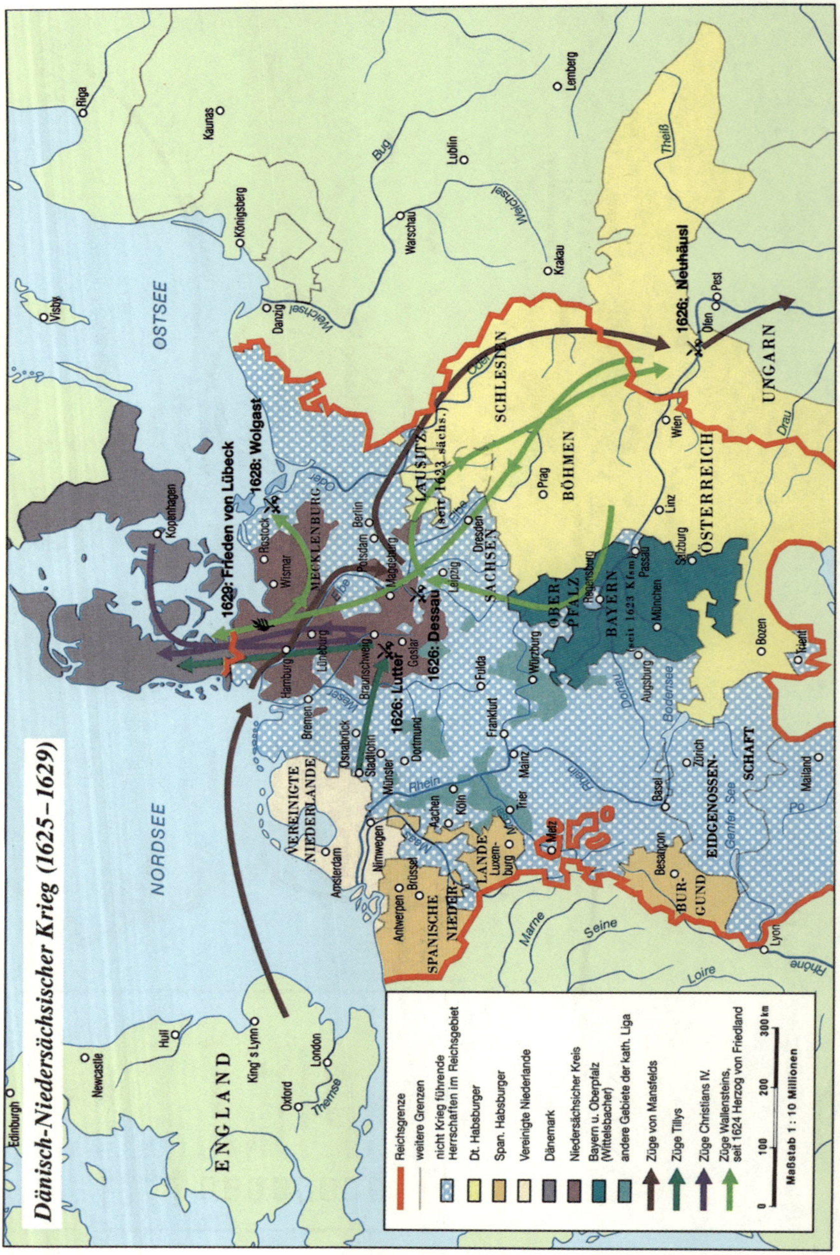
Dänisch-Niedersächsischer Krieg (1625–1629)
NORDSEE
OSTSEE
ENGLAND
VEREINIGTE NIEDERLANDE
SPANISCHE NIEDER-LANDE
MECKLENBURG
LAUSITZ (seit 1623 sächs.)
SACHSEN
SCHLESIEN
BÖHMEN
OBER PFALZ
BAYERN (seit 1623 Kfsm)
ÖSTERREICH
UNGARN
EIDGENOSSEN-SCHAFT
BUR-GUND
1629: Frieden von Lübeck
1628: Wolgast
1626: Lutter
1626: Dessau
1626: Neuhäusl
Reichsgrenze
weitere Grenzen
nicht Krieg führende Herrschaften im Reichsgebiet
Dt. Habsburger
Span. Habsburger
Vereinigte Niederlande
Dänemark
Niedersächsischer Kreis
Bayern u. Oberpfalz (Wittelsbacher)
andere Gebiete der kath. Liga
Züge von Mansfelds
Züge Tillys
Züge Christians IV.
Züge Wallensteins, seit 1624 Herzog von Friedland
Maßstab 1 : 10 Millionen
0 100 200 300 km

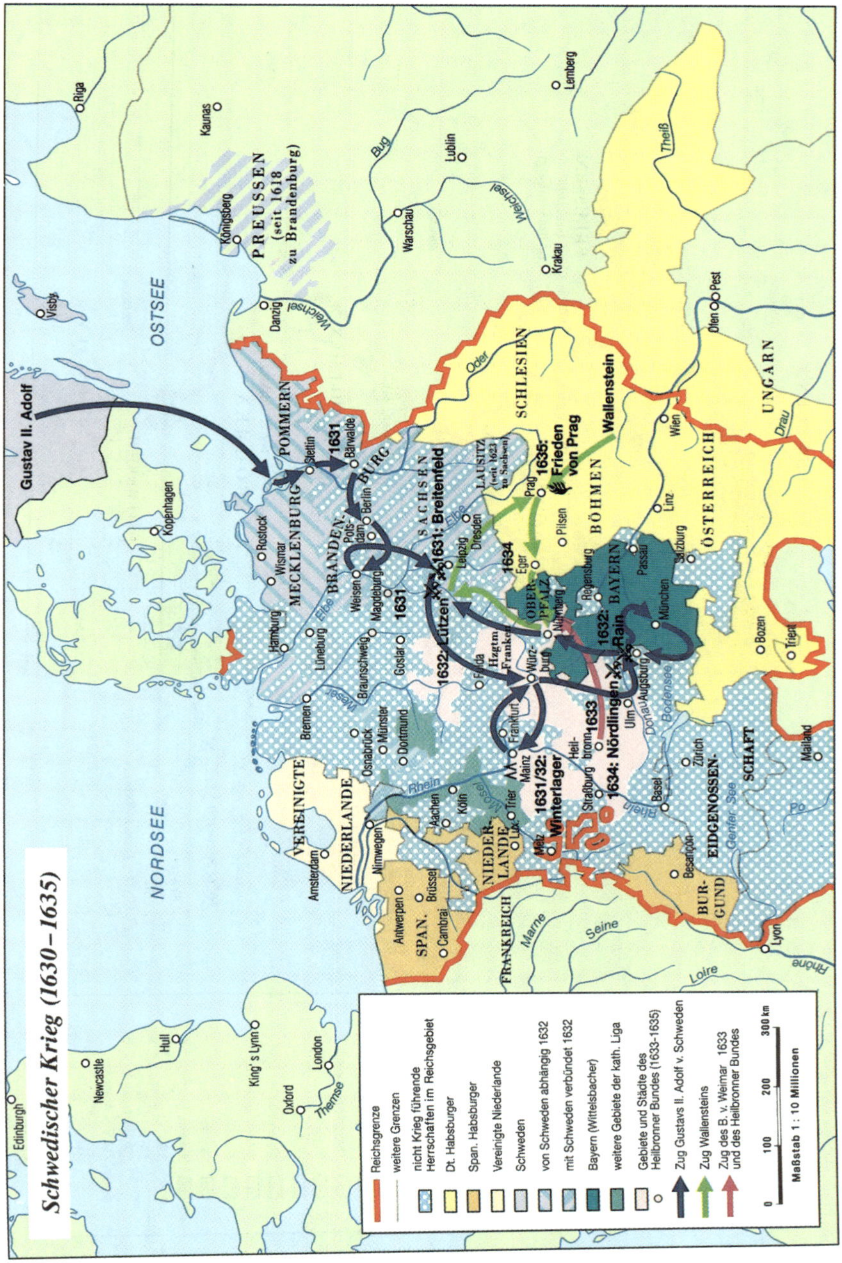
Schwedischer Krieg (1630–1635)
Reichsgrenze
weitere Grenzen
nicht Krieg führende Herrschaften im Reichsgebiet
Dt. Habsburger
Span. Habsburger
Vereinigte Niederlande
Schweden
von Schweden abhängig 1632
mit Schweden verbündet 1632
Bayern (Wittelsbacher)
weitere Gebiete der kath. Liga
Gebiete und Städte des Heilbronner Bundes (1633–1635)
Zug Gustavs II. Adolf v. Schweden
Zug Wallensteins
Zug des B. v. Weimar 1633 und des Heilbronner Bundes
0 100 200 300 km
Maßstab 1 : 10 Millionen
NORDSEE
OSTSEE
Gustav II. Adolf
PREUSSEN (seit 1618 zu Brandenburg)
POMMERN
MECKLENBURG
BRANDENBURG
SACHSEN
LAUSITZ (seit 1623 zu Sachsen)
SCHLESIEN
BÖHMEN
ÖSTERREICH
UNGARN
BAYERN
OBERPFALZ
Hzgtm. Franken
VEREINIGTE NIEDERLANDE
SPAN. NIEDERLANDE
FRANKREICH
BURGUND
EIDGENOSSENSCHAFT
1631 Bärwalde
1631
1631: Breitenfeld
1632: Lützen
1634
1635: Frieden von Prag
Wallenstein
1632: Rain
1633
1634: Nördlingen
1631/32: Winterlager
Edinburgh
Newcastle
Hull
King's Lynn
London
Oxford
Themse
Kopenhagen
Visby
Riga
Kaunas
Königsberg
Danzig
Warschau
Lublin
Krakau
Lemberg
Stettin
Rostock
Wismar
Hamburg
Lüneburg
Bremen
Berlin
Potsdam
Magdeburg
Werben
Braunschweig
Goslar
Leipzig
Dresden
Prag
Pilsen
Eger
Nürnberg
Regensburg
Passau
Linz
Wien
Salzburg
München
Augsburg
Ulm
Würzburg
Fulda
Frankfurt
Mainz
Heilbronn
Straßburg
Basel
Zürich
Osnabrück
Münster
Dortmund
Köln
Aachen
Trier
Lux.
Metz
Nimwegen
Amsterdam
Antwerpen
Brüssel
Cambrai
Besançon
Lyon
Bozen
Trient
Mailand
Ofen
Pest
Elbe
Oder
Weichsel
Bug
Theiß
Drau
Donau
Rhein
Mosel
Weser
Main
Bodensee
Genfer See
Po
Seine
Marne
Loire
Rhône

Schwedisch-Französischer Krieg (1635–1648)
NORDSEE
OSTSEE
SCHWEDEN
DÄNEMARK
1643-1645: Krieg zwischen Dänemark und Schweden
Kopenhagen
PREUSSEN (seit) 1618 zu Brandenburg
Königsberg
Riga
Kaunas
Visby
Danzig
Weichsel
Warschau
Lublin
Bug
Lemberg
Krakau
Theiß
POMMERN
MECKLENBURG
BRANDEN-BURG
LAUSITZ (seit 1635 endg. sächs.)
SCHLESIEN
Oder
Neiße
BÖHMEN
1645: Jankau
Prag
SACHSEN
Dresden
Leipzig
Elbe
Berlin
Potsdam
Rostock
Wismar
1636: Wittstock
Hamburg
Lüneburg
Magdeburg
Braunschweig
Goslar
Bremen
1648
Osnabrück
Westfälischer Frieden
Münster
1644
Dortmund
Fulda
Frankfurt
Würzburg
FRANKEN
OBER-PFALZ
Regensburg
Passau
BAYERN
München
Augsburg
1645: Allerheim
1643: Tuttlingen
Donau
Bodensee
Salzburg
Linz
Wien
ÖSTERREICH
UNGARN
Ofen
Pest
Drau
Bozen
Trient
Mailand
Po
EIDGENOSSEN-SCHAFT
Zürich
Basel
Genfer See
BUR-GUND
Besançon
1638: Breisach
Rhein
Mosel
Mainz
Trier
Köln
Aachen
Lux.
Metz
NIEDER-LANDE
VEREINIGTE NIEDERLANDE
Amsterdam
Nimwegen
Maas
SPAN.
Antwerpen
Brüssel
Cambrai
FRANKREICH
Marne
Seine
Loire
Rhône
Lyon
ENGLAND
Edinburgh
Newcastle
Hull
King's Lynn
Oxford
London
Themse
Reichsgrenze
weitere Grenzen
nicht Krieg führende Herrschaften im Reichsgebiet
Dt. Habsburger
Span. Habsburger
Vereinigte Niederlande
Frankreich
Dänemark
Schweden
schwedisch besetzt
Brandenburg
Sachsen
Franken
franz. Vorstoß
Zug der Schweden von Torstenson
Zug B. v. Weimars
0 100 200 300 km
Maßstab 1 : 10 Millionen